_____ 님의 소중한 미래를 위해
이 책을 드립니다.

부동산투자가
처음입니다

부동산 초보 투자자가 가장 알고 싶은 것들

부동산투자가
처음입니다

성주원·김기덕 지음

메이트북스

메이트북스 우리는 책이 독자를 위한 것임을 잊지 않는다.
우리는 독자의 꿈을 사랑하고,
그 꿈이 실현될 수 있는 도구를 세상에 내놓는다.

부동산투자가 처음입니다

초판 1쇄 발행 2020년 5월 1일 | 초판 3쇄 발행 2020년 8월 5일 | 지은이 성주원 · 김기덕
펴낸곳 ㈜원앤원콘텐츠그룹 | 펴낸이 강현규 · 정영훈
책임편집 안정연 | 편집 유지윤 | 디자인 최정아
마케팅 김형진 · 정호준 | 경영지원 최향숙 · 이혜지 | 홍보 이선미 · 정채훈 · 정선호
등록번호 제301-2006-001호 | 등록일자 2013년 5월 24일
주소 04607 서울시 중구 다산로 139 랜더스빌딩 5층 | 전화 (02)2234-7117
팩스 (02)2234-1086 | 홈페이지 www.matebooks.co.kr | 이메일 khg0109@hanmail.net
값 16,000원 | ISBN 979-11-6002-280-3 03320

이 도서의 국립중앙도서관 출판시도서목록(CIP)은 e-CIP홈페이지(http://www.nl.go.kr/ecip)에서
이용하실 수 있습니다.(CIP제어번호 : 2020015384)

첫째, 절대 잃지 마라.
둘째, 첫 번째 원칙을 절대 잊지 마라.

· 워런 버핏(투자자) ·

부동산투자를 위한 기초 공사,
이 책이면 끝!

'이렇게나 집이 많은데 어떻게 내집은 1채도 없을까?'

도심을 훤히 밝히는 야경이나 전망대에 올라 이런 생각에 한숨을 쉰 경험이 누구나 있을 겁니다. 상가나 빌딩을 소유한 건물주는 아니더라도 적어도 이사를 걱정하지 않고, 나만의 보금자리에서 소중한 가정을 꾸리는 것은 누구나 꿈꾸는 일입니다.

각종 매스컴에서는 '미친 아파트값', '공시가 역대 최대폭 상승'이라는 뉴스가 쏟아지고 있지만 정작 "세금이라도 내봤으면…" 하고 푸념하는 사람이 전체 국민의 상당수일 겁니다.

이처럼 우리나라에서는 유주택자와 무주택자 간 갈등이 단순한 빈부격차를 넘어 계급론으로까지 불거질 정도로 심각한 사회 문제로 떠오르고 있습니다. 이럴 때일수록 가장 중요한 것은 부동산에 대해 더 열심히 공부하고 항상 관심을 가져야 한다는 점입니다. 집을 투자 개념으로 삼든 평생 거주할 안락한 공간으로 여기든, 지금의 관심은 분명히 훗날 큰 도움이 될 것입니다.

이 책은 쉽고도 어려운 부동산시장에서 실패하는 초보자들이 없기를 바라는 마음에서 썼습니다. 승리하는 방법은 터득하기 어려울지 모르지만 쉽게 지지 않는 방법은 조금만 공부해도 자신의 것으로 만들 수 있습니다.

그러려면 배경지식이 되는 부동산에 대한 기초 공사를 탄탄히 해놓아야 합니다. 시야가 넓어지고 구체적인 목표가 생겨야 본인이 원하는 만족스러운 결과물을 손에 쥘 수 있을 겁니다.

원고를 마감하기까지 예상보다 오랜 시간이 걸렸지만 인내심을 가지고 기다려주고 믿어주신 메이트북스 출판사에 감사드립니다. 부족한 후배들에게 책 쓸 기회를 소개해준 〈이데일리〉 권소현 선배에게도 감사의 말을 전합니다. 퇴근하고도 원고를 작성하느라 많은 시간 함께하지 못한 상황을 이해해주며 항상 응원해주었던 가장 큰 힘이 된 가족에게 이 모든 영광을 돌립니다.

성주원·김기덕

부동산 입문자들을 위한
훌륭한 교과서

● 박원갑 _ KB국민은행 부동산수석전문위원 ●

　대한민국 부동산시장은 수많은 욕망이 뒤엉킨 곳입니다. 특히 서울 주택시장은 아파트 가격 급등에 따라 '계급 갈등론'이 불거질 정도로 첨예한 이해관계와 욕망이 엇갈리는 현장으로 평가받고 있습니다.

　최근 2030세대를 중심으로 '영끌(영혼까지 끌어 모아 집을 산다)', '청포족(청약 포기자)', '몸테크(몸과 재테크의 합성어로, 재건축·재개발을 기대하고 낡은 아파트에 사는 것)' 등 신조어가 흔해진 것도 어찌 보면 집에 대한 수많은 욕망이 반영된 까닭입니다.

　부동산투자로 성공해 당장 월급에 목매지 않고 경제적인 자유를 누리거나, 남들보다 훨씬 더 행복하고 안락한 노후를 보내고 싶은 마음은 누구나 원하고 기대하는 미래입니다. 그러나 이럴 때 반드시 명심해야 할 것이 있습니다. 누구나 갖고 싶은 것은 누구나 가질 수 없다는 점입니다. 오히려 부동산에 대한 맹목적 사랑과 빚을 고려하지 않은 과도한 투자는 미래를 파멸로 이끌 수도 있습니다.

집은 잠시 살다 떠나는 임시공간이 아닌 중장기적으로 살아야 하는 주거 공간입니다. '사는 것BUYING'이 아니라 '사는 곳LIVING'의 관점에서 접근하는 것이 중요한 이유이기도 합니다. 가계 부실, 금리, 입주물량 외에도 감염병이나 글로벌 금융 경기 등 수많은 변수에 의해 집값은 출렁일 수 있습니다.

수많은 변수와 위기가 도사리는 주택시장에서 나만의 성공 법칙을 만들기 위해서는 기본에 충실해야 합니다. 다소 뻔한 말이지만 남들보다 더 열심히 공부하고, 시장 리스크를 최소화하기 위해 준비해야 합니다.

이 책은 부동산 입문자들은 물론 주택시장에 참여하고 있는 여러 사람들에게 훌륭한 교과서 겸 참고서가 될 것으로 확신합니다. 기본적인 부동산 기초 개념과 사례 정리 등을 통해 본인만의 흔들리지 않는 부동산 원칙을 잘 세우기를 기원하겠습니다.

부동산시장에 대한
합리적인 시각을 주는 책

● 이창무 _ 한양대학교 도시공학과 교수 ●

우리 사회에서 항상 뜨거운 감자로 부상하는 부동산시장에 대해 자주 쓰는 표현은 '미친 시장'이라는 용어입니다. 하지만 오랫동안 국내 부동산시장을 자료에 기반해 분석하고 해석해온 본인의 경험으로 미루어볼 때 국내 부동산시장은 상당히 합리적인 작동기제로 움직이고 있다는 생각을 할 때가 많습니다. 부동산시장 참여자들이나 정부의 선택에 대한 효과를 사전에 감지할 수도 있다는 얘기입니다.

2020년에 들어서는 누구도 예상하지 못했던 '코로나19' 팬데믹(세계적 대유행)으로 국내외 경제가 얼어붙는 것은 물론 부동산시장도 불확실성에 휩싸이게 되었습니다. 부동산시장 관련 정책도 적지 않은 수정이 불가피할 것이며, 그에 따른 시장의 파급효과도 만만치 않을 것으로 예상됩니다. 이럴 때일수록 합리적인 사고에 근거해 상황을 판단하고 대처할 필요성이 커지고 있습니다.

이 책은 그런 면에서 부동산시장에 대한 합리적인 시각을 다지는 데 중요한 첫걸음이 되기에 충분하다는 생각이 듭니다. 우리가 부동산에 투자를 하느냐의 여부에 관계없이 부동산시장을 이해하기 위해 알아야 하는 가장 기본적인 이슈들을 편안하게 다가갈 수 있는 이야기로 풀어내고 있습니다.

부동산 분야 기자분들을 여러 기회로 접하다 보면 다들 열심히 하지만 좀더 공부하고 분석하며 자기계발에 힘을 쏟는 분들을 만나게 됩니다. 이 책의 저자들이 그런 유형의 사람이라서 더 기대가 되고 관심이 갑니다. 독자들에게도 주택시장에 대한 좀더 합리적인 시각을 다지는 데 중요한 첫걸음이 되는 입문서가 되기를 바랍니다.

| 차 례 |

1장 결국 부동산이 답이다

2장 # 부동산 기본지식은 돈이다

3장 부동산거래, 이렇게 하는 것이 답이다

4장 아파트 분양권 투자, 이렇게 해야 돈 된다

5장 부동산 세금, 공부한 만큼 아낀다

6장 트렌드와 정책을 알아야 기회를 잡을 수 있다

7장 재개발·재건축,
부동산의 황금알이다

8장 경매, 잘 알고 투자하면
반드시 돈이 된다

9장

임대사업자에 대한 거의 모든 것

'대한민국은 부동산공화국', '서울 집값 불패'라는 이야기가 괜히 나온 것이 아니다. 서울만 놓고 보면 장기적으로 집값 그래프는 항상 우상향하고 있다. 적어도 자본주의 사회를 살고 있는 우리에게 집은 행복한 삶의 공간인 동시에 가치가 있는 부(富)의 지표로 여겨지는 것은 어쩔 수 없어 보인다. 하지만 집을 매수하는 타이밍은 어려운 선택의 문제다. 남보다 이른 나이에 일찍 준비하고 부동산에 항상 관심을 가지면 내집 마련 시기를 훨씬 단축시킬 수 있다.

1장

결국
부동산이
답이다

대한민국 부동산 불패 신화는 계속 이어진다

> **Q. 서울 아파트값이 꾸준히 오른다는데, 언제 사야 할까요?**
>
> **A.** 중장기적으로 서울 부동산가격이 우상향하는 것은 맞지만 정권이나 경기 상황, 정부규제, 금리 등에 따라 출렁거리기도 합니다. 무엇보다 집값 움직임에 일희일비하지 않고, 특히 무주택자는 부동산에 꾸준한 관심을 가지고 지켜보는 자세가 중요합니다.

한·일 월드컵의 열기가 뜨거웠던 2002년 여름이 지나고 그해 가을에 각각 결혼해 가정을 꾸린 2명의 친구가 있었다. 두 사람은 닮은 점이 많았다.

두 사람 모두 중산층 가정에서 성장해 일류 명문대는 아니지만 이름을 대면 알 만한 대학에서 같은 전공을 수료하고 비슷한 시기에 학사학위를 받았다. 졸업 후 각기 다른 회사에 입사했지만 사회에 첫발을 들인 시기와 연봉마저 거의 같았다. 심지어 취업 후 2~3년이 지나서 결혼한 것도 비슷했다. 가정 형편도 다르지 않았던 터라 결혼을 시작할 당시 밑천도 서울 변두리 지역에 작은 전셋집을 구할 수 있을 정도였다.

그렇다면 결혼 후 8년여가 지난 현재, 두 친구의 자산(자본+부채)은 어떻게 달라졌을까? 30여 년을 비슷한 단계를 밟으며 살았던 두 사람은 결혼 후 전혀 다른 인생을 살고 있다.

먼저 친구 A는 은행 빚은 많지 않지만 반전세(전세보증금+월세)로 근근이 살아가고 있다. 결혼 이후 벌써 4번이나 이사를 했다. 치솟는 전셋값에 쫓겨 2년에 한 번 꼴로 이사하며 이른바 '서울 유목민 생활'을 한다. 그 사이 2명의 자녀가 생겨 생활비도 빡빡해진 그는 물가 대비 오르지 않는 월급을 한탄하며 '지금이라도 집을 사야 하나' 망설이고 있다.

다른 친구 B는 은행 빚이 조금 두렵긴 했지만 신혼 때 과감하게 대출을 받아 집을 샀다. 이후 3~4년 만에 집값이 70% 이상 올라 수억 원의 시세차익을 거두고 직장과 가까운 도심의 조그만 아파트에 새로 보금자리를 마련했다.

도심지역이라 그동안 집값도 상당히 올랐다. 또한 부동산규제가 심하지 않을 때 청약도 꾸준히 넣어 경기도권 작은 평수의 아파트에 당첨되었다. 준공 이후에는 기존에 대출받았던 금액 중 남은 금액과 그동안 모았던 현금 자산, 반전세 세입자를 받아 잔금을 치렀다. 현재는 은행 빚을 갚고도 남는 돈이 매달 차곡차곡 쌓이고 있다. 그는 오피스텔 투자나 경매 물건 등 또 다른 기회를 엿보는 중이다.

위 사례는 결코 억지 소설이 아니다. 필자가 그동안 주변 사람들에게 듣고 보고 직접 경험까지 한 실제 사례들을 모아 각색한 현실적인 내용이다.

물론 부동산이 항상 호황은 아니다. 아파트 매수·매도 시기와 주택시장 상황이 잘 맞을 경우에 가능한 얘기다. 하지만 '대한민국은 부동산공화국', '서울 집값 불패'라는 공식은 괜히 나온 말이 아니다.

서울만 놓고 보면 장기적으로 집값 그래프는 항상 우상향하고 있다. 실제로 KB 국민은행 시세를 보면 서울 아파트 중위가격(아파트 가격을 순서대로 나열했을 때 중앙에 위치하는 값)은 2008년 12월 4억 8,084만 원에서 2020년 3월 9억 1,812만 원으로 10여 년 사이에 2배가 넘게 뛰었다.

이런 부동산공화국에서 서민들의 삶은 공평하기가 쉽지 않다. 개미처럼 꾸준히 월급을 모으며 내집 마련이라는 최종 목표를 위해 평생 삶을 헌신하는 사람도 있는 반면, 사회에 본격적으로 첫발을 내딛는 20대 후반이나 30대 초반부터 부동산투자를 꾸준히 해 경제적인 자유를 누리고 남부럽지 않게 사는 사람도 있다.

물론 말이 쉽지 부동산으로 인생 역전을 노리기에는 변수가 너무 많다. 돈이 있을 때는 시간이 없고, 시간이 있을 때는 돈이 없다. 부동산정책 외에도 글로벌 경기, 금리, 돌발 악재에 따른 사업 지연 등 외생 변수가 너무 많다.

"집값이 언제 오를지 떨어질지 맞추는 것은 신의 영역"이라는 말이 괜히 나온 게 아니다. '집을 사고파는 타이밍'이 가장 중요하다는 것은 결국 운도 부동산투자에 적지 않은 영향을 미친다는 얘기다.

"지금 집을 사야 할까요?"
꾸준한 관심이 중요

우리나라 국민 절반은 무주택자다. 통계청에 따르면 전국 가구별 주택 소유율은 56.2%(2018년 기준)로 10가구 중 5가구 정도만 주택을 소유하고 있다. 고가주택(아파트)이 몰리고 주택시장 상승세가 지속된 서울의 주택소유율은 49.1%로 전국에서 최하위 수준이다.

건물주가 최종 꿈이 되는 사회! 전체 가계 자산의 70% 이상이 부동산에 쏠리는 대한민국! 서울, 특히 강남 아파트 불패라는 공식이 여전히 유효한 사회! 이 모든 건 우리나라 주택시장에 조금이라도 관심이 있다면 한 번쯤은 들어봤을 법한 얘기다.

물가는 무섭게 오르는데 언제 그만둬야 할지도 모르는 직장이나 자영업에서 벌이가 시원치 않으면 노후가 불안한 것은 당연하다. 정권이나 규제에 따라 오르락내리락은 하지만 장기적으로 부동산은 꾸준히 오르기 때문에 사람들은 여전히 집에, '집값'에 관심을 갖는다.

"지금 집을 사야 할까요?"

이 말은 어찌 보면 대한민국에서 가장 불편한 현실을 반영한 말이기도 하다. 집을 편안한 가정의 보금자리가 아닌 투자상품의 일종으로 보는 시각이 반영된 말이기 때문이다. 적어도 자본주의 사회를 살고 있는 우리로서는 집이 안락한 삶의 공간인 동시에 가치 있는 부(富)의 지표로 여겨지는 것은 어쩔 수 없는 일인지도 모른다.

가장 중요한 것은 나만의 집의 가치가 무엇이든 간에 부동산에 꾸준히 관심을 갖는 것이 중요하다는 점이다. 그래야 현재든 먼 미래든 나만의 소중한 삶의 안식처를 찾는 데 도움이 될 것이다.

지금 부동산을 살까 말까, 이것이 궁금하다면?

> **Q. 내집 마련 시기를 단축하고 싶은데 무엇을 먼저 해야 할까요?**
>
> **A.** 무주택자는 청약통장 계좌를 만들고 분양 아파트를 노려보는 것이 좋습니다. 구축 아파트나 기존 주택을 매수하려면 본인 재무상태와 부동산 구입에 따른 기회비용을 잘 따져봐야 합니다.

"지금 집을 사야 하나요? 아님 좀더 집값이 떨어질 때까지 기다려야 할까요?"

편집국 부동산부에서 기자생활을 하며 주변 지인들에게 귀에 못이 박히도록 들었던 말이다. 또한 평소 가까운 지인을 만나거나 오랜만에 모임 자리에 나가면 빠지지 않고 나오는 대화 주제거리이기도 하다. 그만큼 내집 마련을 계획하고 있지만 매수를 망설이는 사람들이 주변에 참 많다. 질문에 소신껏 답을 하자면 집은 본인이 필요할 때 사는 것이 제일 좋다. '사는 것BUYING'이 아니라 '사는 곳LIVING'이라는 관점에서 말이다.

집을 매수하는 타이밍은 항상 어려운 선택의 문제이다. 물론 필자도 그랬다. 모두가 집값이 하락할 것으로 예상할 만큼 주택경기 분위기가 안 좋을 때 군이 집을 사기는 망설여진다. 현재보다는 집값이 조금 더 떨어져 바닥까지는 아니더라도 무릎에 가까운 저점에 사기를 원한다. 또한 집값 상승기에 덜컥 내집 마련에 나서기에는 현 가격대가 부담될 뿐만 아니라 혹여 상투를 잡는 것(가장 높은 시세에 사는 것)은 아닌지 불안하기만 하다.

이러나 저러나 집이 1채든, 2채 이상이든 낮은 가격에 사서 높은 가격에 팔거나 집값이 오르는 것을 지켜보고 싶은 게 사람 마음이다. 이럴 때 명심할 점이 있다. 절대 분위기에 휩쓸리면 안 된다. 그보다도 본인의 재무 상태와 자산 구입에 따른 기회비용을 철저하게 따져야 한다.

이처럼 내집 마련이 망설여지는 가장 큰 이유 중 하나가 바로 '빚'이다. 집을 산다는 것은 편의점에서 물건을 구매하는 것처럼 현금이나 카드로 결제하고 바로 다음달에 청구대금을 갚는 방식이 아니다. 짧게는 수년 동안, 길게는 퇴직한 이후에도 30여 년 이상 갚아야 한다.

실제 민간업체인 KB국민은행에 따르면 2030세대 청년가구가 내집 마련하기 위해 걸리는 기간은 2014년 1분기에는 10년이 걸렸지만 2018년 2분기 현재에는 17.4년으로 7년가량 더 길어졌다. 이마저도 세금, 사회보험금 등을 제외한 월평균 처분가능소득을 꼬박 모았을 때를 가정한 것이다.

대출은 감당할 수 있는 범위 안에서 해야

결국 수억 원대 고액 연봉을 받거나 부모님에게 재산을 물려 받지 않으면 은행권을 통해 레버리지(지렛대)를 일으켜야 한다. 대출 자격을 갖추는 것은 1차 관문이고, 이를 통해 이자와 원리금을 갚을 시기를 정해야 한다. 물론 제1금융권을 통한다고 해도 본인의 생활이 무너지지 않고 감내할 수 있을 만한 대출을 해야 한다. 내집을 마련한 기쁨은 몇 달간 지속될 뿐이지만 그 빚은 죽을 때까지 본인을 따라다닐 수 있기 때문이다.

까다로운 은행권 대출 조건을 통과했더라도 그게 다가 아니다. 평생 대출을 갚다가 은퇴 시점에 결국 자기 집 1채를 마련했지만 자식 결혼이나 세금, 생활비를 감당하지 못해 평생의 희망이었던 집을 팔고 작은 집으로 이사를 가거나 전월세로 눌러앉는 가슴 아픈 경우도 적지 않게 볼 수 있다. 오랜만에 만난 지인들에게 "누구는 몇 년 만에 집을 사고팔아서 몇 억 벌었다더라" "우리 집이 몇 억 올랐는데 어차피 다 빚이다" 등 부러운 얘기를 들을 때마다 속이 쓰리고 우울하기만 하다.

나만 이런 걸까? 아니다. 통계청에 따르면 2018년 기준 우리나라 전체 주택은 1,763만 3천 가구다. 일반 가구당 주택소유율은 56.2%다. 서울은 49.1%다. 여전히 10명 중 4~5명은 전월세로 살면서 짧게는 1~2년마다 떠도는 팍팍한 삶을 경험한다. 이런 비율은 젊은 층으로 갈수록 현저하게 늘어난다. 만 34세 이하 청년 가구의 자가점유율은 19.2%에 불과하다. 만 65세 이상 노인가구는 75%가 자가에 거주하고 있다는 점을 감안하면 경제활동을 하는 생산가능인구(15~64세)의 자가점유율은 더욱 떨어질 것으로 보인다.

이런 이유로 대한민국에서는 집이 곧 희망이고 최종 목표인 사람이 많다. 앞서 언급한 대로 집을 사는 과정은 간단치 않다. 이 기간을 최대한 줄이려면 젊은 시절부터 준비를 해야 한다. 그러면 적어도 5~10년 이상의 기간을 단축할 수 있다는 게 전문가들의 공통된 의견이다.

만일 무주택자라면 은행권을 방문해 일단 무조건 주택청약종합저축을 만드는 것이 좋다. 가입 연령 제한은 없다. 월 납입 금액도 2만 원이면 된다. 청약 통장을 사용하든 안 하든 무조건 계좌부터 터서 준비를 해야 나중에 청약가점이라도 높일 수 있다. 2018년 7월부터는 '만 19세 이상~29세 이하 청년' 등을 대상으로 금리와 비과세 혜택을 주는 청년 우대형 청약통장도 생겼다.

평소에 신규 분양시장이나 원하는 지역과 해당 지역 아파트 시세에 꾸준히 관심을 갖고 있으면 정보를 얻을 수 있는 방법은 수두룩하다. 남보다 이른 나이에 일찍 준비하고 부동산에 항상 관심을 가지면 내집 마련 시기를 훨씬 단축시킬 수 있다.

나는 실수요자인가 투자자인가, 그것이 중요하다

> **Q. 당장 집을 싸게 사는 것이 중요한가요, 아니면 주변 입지를 보고 미래 가치를 우선적으로 봐야 하나요?**
>
> **A.** 입지를 고려하는 편이 훨씬 유리합니다. 교통, 교육, 상업, 문화시설이 집적된 곳에 들어서는 아파트는 가격이 중장기적으로 우상향하는 경우가 많습니다.

사례 1

얼마 전 오랜만에 만난 지인이 고민을 털어놓았다. 결혼 후 10년 만에 어렵사리 내집을 마련했는데 남편 직장이 지방으로 이전하면서 서울 집을 팔고 가족이 다 함께 이사를 갔다. 자녀가 초등학교 입학을 앞둔 터라 여윳돈도 필요했다. 은행 빚이 많았던 서울 집을 팔고 상대적으로 저렴한 지방에 둥지를 틀었다. 매달 은행에 수백만 원씩 내는 빚을 상환하고, 좀 더 여유롭게 살고 싶은 마음도 있었다.

그러나 1~2년 만에 상황은 완전 달라졌다. 서울에서 판 집은 그새 3억~4억 원이나 오른 반면, 지방에서 새로 마련한 집값은 전혀 변함이 없었다. 지방으로 이사를 할 당시 "집을 팔지 않고 전세를 줘야 한다"는 주변 얘기를 듣지 않았던 걸 그는 지금도 뼈아프게 후회 중이다.

사례 2

대학교 입학 당시부터 부모님이 마련해준 소형아파트에 홀로 살고 있던 30대 김모씨. 그는 취업 이후 결혼을 하자 아내와 상의 끝에 자신이 혼자 살던 집에서 그대로 살고, 그동안 모아둔 돈과 축의금, 약간의 은행 빚 등을 모두 합쳐 작은 오피스텔을 사기로 결정했다. 매달 받는 월세에서 은행 빚을 제한 나머지 약간의 돈으로 마음껏 여행도 다니고 조금 풍족하게 살고 싶었던 마음이 컸기 때문이다.

세입자를 받았던 첫해에는 꿈이 현실이 되는 듯했다. 그러나 세입자와 계약이 만료되자 상황은 전혀 달라졌다. 주변에 오피스텔 입주가 많아지면서 세입자를 구하는 게 하늘의 별 따기가 되었다. 해당 오피스텔을 팔까도 고민했지만 월세 목적의 주거용 오피스텔이라 집값도 거의 오르지 않았다. 김씨는 오피스텔을 살 때 빌렸던 은행 빚을 석 달째 월급으로 메우며 한숨만 푹푹 쉬고 있다.

위의 두 사례는 부동산시장에서 적지 않게 일어나는 일이다. 만약 같은 상황이었다면 독자들은 다르게 행동할 수 있었을까? 이를 결정하기 전에 반드시 따져봐야 할 것이 있다. 본인이 실수요자인지 투자자인지부터 먼저 구분해야 한다.

첫 번째 사례는 본인 소유 거주지가 서울에 1채가 있는 상황에서 해당 집을 팔고 지방으로 이전한 사례다. 서울 집값이 오르든 내리든 본인 삶의 안락함을 위해 선택한 것이다. 이런 경우 집값의 급등락에 일희일비해서는 안 된다. 만약 다른 선택을 하고 싶었다면 서울 집을 팔고 지방에서 전세로 살면서 중장기적으로 새 아파트 청약을 노려보는 것도 방법이 될 수 있다. 또한 기존 서울 집에 전세 세입자를 받고 본인도 지방에 전월세를 살 수도 있다.

두 번째 사례는 부동산투자를 목적으로 했지만 본인 생각대로 흘러가지 않았을 경우다. 근시안적으로 당장 매달 받을 수 있는 월세만을 생각했기 때문에 주변 입지나 입주량, 오피스텔 가격 동향, 직주근접성(직장과 주거지를 가까운 곳에 두려는 현상) 등을 따지지 않았을 가능성이 크다. 한마디로 나무만 보고 숲을 보지 못한 것이다.

만약 오피스텔이 아닌 전셋값과 매매가격 차이가 크지 않은 아파트에 갭투자를 했다면 아파트를 팔 때 환금성 측면에서도 훨씬 나을 수 있었을 것이다. 기존에 본인이 소유한 집을 팔고 현금성 자산을 합쳐 소위 '똘똘한 1채'나 청약을 노리는 것도 방법일 수 있다.

해당 주택의 가격보다는 주변 입지부터 따져야

실수요자나 투자자 모두가 본인이 소유하거나 매수한 집값이 오르기를 기대하는 것은 당연하다. 본인 소유의 부동산 자산 가치가 올라야 생활 만족도도 높아지고, 먼 미래에 경제적 자유를 누릴 수 있을 것이라는 희망이 생기기 때문이다. 다만 막상 집을 사거나 팔 때 가격만 보고 본인의 재무 상태나 해당 주택시장 상황 등을 전혀 고려하지 않는 경우가 많다.

예를 들어 생애 첫 내집 마련을 꿈꾸는 예비 매수자들은 본인이 장기적으로 거주할 집을 구한다면 단지 집을 싸게 사거나 비싸게 사는 것을 1순위 가치로 보면 안 된다. 오히려 가격조건보다 해당 주택의 입지를 고려하는 편이 훨씬 유리하다.

교통, 교육, 상업, 문화시설 등이 집적되어 있는 입지에 들어서는 단지는 장기적으로 가격이 우상향할 수밖에 없다. 실제로 최근 20여 년 간 서울 아파트값 하락은 1990년대 후반 IMF(국제통화기금) 외환위기와 2008년 글로벌 금융위기 영향으로 5~6년간 하락했을 뿐 전체적으로는 꾸준히 우상향을 보였다.

단순 비교하자면 2019년 10월 현재 서울 아파트 평균 매매가격은 8억 712만 원으로, 불과 5년 전인 2014년 10월(4억 9,845만 원)과 비교하면 62%나 올랐다. 가격이 꾸준히 오른다고 가정한다면 현재 나의 가계 자산이 빚을 감당할 수 있는지 여부와 매수하려는 주택의 입지 등을 가장 우선적으로 고려하는 것이 좋다.

부동산의 종류부터 알아야
부동산이 보인다

Q. 공동주택과 단독주택은 어떻게 다른가요?

A. 공동주택은 하나의 건축물을 여러 세대가 공동 사용하면서 주거생활이 가능한 구조로 설계된 아파트, 연립주택, 다세대주택 등을 말합니다. 단독주택은 독립된 생활공간을 갖춘 단독주택 외에도 다중주택, 다가구주택으로 구성됩니다.

"불 켜진 서울 아파트가 이렇게나 많은데… 어떻게 내집은 하나도 없나?"

드라마나 영화 속 주인공들이 낡은 저층 빌라가 밀집한 달동네 언덕이나 옥탑방 꼭대기에서 서울 전경을 바라보며 자신의 신세를 한탄하며 자주 내뱉는 말이다.

휘황찬란 그 자체인 서울의 야경이 반짝이는 별처럼 아름다우면서도 팍팍한 삶과 묘하게 대비를 이루어 슬픈 감정이 느껴지기도 한다. 때로는 주인공과 묘한 동질감을 느끼기도 한다. 여기서 말하는 야경의 배경이 되는 부동산은 삶의 기본적인 주거공간이자 필수재로서 느끼는 거주지, 즉 일반적인 집을 말한다.

조금 다른 이야기를 해보자. 우리나라를 소개하는 TV프로그램이나 잡지에서 광화문, 강남역, 여의도, 용산 등 대표 도심 업무지구를 설명하는 장면에 등장하는 부동산의 모습은 과연 어떠한가? 혹은 대규모 부지 개발을 통해 오피스 등 복합 업무단지나 상업시설이 조성되는 곳을 방문한 투자자가 관심을 보이는 부동산은 일반 주택이 아니다.

이 부동산은 상가나 업무용 오피스텔, 오피스 빌딩, 지식산업센터 등이 대부분이다. 여기서 말하는 부동산은 시세차익을 노리고 투자하는 임대용 건물이자 사치재인 건물이 많다.

이처럼 부동산은 천차만별이다. 물론 '부알못'으로 불리는 사람이 당장 집이라고 하면 떠올리는 것이 아파트이고 주택이다. 다만 건축법상 주택으로 분류된 집의 종류는 모두 다르다. 그 종류에 따라 구조물 높이 등 건축 제한, 거주·비거주용 용도, 세금 등도 확연히 달라진다.

기본적으로 먼저 주택이 지어지는 땅의 용도를 구분할 줄 알아야 한다. 이에 따른 세금과 면적, 높이 등 다소 복잡할 수 있는 내용은 뒤에서 자세히 설명하겠다.

다가구주택도 단독주택, 아파트는 공동주택

흔히 마당이 딸린 집이라고 하면 단독주택이 생각난다. 그러나 단독주택의 개념에는 이처럼 일반적으로 한 세대가 단독으로 생활하는 집인 단독주택 외에도 다중주택, 다가구주택, 공관 등이 있다.

다중주택은 각계각층의 여러 사람이 장기간 거주할 수 있는 주택을 말한다. 독립된 주거형태를 갖추지 못하며, 층수는 3층 이하여야 한다.

다가구주택은 우리가 흔히 생각하는 원룸으로 이해하면 된다. 각 세대별로 소유자가 있는 형태가 아니고 건물 소유자 1명이 임대소득을 받는 경우가 많다. 즉 집은 많지만 실제 소유는 1가구 1주택인 경우다. 이 주택은 3층 이하로 지어야 하며, 19가구 이하가 거주할 수 있다. 공관은 말 그대로 정부의 고위 공직자가 공적인 거처로 쓰는 주택이다.

우리가 흔히 생각하는 아파트는 공동주택 범주에 속한다. 공동주택은 한 건축물의 벽·복도·계단 전부 또는 일부를 여러 세대가 공동으로 사용하면서 각자 주거생활이 가능한 구조로 설계된 주택이다. 이 중에서 아파트는 주택으로 쓰이는 층수가 5개층 이상인 주택을 말한다. 공동주택 중 연립주택과 다세대주택은 층수가 4개층 이하의 주택이다. 이 두 주택은 바닥면적 합계가 660m²를 초과하면 연립주택으로, 그 이하이면 다세대주택으로 분리된다.

기숙사는 학교 또는 공장 등의 학생이나 종업원을 위해 지어지는 구조를 갖추고 있다.

수익형부동산은 업무용 오피스텔과 상가(복합·근린·단지 내 상가 등), 오피스 빌딩 등으로 구성된다. 소형아파트나 다세대·다가구주택, 주거용 오피스텔 등도 임대해 수익을 얻으면 주거용 수익형부동산으로 분류된다.

저금리 기조 속에서 1인 가구의 꾸준한 증가로 임대수요가 많다. 또한 고령화 사회에 진입하면서 시세차익을 노릴 수 있는 데다 안정적인 현금 창출이 가능한 수익형부동산에 대한 관심이 높아지고 있는 추세다. 낮은 이자율의 은행금리보다 안정적인 투자수익률을 유지하고 있다는 장점이 있지만 과잉 공급과 낮아진 투자수익률, 공실 위험 등의 리스크도 감안해야 한다.

돈 되는 부동산 정보를
얻는 법은 따로 있다

Q. 부동산 임장(현장 답사)을 다니고 싶은데 정보를 어디서 얻을 수 있을까요?

A. 매수하기 원하는 주택에 있는 동네 주변 공인중개업소를 적극 활용하는 것이 중요합니다. 중개업소 몇 군데와 꾸준히 연락하며 급매물 정보를 얻거나 시세 데이터를 정기적으로 받는 것도 훌륭한 매매 전략입니다.

부동산 취재 과정 중에 만난 이용수씨(가명). 그는 서울에서도 최고 알짜 입지로 꼽히는 재개발사업장의 입주권 물량을 비롯해 실거주하는 아파트 1채, 오피스텔 1채를 보유하고 있다. 오피스텔은 임차 수요가 들어서 있어 매달 100만 원 가량 월세가 들어오는 데다 재개발 입주권 물량은 피(웃돈)가 7억~8억 원이나 붙어 있다.

A씨는 당장 은퇴를 해도 사실 일상생활을 유지하는 데 별 문제가 없다고 웃으며 말한다. 현재 거주 중인 아파트도 10년 전 산 가격보

다 2배 가까이 올라 어떻게 돈을 굴려야 할지 행복한 고민 중이다.

평범한 직장인 이씨가 이처럼 수십억 원대의 부동산 자산가가 된 배경은 뭘까? 의외로 부동산 재테크에 성공하게 된 비결은 순전히 집안 살림만 했던 그의 아내 덕분이었다.

평소 부동산에 전혀 관심이 없던 그의 아내가 부동산에 관심을 갖기 시작한 것은 약 10여 년 전이다. 시작은 사소했다. 평소 동네에서 자주 가던 미용실이나 슈퍼마켓에서 마주친 지인이 공인중개사 자격증을 땄는데 이후 친해지면서 부동산 얘기를 자주하던 것이 계기가 되었다. 어느 날 '나도 한번 투자해볼까'라는 생각이 들었다고 한다. 평소 커피숍처럼 중개업소를 드나들다 보니 자연스레 투자에 관심이 생기고 눈이 뜨이게 된 경우다.

이후 A씨 아내는 부동산 관련 책을 사서 읽고 유명한 부동산 카페에 가입해 열심히 공부했다. 틈틈이 부동산 관련 설명회도 쫓아다녔다. 이후 평소 궁금하고 가고 싶은 동네를 골랐다. 지인들이 추천하거나 뉴스를 통해 잘 알려진 동네도 추렸다.

이후 개인 약속이나 모임이 있어 해당 지역을 갈 일이 있으면 항상 1~2시간 전에 미리 가서 동네를 둘러봤다. 군이 시간을 내어 찾기보다는 일상생활 속에서 실천할 수 있는 방법을 택한 것이다. 물론 갈 때마다 해당 지역의 공인중개업소 몇 군데를 들러 상담도 받고, 연락처도 주고받았다. 이후 해당 공인중개업소는 이따금 해당 단지 급매물이나 시세를 문자로 보내주거나 직접 연락을 주었다.

이런 점이 다른 사람보다 상대적으로 싼 매물을 골라잡을 수 있게 된 배경이다. 나중에 알게 된 사실이지만 A씨 아내는 겨울철에 직접 김장을 해 중개업소에 김치를 보내주기도 했다고 한다. 그 행위가 호의든 고의든 중요하지 않다. 중개업소 사장 입장에서는 싸고 좋은 매물이 나오면 당장 누구에게 먼저 연락하겠는가.

중개업소 발품이 중요, 주택 가격추이를 꿰뚫고 있어야

위의 방법은 누구나 실천할 수 있지만 아무나 하지 않는 방법이다. 현재 전국에는 개업 공인중개인만 10만 명이 넘는다. 단순 비교는 어렵지만 국내 활동 의사 수와 비슷한 수준이다. 많다면 많고 적다면 적은 수준이지만 어느 동네를 지나더라도 쉽게 눈에 띄는 것이 공인중개업소다. 평소 관심이 있는 지역이나 특정 동네라면 어느 중개업소라도 들어가 커피 한 잔을 얻어먹고 나오는 것이 부동산 정보를 얻는 가장 쉬우면서도 내딛기 어려운 첫걸음이다.

2년에 한 번이나 이사를 할 때마다 중개업소를 찾는 것은 누구나 할 수 있는 일이다. 투자를 원하거나 혹은 실수요자라 할지라도 본인이 살고자 하는 집이 있으면 해당 주택의 가격 추이를 꿰뚫고 있어야 한다. 그래야 집이 싼지 비싼지 가늠이 된다. 여기까지가 본인이 발품을 팔 수 있는 방법이다.

이제 부동산 정보는 누구나 얻을 수 있다. 부동산 정보를 얻고 싶다면 인터넷이나 스마트폰 애플리케이션(앱)만 있어도 되는 세상이다. 검색창에 부동산 실거래가, 시세, 부동산 앱 등 원하는 단어를 검색하면 해당 사이트가 일목요연하게 나온다. 그러면 해당 단지의 시세(호가), 월별 실거래가, 단지 평면도, 관리비, 학교·병원 거리 등 원하는 정보를 모두 앉아서 손쉽게 검색해볼 수 있다.

검색을 해서 원하는 단지를 찾았다면 해당 지역을 직접 가보자. 임장은 별게 아니다. 지하철역에서 단지까지 직접 걸어보고, 실제 시세가 맞는지 중개업소도 찾아가고, 주변 환경이 본인의 생각과 맞는지 비교해보는 것이다. 당연한 얘기지만 부지런할수록 더 많은 정보가 생기고, 정보가 많아야 기회도 더 많아진다.

부동산투자는
결국 심리 싸움이다

Q. 주택시장 규제가 강하면 집값이 떨어질까요?

A. 강력한 대출과 세제 규제에도 아파트값이 우상향을 보이는 경우도 있고, 규제 완화에도 경기 침체 등의 영향으로 부동산시장이 침체에 빠지는 경우도 있습니다. 주택시장 분위기에 휩쓸리지 않는 본인만의 매수(투자) 원칙을 잘 세우고 있어야 합니다.

지난 2017년 8월 2일, 서울 주택시장은 바짝 얼어붙었다. 노무현 정부 시절인 2005년 8·31부동산대책 이후 12년 만에 가장 강력한 주택시장 규제가 나올 것이 예고되었기 때문이다. 실제 뚜껑을 열고 보니 서울 전 지역 투기과열지구 및 투기지역 지정, 대출, 세제, 청약, 재건축·재개발 전매금지 강화 등 주택시장을 전방위로 압박하는 무차별적인 규제가 쏟아졌다.

이후 한두 달간 집값은 하락하는 등 안정화된 모습을 보였다. 그러나 이내 다시금 상승하며 과열될 조짐을 보이자 정부는 2018년 들어 초반부터 재건축 안전진단 기준 강화, 종합부동산세 개편 등을 통해 고가주택 보유자와 다주택자들을 압박했다.

이후에도 주택시장 상승세가 지속되자 정부는 '규제 끝판왕'이라고 불렸던 9·13부동산대책을 내놓았다. 2주택자 이상 세대는 규제지역 내에서 주택구입시 주택담보인정비율LTV을 아예 0%로 묶어버린 것이다. 문재인 정부가 출범한 2017년과 이듬해인 2018년에 각각 가장 강력한 대책으로 꼽히는 8·2대책과 9·13대책이 시행된 것이다. 그 이후 서울 주택시장은 어떻게 움직였을까?

KB부동산에 따르면 2017년 9월부터 12월까지 서울 월별 아파트값 상승률은 0.1~0.6%대로, 대책 발표 당시보다 최대 10분의 1 정도로 상승폭을 줄였다. 2018년 9·13대책 이후에는 2019년 1~6월까지 집 값이 줄곧 마이너스(-)를 보였지만 7월 이후부터는 재차 상승 전환해 오름폭을 키웠다. 누르면 누를수록 튀어 오르는 용수철 집값, '규제의 역설'이라는 말이 나오는 이유이기도 하다.

물론 문재인 정부는 9·13대책 이후 전국적으로 집값이 안정세를 보이고 있다고 설명하지만 이는 사실과 다르다는 의견이 많다. (실제 정부는 결국 2019년 12월 16일 부동산대책을 통해 수도권 규제지역 추가, 고가주택 대출 축소 등의 초강력 규제 카드를 꺼내기도 했다.)

전국적으로는 지역 기반 사업 쇠퇴와 인구 감소, 경기 침체 등의 여파로 지방 집값이 꾸준히 하락하는 반면, 부동산규제 융단폭격이 쏟아졌던 서울 등 수도권의 주요 집값은 반대로 오름세를 이어가고 있다.

물론 결과론적인 얘기지만 이 기간 동안 서울 무주택자 중에 과감하게 집을 샀던 사람과 전월세로 눌러앉았던 사람 간의 자산 격차는 상상 이상으로 크게 벌어졌다. 대출, 세제 등 가장 강력한 주택시장 규제가 쏟아지던 시기가 오히려 무주택자가 내집 마련에 나설 수 있는 좋은 기회였다는 점이 아이러니하기만 하다.

상한제 이후에도 집값 뛰어, 분위기에 휩쓸리지 말아야

또 다른 예를 들어보자. 국토교통부는 2019년 10월 29일 주택법 시행령 개정안을 통해 민간택지 분양가상한제를 본격적으로 가동했다. 2015년 4월 이후 멈춰 있던 상한제를 다시 부활시킨 셈이다. 다만 관리처분인가 신청을 한 재건축·재개발 단지는 2020년 7월 29일까지 유예기간(당초 2020년 4월 29일 예정일에서 '코로나19' 영향으로 추가 연장)을 주었다. 국토부는 상한제 시행 이후 민간 아파트 분양가를 주변시세보다 20~30%, 주택도시보증공사HUG 보증심사 기준보다 5~10% 낮춘다는 목표도 세웠다.

이처럼 민간 아파트 분양가를 낮춰 주변 시세를 안정시키겠다는 게 정부 목표지만 시장은 반대로 움직였다. 새 아파트 공급 축소 우려로 청약에 수백 대 1의 경쟁률이 몰리는 과열이 나타나는가 하면, 준공 5년 이내의 새 아파트에 매수세가 빗발쳤다. 이 시기 서울 서초구 반포동 신반포1차를 재건축한 '아크로리버파크(2016년 8월 입주)' 전용면적 84m²가 34억 원에 매매거래되며 '3.3m²당 1억 원 시대'를 열기도 했다.

그렇다면 정부정책과 역행하는 선택을 하는 것이 과연 옳은 것일까? 아니다. 과거 1998년 국제통화기금IMF 외환위기와 2008년 글로벌 금융위기를 겪기 직전 부동산시장은 자산 버블이 최고조로 치솟던 시기였다. 이때 무턱대고 덜컥 집을 샀다가 자금이 묶이고 자산가치 하락을 경험한 사람도 적지 않다. 이후 경제위기를 겪으며 시장이 경색되자 거품이 꺼지면서 부동산가격이 폭락했기 때문이다.

집값은 장기적으로 우상향하는 사이클을 보인다. 하지만 정작 내가 현금이 필요할 때 부동산시장이 하락하고, 환금성마저 없으면 손실을 보기 십상이다.

이처럼 수십 년째 국내 부동산시장은 상승장과 하락장을 반복하는 일정한 사이클로 움직였다. 여기서 주목할 점은 해당 기간에 모든 집값이 일률적으로 움직이지 않았다는 것이다. 주택 상승장에서도 집값이 뒷걸음치는 곳이 있는 반면, 하락장에서도 탄탄한 입지와 개발 호재 등에 힘입어 꾸준히 아파트값이 오른 단지가 있다.

가장 중요한 점은 주택시장 분위기에 결코 휩쓸리지 말아야 한다는 것이다. 1주택자일수록 이 점은 더욱 분명해 보인다. 본인이 흔들리지 않는 투자원칙을 잘 세우고 있다면 주택시장 분위기는 사실 매수시점과는 별반 상관이 없을 수 있다.

부동산은 사는 것보다
파는 것이 더 중요하다

Q. 주택을 팔 경우를 대비해 환금성을 따지려면 뭘 봐야 할까요?

A. 해당 단지의 과거 매매거래 빈도나 연도별 실거래 가격을 꼼꼼히 따져야 합니다. 해당 아파트의 준공연도(새 아파트 여부), 역세권 및 대단지 조건 등도 매도할 때 적지 않은 영향을 미칠 수 있습니다.

2015년 서울 은평구 A아파트를 5억 원에 분양받은 이선우(가명)씨가 있다. 당시만 해도 부동산규제가 덜해 전체 분양가격의 10%를 계약금으로 내면 60%에 해당하는 중도금이 무이자 대출로 조달이 가능했다.

2017년 입주가 임박해 잔금(30%)을 치러야 할 때가 두 달여 앞으로 다가오자, 중도금과 잔금을 치를 능력이 되지 않았던 그는 분양가보다 5천만 원 높은 가격에 분양권을 팔았다.

이씨로부터 분양권을 승계받은 매수인 김씨는 입주가 임박해 즉각 전세 세입자를 알아보았다. 전세가율(매매값 대비 전세값)이 높아 은행에 빚을 조금 내면 잔금 납입이 가능할 것으로 봤기 때문이다. 결국 김씨는 2년간 전세를 놓고 그로부터 2년이 지난 시점인 2019년 해당 주택을 8억 원에 매매거래했다. 수분양자였던 이씨보다 무려 5배에 달하는 차익을 남긴 셈이다.

부동산은 매수 타이밍보다
매도 타이밍이 더 중요하다

부동산 중개를 담당하는 공인중개업소에서 자주 실랑이가 벌어지는 이유 중 하나가 매수인과 매도인 간의 가격 흥정 때문이다. 매도자가 부른 가격보다 매수자는 조금이라도 가격을 깎아 매매계약을 하려고 하지만 매도자는 본인이 사전에 정한 희망가격에서 결코 내리려고 하지 않는다.

전체 집값의 1~2%도 안 되는 금액 차이로 계약이 깨져버리는 경우가 생기는 것도 실제로 부지기수다. 물론 주택시장 분위기가 상승장인 경우에는 매도자 우위의 시장 분위기가 형성되고, 주택 경기 침체기에는 매수자가 급급매가 아니면 매물을 아예 쳐다보지도 않는 경우가 많다.

집을 사고파는 과정에서 더 중요한 것은 뭘까? 보통 전문가들은 매수 타이밍보다는 매도 타이밍이 더 중요하다고 조언한다. 집을 매수하는 것은 본인이 판단하고 결정하면 되지만 이를 되팔 때에는 상대방(매수자)이 가격을 받아줘야 하기 때문이다.

실제 주택시장이 경색되어 급하강하는 시기가 아니면, 집주인이 부른 가격이 낮아지는 경우는 드물다. 많아야 500만~1천만 원 정도의 가격 조정이다. 다만 매도할 때는 다르다. 집을 사기 전에 언제 팔지, 어느 가격에 팔지 본인이 정해야 한다.

그렇기 때문에 가장 중요한 것이 바로 환금성 부분이다. 아무리 싸게 산 매물이라도 나중에 되팔 시점에 매매거래 자체가 없는 지역이거나 시장 참여자들의 관심이 없으면 골칫덩이 매물이 될 수 있기 때문이다.

이 때문에 집을 사기 전에는 해당 지역이나 단지의 과거 매매거래 내역과 연도별 가격 등을 꼼꼼히 살펴봐야 한다. 최근 5년치 실거래 내역을 살펴보는 것도 좋다.(실거래 내역은 국토교통부 실거래가 공개시스템을 이용하거나 부동산매매거래 앱을 통해서 쉽게 알아볼 수 있다.) 보통 부동산상품 중 환금성이 좋은 것은 아파트, 빌라, 오피스텔, 토지 등의 순이다.

또한 부동산 불황기가 찾아올 경우를 대비한다면 역세권, 신축, 대단지 아파트를 우선적으로 고려하는 편이 나중에 손실이 적거나 가격 하방 경직성을 다질 수 있다. 당장은 주변 아파트에 비해 가격이 조금 비싸더라도 시장 하락기에는 그만큼 가격 하락 가능성이 낮거나 오히려 상승할 수 있다는 점도 염두에 두어야 한다.

다주택자라면 장기적으로 가져가야 할 부동산과 빨리 팔아야 할 부동산을 구분하는 것도 중요하다. 이는 세금과도 직결되는 문제이기 때문이다.

만약 다주택자가 서울과 지방에 각각 집을 1채 이상씩 갖고 싶다면 양도소득세를 고려해야 한다. 즉 비규제지역에 속한 지방 부동산을 먼저 처분하고 서울 등 규제지역의 집을 나중에 처분하는 것이 양도소득세를 절감할 수 있는 방법이다. 서울 등 규제지역은 2주택자의 경우 양도세 중과(2주택자는 10%포인트가, 3주택자는 20%포인트 가산)가 적용되기 때문이다.

또한 상가나 수익형부동산을 매도할 경우에는 공실을 낮추고 임대수익을 최대한 높여야 내가 원하는 가격에 팔 수 있다.

새 건물보다는 헌 건물을 노리는 것도 방법이다

Q. 꼬마빌딩을 사고 싶은데 우선적으로 고려해야 할 점은 뭔가요?

A. 당장의 현금흐름이라고 할 수 있는 임대수익률과 미래의 시세차익을 기대할 수 있는 자본수익률을 함께 잘 따져봐야 합니다. 만약 자본수익률이 높을 것으로 보이는 입지에 들어섰다면 임대수익률을 낮추는 것도 방법입니다.

우리나라 성인 남녀 3명 중 1명은 건물주가 꿈이라고 한다. 태어날 때부터 재벌로 태어나지 않은 이상, 일반인이라면 누구나 작은 꼬마빌딩의 주인이 되어 노후에 경제적인 자유를 누리고 싶어 하는 마음이 있다.

이제는 연예인이나 유명 셀럽들만 건물을 사는 시대는 지나간 지 오래다. 과거에 비해 매물 정보업체가 상당히 많아진 데다 인터넷 카페 등 다양한 경로를 통해 누구나 원한다면 손쉽게 정보를 얻을 수 있다. 빌딩 재테크를 주제로 하는 실전 투자 강연 등도 성황을 이루고 있다. 본인의 자금 사정에 맞는 수익형부동산을 찾아 투자하는 방법을 찾는 사람이 그만큼 많다.

몇 년 전 주변 지인으로부터 놀랄만한 소식을 전해 들었다. 본인이 살던 아파트와 부모님으로부터 물려받은 땅을 모두 처분하고 서울 변두리에 작은 빌딩을 샀다는 얘기였다. 평소 소시민이라고 생각했던 그의 결심이 놀라우면서도 부럽기도 했다. 물론 투자한 빌딩 가격은 일반적으로 꼬마빌딩 범위에 속하는 20억~50억 원대 건물은 아니었다. 서울 도심의 중심가는 아니지만 총 3층 규모의 상가주택으로 지어진 지 20년이 된 건물이었다.

건물 매입비용은 총 13억 원이었고, 이 중 6억 원은 은행대출을 이용했다. 부동산을 모두 처분해 본인이 손에 쥔 현금 8억 원 중 1억 원은 건물 리모델링하는 데 쓰고 나머지 7억 원은 매입비용으로 썼다. 리모델링 후 1층에는 커피숍이 들어섰다. 2층도 임대를 주었다. 3층은 본인 주거지다. 현재 해당 건물의 가치는 15억 원으로 올라갔다.

이처럼 과감한 투자를 해서 성공한 사례가 있는 반면, 반대의 경우도 적지 않다. 건물 가격이 올랐지만 정작 공실이 많아서 은행 빚을 갚느라 잠을 못 이룰 정도로 고민하는 경우도 있다. 그렇다면 전문가들이 말하는 가장 중요한 투자 포인트는 무엇일까?

간단하다. 도심 중심가 입지에 번듯한 외관을 갖춘 건물은 누구나 원한다. 이럴 경우 당연히 가격이 비쌀 수밖에 없다. 당장 매입가격은 비싸도 임대수익률을 높일 수 있어서다. 그러나 이것보다는 허름하고 오래된 건물을 리모델링하는 것이 투자에는 훨씬 나을 수 있다.

실제 지난 2018년 서울에서 매매거래된 꼬마빌딩 중 30년 이상 된 건물은 1,230여 건으로 전체 거래의 50%를 차지했다고 한다. 낡고 오래된 건물을 사서 새로 짓는 편이 수익률을 끌어올릴 수 있는 방법이라는 얘기다. 예를 들어 경사면에 있는 빌딩이나 지상층과 약간의 높이 차이가 있는 건물 내 지하층을 리모델링해 1층으로 추가로 인정받는 방법도 수익률을 높일 수 있는 방법이다.

골목 뒤쪽 리모델링이 유행, 자본수익률도 중요

이런 측면에서 번화가 중심지만 고집하는 투자 방법도 이제는 예전 방식이다. 과거에는 대로변이나 중심가에 있는 빌딩이 각광을 받았다면, 이제는 골목 안쪽이나 뒷쪽에 있는 건물을 리모델링하는 방법이 유행하는 추세다.

또한 오히려 수요가 많은 강남 등 도심에서 오피스 공실이 10%에 달하는 점을 감안하면 '오피스' 중심 빌딩보다는 '점포' 중심 빌딩을 매입하는 편도 바람직하다.

가장 중요한 점은 임대수익률과 자본수익률을 함께 봐야 한다는 것이다. 일반적으로 임대수익률은 해당 건물이 좌우하지만 자본수익률은 해당 지역의 입지가 결정하는 경우가 많다. 만약 자본수익률이 높을 것으로 예상되면 임대수익률을 조금 낮춰도 문제될 것이 없다. 본인이 미래의 시세차익이나 당장의 현금흐름 중 어느 것이 필요한지 먼저 잘 따져봐야 할 것이다.

다만 2018년부터 빌딩 시장도 규제를 받아 어려워진 점이 있다. 규제 내용에는 임대료 상한선이 하향 조정되고(9% → 5%), RTI(임대업 이자상환비율) 도입, 임차인계약갱신청구권 연장(5년 → 10년) 등이다.

이 중에서 RTI는 대출에 직결된다. RTI는 담보가치 외에 연간 임대수익으로 대출 연간 이자 상환이 어느 정도 가능한지를 나타내는 지표다. 계산식은 '임대소득/(해당 임대업 대출의 연간이자비용)+(해당 임대물건에 대한 기존대출의 연간이자비용)'이다. 과거에는 임대수익률에 상관없이 대출을 받았다면, 이제는 규제가 점차 강화되어 주택 임대업 개인사업자대출에 대한 RTI의 경우 1.5배 이상(투기지역·투기과열지구)일 경우 신규 대출이 가능하다.

One Point Lesson

부동산 첫 거래시 반드시 확인해야 하는 서류는?

부동산을 첫 거래하면 공인중개업소의 말만 믿고 따르는 경우가 많다. 자주 이사를 다니거나 부동산 전문 투자자가 아닌 경우에는 어렵고 복잡한 내용이 많아 해당 부동산가격과 집 내부 구조 등 눈에 보이는 필요한 내용만 챙기고, 정작 중요한 것을 빠뜨리는 경우도 적지 않다. 이럴 경우 나중에 낭패를 볼 수 있으니 반드시 사전에 필요한 서류를 미리 챙겨야 한다.

부동산 계약을 하기 전에 반드시 체크해야 할 것이 등기부등본이다. 보통 매매거래 계약시 공인중개업소에서 떼어주기도 하지만 본인이 계약 직전에 출력해보는 편이 낫다.

등기부등본에서 계약 상대방이 부동산 소유자가 맞는지(등기부상 소유 명의자와 매도인 신분증상 명의자가 일치하는지 여부 확인), 근저당 설정은 얼마나 되어 있는지를 반드시 체크해야 한다. 근저당 설정이 많은 집에 전세를 살 경우 집이 경매에 넘어가는 최악의 경우를 겪을 수도 있기 때문이다.

이런 상황을 피하려면 부동산 권리관계와 부동산 표기에 관한 사항이 기재되어 있는 등기부등본을 반드시 먼저 살펴야 한다. 해당 서류는 대법원 인터넷등기소(iros.go.kr)를 통해 인터넷으로 쉽게 출력할 수 있다.

등기부등본 현황으로는 지번, 지목, 구조, 면적 등이 기재되어 있다. 권리관계에는 소유권, 저당권 등의 내용이 기재되어 있다. 처음에 이 종이를 보면 무슨 내용인지 알기 어렵다. 사전에 주요 항목을 숙지할 필요가 있다.

먼저 등기부등본상 계약 체결 대상자(소유자)와 등기부등본상의 소유자가 일치하는지를 확인하고, 부동산 주소와 서류상 기재사항이 맞는지도 봐야 한다. 끝으로 등기부등본상 가등기, 근저당, 가압류, 말소사항 등을 꼼꼼히 살펴야 한다.

또한 건물의 소재, 번호, 종류 등을 등록해 건물 상황을 명확히 알 수 있는 건축물대장도 미리 살펴볼 필요가 있다. 계약 면적과 실제 면적 차이 등을 중점적으로 봐야 한다. 이 서류는 정부24(gov.kr)에서 발급이 가능하다.

막상 집을 구할 때 부동산에 대한 용어나 배경지식을 몰라 큰 곤란을 겪거나 손해를 입는 경우가 있다. 분명 한두 번은 들어본 적이 있는 용어인데 뒤돌아서면 또다시 까먹기 일쑤다. 전용면적과 공급면적, 용적률과 건폐율, 베란다와 발코니 등 기본적인 개념은 적어도 구분할 줄 알아야 집을 잘 구할 수 있다. 또한 주택담보대출, 공시가격, 임대사업자 등 주택 구매나 절세 혜택을 위한 팁을 사전에 숙지할 필요가 있다.

2장

부동산
기본지식은
돈이다

베란다, 발코니, 테라스를
잘 구별해보자

Q. 아파트 거실이나 방과 붙어 있는 서비스 공간은 베란다인가요? 발코니인가요?

A. 베란다는 층간 면적 차이를 이용해 생긴 공간이며, 아파트에 거실이나 방과 연결되어 설치된 공간은 건축물 외벽을 밖으로 돌출시킨 발코니가 정확한 명칭입니다.

'아파트 베란다 확장.'

'건축물 4층 높이에 설치된 테라스 하우스.'

'아래층의 남는 면적을 활용한 발코니 확장형 주택.'

모두 틀린 말이다. 우리가 집 구조에 대해 말할 때 빼놓지 않는 베란다, 발코니, 테라스를 정확히 구분할 줄 아는 사람은 흔치 않다. 잘못된 개념으로 머릿속에 인지하고 오랫동안 관행적으로 불렀던 습관 때문이다. 나중에 나만의 집을 짓거나 주택을 구매하는 경우 사소한 개념이 헷갈려 큰 손해를 볼 수 있으니 정확한 개념을 사전에 숙지할 필요가 있다.

먼저 테라스는 개념을 이해하기가 가장 쉽다. '테라스Terrace'의 어원인 '테라terra'는 땅을 의미한다. 즉 테라스는 건축물과 지표면이 만나는 1층에만 설치된다. 건축물과 지표면이 만나는 부분에 흙을 밟지 않도록 마감했으며, 위에 지붕이 없는 공간(1층 바닥 높이보다 20cm 낮게 조성)을 말한다. 보통 정원의 풍경을 볼 목적으로 별장이나 단독주택, 고급빌라 등에 설치되는 경우가 많다.

헷갈리는 것은 베란다Veranda와 발코니Balcony다. 사전에서 개념을 찾아 머릿속에 집어넣어도 막상 평소 대화에서 이 둘의 개념을 혼동해 부르는 경우가 허다하다. 부동산거래를 전문으로 하는 공인중개업소 관계자들도 마찬가지다.

아파트 확장은 발코니, 베란다는 층간 공간차 활용

베란다와 발코니가 헷갈린다면 우선 아파트는 '베란다 확장'이 아닌 '발코니 확장'임을 숙지해야 한다. 베란다는 아래층 면적이 위층 면적보다 커서 생긴 공간이다. 즉 1층의 남은 지붕 공간을 2층에서 활용하도록 설계된 것이다. 보통 2층짜리 단독주택이나 외형이 계단식으로 설계된 고급빌라에서 종종 볼 수 있는 형태이다. 전체적으로 건물 외부 모습이 계단식으로 올라가는 것으로 이해하면 된다.

발코니는 거실을 연장하기 위해 건축물 외벽에서부터 밖으로 돌출되도록 만든 공간이다. 일반적인 아파트의 거실이나 방과 닿은 공간이다. 위층과 아래층의 넓이가 모두 같은 2층 이상의 건축물에 설치되며, 흔히 식물이나 별도의 짐을 놓는 창고 용도로 쓰이는 경우가 많다.

발코니는 아파트 분양을 받을 때 전용면적에 포함되지 않는 '서비스 공간'이기 때문에 세금 적용이 되지 않는 장점이 있다. 다만 확장비는 당연히 별도로 내야 한다. 전용면적의 10~20%를 차지하는 발코니를 확장하면 공간이 크게 넓어지는 효과를 볼 수 있다.

사실 일반인이 건물 외벽을 보고 베란다와 발코니를 구별하기는 쉽지 않다. 하지만 주택을 구입할 때 확장된 부분이 베란다인지 발코니인지 반드시 확인해야 한다. 그 이유는 건축법상 발코니 확장공사(1.5m 이내)는 합법이지만 베란다 확장공사는 불법이 될 수 있기 때문이다.

아파트는 보통 같은 동에서는 전 층의 외벽이 동일하기 때문에 발코니 확장에 속한다. 다만 층간 면적 차이가 있는 단독주택에서는 거실 등과 이어진 공간을 확장하는 것은 불법으로 이행강제금이 부과될 수 있다. 이 때문에 단독주택을 구입하거나 집을 사서 리모델링을 할 때는 확장하는 부분이 발코니인지 베란다인지 반드시 확인해야 한다. 신축 건물이 아닐 경우에는 승인된 건축설계 도면이나 건축물대장을 확인하면 된다. 이도 저도 모르겠다면 건축설계사나 거주지에 속하는 구청 주택과 등에 물어보는 편이 가장 확실할 수 있다.

베란다, 발코니, 테라스의 차이

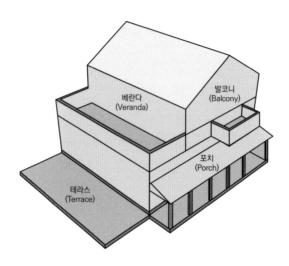

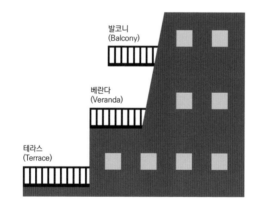

전용면적과 공급면적, 실평수를 잘 구분하자

Q. 아파트를 계약할 때 전용면적이 왜 중요한가요?

A. 거주자가 실제 독립적으로 생활하는 거실, 침실, 주방, 화장실 등이 포함된 실거주 공간이 전용면적이기 때문입니다. 이 면적은 재산세 등 각종 세금을 내는 기준이 되기도 합니다.

"몇 평 구하세요?"

집을 구하기 위해 공인중개업소를 들르면 대개 이 질문부터 듣는 경우가 많다. 혹은 생애 첫 내집 마련에 나서는 사람들은 '적어도 ○○평대 이상의 집에서는 살아야지'라고 마음속에 품고 있기 마련이다. 하지만 단순히 평수만 생각해 집을 구하려고 나서면 난감한 경우를 맞닥뜨릴 수 있다.

요즘은 굳이 공인중개업소를 찾아가지 않더라도 주요 인터넷 포털의 부동산 페이지나 부동산중개 사이트, 스마트폰 중개 애플리케이션 등을 통해 본인이 원하는 동네와 집을 어렵지 않게 찾아볼 수 있다.

내가 찾는 집의 평형대를 보려면 '80/59, 112/84, 126/114, 149/112' 등과 같이 m²(제곱미터)로 수치화된 암호 같은 단어만 나와 있어 알쏭달쏭하기만 하다. 이 부분이 헷갈린다면 먼저 공급면적과 전용면적부터 구분할 줄 알아야 한다.

생각보다 간단하다. 쉽게 말해 공급면적과 전용면적은 현관문을 기준으로 나뉜다. 우리가 흔히 말하는 ○○평은 공급면적을 말한다. 아파트를 예로 들어 다른 세대와 같이 사용하는 엘리베이터나 계단, 복도 등이 포함된 곳은 주거 공용면적이다. 거주자가 실제 독립적으로 생활하는 거실, 침실, 주방, 화장실 등은 전용면적이다. 이 둘을 합한 것이 바로 공급면적이다.

다만 흔히 아파트에 포함된 발코니(보통 베란다로 잘못 부르는 경우가 많음)는 서비스 면적이라 공급면적에서 제외된다. 결국 우리가 실제 생활하는 실평수라 함은 전용면적과 발코니 확장인 서비스면적을 합한 것이다.

하나 더 추가하자면 지하주차장과 관리사무소, 놀이터 등 단지 내 부대시설은 기타 공급면적에 포함된다. 이를 공급면적과 합하면 계약면적이라고 한다.

전용면적이 가장 중요,
오피스텔은 계약면적 기준

일반 아파트는 공급면적을, 오피스텔은 계약면적을 기준으로 분양을 한다. 간혹 주택분양 광고를 보면 평당 가격을 싸게 보이기 위해 주택 공급면적(분양면적)을 기준으로 삼지 않고, 가장 범위가 넓은 계약면적을 사용하는 경우가 많으므로 이를 꼼꼼히 따져봐야 한다.

가장 중요한 건 실거주 면적인 전용면적이다. 공급면적에서 전용면적이 차지하는 비율을 전용률이라고 하는데, 같은 평형대라도 전용률이 높아야 더욱 넓은 집에서 살 수 있다. 또한 전용면적은 부동산 등기부등본상에 나와 있어 재산세 등 각종 세금을 내는 기준이 되기도 한다.

이 내용을 요약하면 다음과 같다.

- 전용면적 + 주거 공용면적 = 공급면적
- 공급면적 + 기타 공용면적 = 계약면적
- 평수넓이 = 계약면적 〉공급면적 〉실사용 면적(실평수) 〉전용면적

전용면적과 공급면적을 구분한다면, 이제 평수를 m²로 계산하는 것은 어렵지 않다. 예를 들어 아파트 매물 사이트에서 평형대(m²)가 112/84로 나와 있다면, 앞에 있는 112는 공급면적을 말하고 뒤의 84는 전용면적을 말한다.

1평은 약 3.3m²로 이해하면 된다. 따라서 제곱미터 단위로 나온 숫자를 3.3으로 나누면 대략 평수를 가늠할 수 있다. 위의 84/112 평형

대 아파트를 예로 들면 내가 실제 생활하게 될 전용면적은 25평(전용 84m²), 보통 말하는 아파트 평수는 34평(공급면적 112m²)이다. 물론 아파트 매물을 자주 보다보면 해당 숫자가 거의 비슷해 숫자만 보고도 대략적인 평수를 유추할 수 있다.

이도 저도 어려울 경우에는 m² 숫자의 끝자리 수를 버리고 남은 수에 3을 곱하면 대략적인 평수 계산이 된다. 예를 들어 122m²는 끝자리 수인 2를 버리고 12에 3을 곱하면 36평이 된다. 버리는 끝자리 수가 5 이상일 경우엔 반올림하면 된다. 가령 59m²는 끝자리인 9를 버리는데 수가 '5 이상'이기 때문에 반올림을 해야 하는 것이다. 즉 6에 3을 곱하면 18평, 이런 식으로 계산하면 편리하다.

Tip

'3bay, 4bay' 등에서의 베이(Bay)는 기둥과 기둥 사이의 한 구획을 뜻하는 말이다. 아파트에서 전면 베란다에 접하고 있는 방이나 거실의 개수다. 만약 같은 평수라도 베이가 많을수록 여러 공간이 있어 통풍이나 채광이 좋을 수 있다.

용적률과 건폐율,
연면적을 잘 따져보자

Q. 조망권을 확보하되 주변 주택환경이 쾌적하려면 용적률과 건폐율이 낮을수록(혹은 높을수록) 좋은 건가요?

A. 건축물 높이를 의미하는 용적률은 높을수록 조망권을 확보할 수 있습니다. 넓이를 나타내는 건폐율은 낮아야 아파트 동간 거리를 확보해 주거환경이 좀 더 쾌적할 수 있습니다.

'○○아파트 재건축을 통해 연면적 1만 5천㎡, 용적률 300%, 건폐율 50%를 적용해 최고 □층, △△△가구로 탈바꿈한다.'

재건축 관련 부동산 기사에서 쉽게 볼 수 있는 내용이다. 단순히 기존 아파트가 몇 개 동, 얼마의 가구수로 변하는 것은 익숙한 말로, 숫자만 봐도 이해가 잘 되지만 용적률, 건폐율, 연면적과 같은 용어가 나오면 머릿속이 혼란스러운 경우가 많다.

분명 한두 번은 들어본 적이 있는 가장 기초적인 부동산 용어인데,

뒤돌아서면 또다시 까먹기 일쑤다. 이 개념을 이해해야 건축물에 대한 이해를 높일 수 있고, 투자를 하거나 부동산을 공부하는 경우에도 반드시 알아야 하는 개념이므로 잘 숙지해둘 필요가 있다.

가장 쉽게 용적률과 건폐율을 이해하려면 건물의 '높이'와 '넓이'를 떠올리면 된다. 용적률은 건축물을 올릴 수 있는 높이에 영향을 준다. 대지면적에 대한 총 건축면적의 비율이다. 전체 대지면적에서 건축물 각 층의 면적을 합한 값(연면적)을 나누면 된다.

대지면적은 집을 짓게 될 땅의 넓이를, 연면적은 건축물 각 층의 바닥면적의 합계를 말한다. 즉 용적률이 높을수록 건축물이 더 높게 지어질 수 있다. 용적률 계산 공식은 '용적률=(건축물의 연면적/대지면적)×100'이다.

예를 들어 대지면적 330.58㎡(100평)의 땅에 바닥면적 165.29㎡ (50평) 크기의 4층 건물을 지었다면, 바닥면적 합계인 연면적은 661.16㎡(200평)이다. 공식에 따라 대지면적에서 연면적을 나누고 100을 곱하면 이 건물의 용적률은 200%라는 결과가 나온다.

다만 건물의 지하층 면적은 용적률 계산에 포함되지 않는다. 또한 건물 지상 주차장이나 필로티 구조의 1층 주차장, 주민공동시설 등도 용적률에 포함되지 않는다. 주택 기준으로는 발코니, 테라스 면적도 연면적에서 빼고 계산한다.

용적률의 범위는 건축법에서 규정하는 최대한도 내에서 각 지방자치단체가 정한 건축 조례로 정해진다. 건축법에 따르면 주거지역 용적률은 최소 50%(제1종 전용주거 지역)에서 최대 500%(준주거 지역)다. 상업지역은 중심상업 지역에서 최대, 1,500%까지 지을 수 있다고 규정되어 있다.

이 때문에 재건축 사업을 진행할 때 조합들이 용적률을 최대한 높이려고 일반 주거지역을 준주거지역 등으로 종상향을 요구하는 경우가 종종 있다. 용적률에 따라 건축물의 높이가 올라갈수록 일반분양분을 더 받을 수 있어 수익성이 높아지기 때문이다. 다만 도시 미관과 주거지로서의 역할, 부동산시장에 미치는 영향 등을 고려해 용적률을 일정 수준 이상으로는 허용하지 않고 있다.

건폐율이 높으면 '빽빽', 낮아야 주거지가 '쾌적'

용적률을 이해했다면, 건폐율은 간단하다. 건폐율은 대지면적에 대한 건축물 1층의 바닥면적을 말한다. 만약 330.58㎡(100평)의 땅에 바닥면적 165.29㎡(50평) 크기로 아파트를 짓는다면 건폐율은 50%다. 아파트가 몇 층으로 올라가도 그와 상관없이 1층의 바닥면적을 기준으로 한다. 건폐율 계산 공식은 '건폐율=(건축물 1층 면적/대지면적)×100'이다.

결국 건폐율이 높다는 것은 대지면적에서 건축면적이 차지하는 비율이 높아 건물을 넓게 지을 수 있다는 뜻이다. 이를 뒤집어 얘기하면 건축물이 너무 빽빽하게 들어서 있기 때문에 주거지로서 쾌적함은 떨어질 수 있다.

예를 들어 아파트에서는 동간 거리를 넓고 쾌적하게 하기 위해서는 건폐율이 낮은 것이 좋다. 건폐율 계산에 있어 건축면적은 대지에

2개 이상의 건축물이 있는 경우에는 이들 건축면적의 합계로 하기 때문이다.

　이처럼 건폐율은 건축물이 들어서는 사업구역에 지나친 밀집을 막고 일조, 채광, 통풍을 확보하기 위해 충분한 공간을 두는 역할을 한다. 땅에 최소한의 공지(빈터)를 남겨두어 녹지 등으로 활용할 수 있기 때문이다. 또한 화재 등 비상사태에 대비하기 위해서도 건폐율을 규제한다.

　한마디로 정리하자면 건폐율 규정은 대지에 여유 공간을 둠으로써 도시의 평면적인 과밀화를 억제하고 쾌적한 생활환경을 조성하기 위한 것이다. 현행법상 주거지역의 건폐율은 50~70%, 상업지역은 70~90% 범위다. 여기에서 각 지자체가 조례로 범위를 정한다.

　본인이 살고 있는 집의 용적률과 건폐율이 궁금하다면 어떻게 해야 할까? 건축물 대장을 떼보면 쉽게 확인할 수 있다.

용도지역별 건폐율과 용적률

용도지역			건폐율 시행령/제84조 제1항 (이하)	용적률 시행령/제85조 제1항 (이하)
도시지역	주거지역	제1종 전용주거지역	50%	100%
		제2종 전용주거지역	50%	150%
		제1종 일반주거지역	60%	200%
		제2종 일반주거지역	60%	250%
		제3종 일반주거지역	50%	300%
		준거지역	70%	500%
	상업지역	중심상업지역	90%	1500%
		일반상업지역	80%	1300%
		근린상업지역	70%	900%
		유통상업지역	80%	1100%
	공업지역	전용공업지역	70%	300%
		일반공업지역	70%	350%
		준공업지역	70%	400%
	녹지지역	보전녹지지역	20%	80%
		생산관리지역	20%	100%
		자연녹지지역	20%	100%
관리지역		보전관리지역	20%	80%
		생산관리지역	20%	80%
		계획관리지역	40%	100%
농림지역			20%	80%
자연환경보전지역			20%	80%

출처 : 서울시

동네마다 아파트 최고층수가 다른 이유는 무엇인가?

> **Q. 일반주거지역에도 최고층수 높이가 다른 경우가 많은데 그 이유는 뭔가요?**
>
> **A.** 주변 주거환경이나 공공성을 고려한 도시구조 및 경관 등을 이유로 지역별 최고층수 차등화를 두고 있습니다. 서울 지역 내 일반주거지역에서는 최고 높이 35층 이하로 건축물을 지을 수 있습니다.

'아파트 최고층수 35층 확정.'

재건축을 추진하는 아파트에서 자주 볼 수 있는 현수막이다. 다만 같은 서울 지역이라도 재건축·재개발 사업을 추진하는 곳들의 최고 층수는 제각각인 경우가 많아 그 이유가 무엇인지 아리송하기만 하다.

가령 서울 재건축 최대어로 꼽히는 송파구 잠실주공 5단지는 최고 50층으로 재건축을 추진하고, 강남구 상아2차아파트를 재건축하는 래미안라클래시는 35층으로 탈바꿈할 예정이다. 재개발 사업인 용산구 한남 3구역은 최고층수가 29층으로 정해졌다. 이는 각 단지나 주택이 속해 있는 땅의 용도지역이 서로 다르기 때문이다.

먼저 사업지별로 용도지역을 구분할 필요가 있다. 이는 크게 주거지역, 상업지역, 공업지역, 녹지지역 등으로 나뉜다. 주택 거주자는 주거지와 상업지만 잘 구분해도 무방한 편이다.

서울만 따지자면 대부분 자치구 내 주택은 주거지역에 속한다. 하지만 여의도지구나 잠실지구와 같은 주요 업무지구 인근 아파트는 상업지역으로 분류된다.

다음으로 주거지역은 일상생활에 필요한 교육시설이나 생활 인프라, 공공시설 접근성 등을 확보해 주민의 일상생활에 불편함이 없도록 계획한 곳을 말한다. 주택유형과 개발밀도에 따라 주거지역은 크게 전용주거지역과 일반주거지역, 준주거지역으로 구분된다. 서울의 경우 전체 도시계획 구역($605.6km^2$)의 절반 이상이 주거지역으로 지정되어 있다.

이 중 양호한 주거환경을 조성하기 위해 지정된 전용주거지역은 제1종 전용주거지역(단독주택 중심), 제2종 전용주거지역(공동주택 중심)으로 구분된다. 건축물 높이가 3층 이하로 제한되는 제1종 전용주거지역은 용적률 50~100% 이하, 건폐율 50% 이하로 지어야 한다.

용적률을 감안하면 제1종 전용주거지역에서는 대부분 2층 이하로 건립된다. 건축물 높이가 7층에서 12층 이하로 정해진 제2종 전용주거지역은 용적률 100~150% 이하, 건폐율은 50% 이하로 지을 수 있다.

제3종 일반주거지역 35층 이하,
상업지역은 50층 개발

편리한 주거환경을 조성하기 위해 필요한 일반주거지역은 가장 대표적인 주거밀집 지역으로 꼽힌다. 단독주택, 공동주택 등 건물을 최고 4층 이하로 지을 수 있는 제1종 일반주거지역은 저층 주거지에 속한다. 제2종 일반주거지역은 25층 이하로, 제3종 일반주거지역은 35층 이하로 지어야 한다. 상업 및 도심 업무 기능을 수행하는 준주거지역의 경우 최고 50층 내외로 건물을 건립할 수 있다.

지난 2017년 서울시 심의를 통과한 잠실주공 5단지는 사업지 내 일부 지역을 일반주거지역에서 준주거지역으로 용도 변경해 50층 이하로 지을 수 있도록 정비계획을 변경한 바 있다.

상업지역은 도로와 철도 같은 교통시설 등을 감안해 업무시설이 집적된 곳으로 지정된다. 상업지역은 성격에 따라 중심상업지역(도시·부도심 상업 업무 기능), 일반상업지역(일반적인 상업 및 업무 기능),

용도지역별 높이 기준

구분		용적률	건폐율	높이 기준
일반 주거 지역	제1종	150%	60% 이하	최고 4층 이하
	제2종 (7층 이하)	200~250%	60% 이하	최고 7층 이하 (위원회 심의 시 평균 13층 이하 완화 가능)
	제2종	200~250%	60% 이하	최고 25층 이하
	제3종	250~300%	50% 이하	최고 35층 이하
준주거·상업지역		400~800%	60% 이하	최고 50층 내외 (중심지 해당 여부에 따라 차등 적용)

출처 : 서울시

근린상업지역(근린지역 내 서비스 제공), 유통상업지역(지역 간 유통 기능)으로 구분된다. 다만 서울 전체 도시계획 구역 중 약 4% 정도가 상업지역으로 지정되어 있다.

이들 상업지역도 최고층수는 모두 다르다. 도심·광역 중심지같이 시설과 사람이 집적되어 있는 곳은 복합용도 개발을 통해 최고 51층 이상으로 지을 수 있다. 상업지역·지구 중심지는 50층 이하로 건물을 지을 수 있다. 현재 강남구 도곡동 타워팰리스나 양천구 목동 하이페리온 등 아파트 단지가 50층 수준으로 건물이 들어선 것은 해당 부지가 상업지역 또는 준주거지역으로 분류되어 있기 때문이다.

아파트는 연령에 따라 가치가 달라진다

> **Q. 신축 아파트는 준공된 지 몇 년 이하를 말하는 건가요?**
>
> **A.** 주택시장에서 인기가 많은 신축 아파트는 보통 입주 5년 이하를 말합니다. 5~10년 이하 아파트는 준신축 아파트로 분류됩니다.

문재인 정부 들어 가장 강력한 부동산정책 중 하나로 평가받는 것이 2018년 9·13부동산대책이다. 대출과 세금, 청약 등을 전방위로 압박하는 초강력 규제에 주택시장은 순식간에 바짝 얼어붙었다.

이 대책이 나오기 직전까지만 해도 매주 1% 가까이 무섭게 치솟던 서울 아파트값은 같은 해 11월 하락 전환한 이후 8개월 연속 주저앉았다. 주택시장 참여자들의 관망세가 짙어지면서 월별 주택 매매거래량도 1년 전에 비해 10분의 1로 쪼그라들 정도로 분위기는 좋지 않았다. 그럼에도 가격이 꾸준히 오르는 집은 있다. 바로 신축 아파트이다.

신축 아파트 선호 현상은 왜 나타날까? 먼저 신축의 개념에 대해 정리해볼 필요가 있다. 보통 부동산시장에서 입주 5년 이하를 신축 아파트, 5년 이상 10년 이하는 준準신축 아파트로 분류한다. 특히 서울은 분양권과 입주권 프리미엄(웃돈)이 최대 수억 원이 붙은 상황에서 입주 후 2년(전세계약 등 가정)이 지나면 아파트 몸값이 달라지는 경우가 많다.

2019년 4월 입주를 마친 송파구 '헬리오시티' 사례를 보자. 역대 최대인 총 9,510가구의 공룡 대단지로 불린 이 단지는 2015년 분양 당시 30평대인 전용 84m² 분양가가 8억~9억 원대였다. 2018년 12월 말부터 입주 당시 1만 가구가 한꺼번에 쏟아지자 주변 주택시장은 물론 공급 과잉 부담에 매매·전셋값이 크게 휘청거리기도 했다. 그러나 입주를 완료한 후 2019년 가을에는 동일 평형대 시세가 2배 수준인 17억~18억 원에 형성되었다. 3.3m²당(평당) 분양가를 따져보면 2,567만 원에서 약 5천만 원(2019년 7월 기준)으로 2배 가까이 껑충 뛰어오른 것이다.

같은 해 8월 집들이를 시작한 강남구 개포동 '디에이치아너힐스(개포주공 3단지 재건축)'. 이 단지의 전용 84m²형도 입주를 직전에 두고 25억~27억 원에 시세를 보였다. 개포주공3단지에서 입주권을 소유한 조합원은 준공 이전에 무려 10억 원의 시세차익을 본 셈이다.

강남뿐만 아니라 양천구 신월동 '신정뉴타운아이파크위브', 서대문구 남가좌동 'DMC 에코자이' 등 중심 지역에서 조금 떨어진 지역도 모두 입주를 앞두고 5억 원 가까이 웃돈이 붙었다. 괜히 '서울 신축 아파트 불패'라는 말이 생겨난 것이 아니다.

규제 강해질수록 신축 선호, 가격격차 더 커져

더욱이 신축 아파트 집값은 부동산시장에 강력한 규제를 가할수록 더욱 가치가 올라가는 모습을 보였다. 이른바 '규제의 역설'이다.

2018년 9·13대책 이후 8개월 만에 서울 집값이 상승 반전하며 재차 과열될 조짐을 보이자 2019년 8월 민간택지에 대해 '분양가 상한제'라는 초강력 규제 카드를 꺼냈다. 공공 부문에만 적용하던 분양가 상한제를 민간 아파트에도 적용해 집값을 떨어뜨리겠다는 것이 주된 의도다.

역시나 이 방안 발표 이후 서울 입주 예정 혹은 입주를 마무리한 신축 아파트들은 되레 희소성이 부각되며 수억 원씩 몸값이 뛰는 계기가 되었다. 그 이유는 서울은 택지가 부족해 정비사업으로 공급되는 아파트가 80% 이상인데 새 아파트 분양이 더디다 보니 기존 신축(입주) 아파트의 인기가 더욱 치솟았기 때문이다. 실제로 부동산114 자료를 보면 전국에 공급된 아파트는 총 1,060만 7,671가구(2019년 기준)로 이 중 입주 5년 이내 새 아파트는 전체의 약 15.46%(163만 9,938가구)에 불과하다.

또한 신축 아파트의 가격 상승률도 두드러졌다. 2018년 6월부터 2019년 6월까지 전국 아파트 매매가 상승률은 입주 5년 이하 새 아파트가 8.62%(3.3㎡당 1,416만 원 → 1,538만 원)로 가장 높았다. 이어 입주 6~10년 이하 아파트가 3.54%, 입주 10년 초과 아파트가 4.13%로 집계되었다. 입주 5년 이하 신축 아파트와 10년 초과 아파트 상승률이 2배나 넘게 차이를 보인 것이다.

신축 아파트와 노후 아파트의 평균 가격 차도 점차 커지고 있다. 부동산114가 서울시 입주 5년 이내 새 아파트와 10년 초과 아파트의 가구당 평균가격 차를 비교한 결과, 2016년 6월 격차는 3억 1,058만 원이었지만 2019년 6월 5억 2,697만 원까지 격차가 확 벌어진 것으로 나타났다. 이는 점차 아파트 공급감소 우려가 커지면서 소비자들의 신축 선호도가 갈수록 커지고 있는 것으로 보인다.

공시가격에 대해 제대로 배워보자

Q. 종합부동산세와 재산세는 어떻게 구분되나요?

A. 1주택자가 공시가 9억 원(2주택 이상은 공시가 합산 6억 원) 초과 부동산을 소유할 경우 종합부동산세가 부과됩니다. 재산세는 토지, 주택, 일반 건축물 등을 소유했을 때 공시가(공시지가)를 기준으로 확정됩니다. 모두 과세기준일은 매년 6월 1일입니다.

국내에서 집을 1채라도 가지고 있는 유주택자라면 주택 소유에 따른 보유세(종합부동산세·재산세)를 내야 한다. 이 세금은 매년 6월 1일을 기준으로 부동산을 보유한 사람들에게 부과된다.

종합부동산세는 일정금액(1주택 공시가 9억 원·2주택 이상 합산 공시가 6억 원) 초과 부동산 소유자에게만 한정적으로 부과되는 반면, 재산세는 대상 가구의 범위가 훨씬 넓다. 더욱이 최근 몇 년 동안 주택 시장 상승으로 주택 공시가격이 역대 최고 수준으로 급등하면서 재산세 쇼크가 현실화되고 있다.

이처럼 부동산 세금 등에 활용되는 것이 바로 공시가격이다. 주택 공시가격은 주택 종류에 따라 표준주택, 개별주택, 공동주택 등으로 나눌 수 있다. 주택 공시가격은 조세 및 부담금, 건강보험료 및 기초연금 등 60여 개 행정목적의 기초자료로 활용된다.

먼저 단독주택 419만 호 중 대표성이 인정되는 22만 호를 표준주택으로 선정한 후 적정가격을 조사·산정해 국토교통부장관이 매년 1월 말 공시한다. 한마디로 전국 단독주택 중 대상 지역의 건물 가격을 대표하고, 구조·용도·연면적 등이 표준적인 건물을 표준주택으로 선정하는 것이다.

2019년 기준 표준주택 공시가격은 전국 9.13%, 서울 17.75%로 역대 최대 상승폭을 기록했다. 2020년에는 전국 및 서울 표준주택 상승률이 각각 4.47%, 6.82%로, 전년도에 비해 상승폭이 줄어들긴 했다. 최고가 표준단독주택은 이명희 신세계 그룹 회장이 소유한 서울 용산구 한남동 소재 단독주택으로 공시가격이 277억 원에 달했다. 지난 2016년 이후 5년 연속 표준단독주택 1위를 유지했다.

아파트 등 공동주택 공시가격의 변동률은 무려 14.02%

개별 단독주택은 약 397만 호에 달한다. 시장·군수·구청장이 국토교통부장관이 공시한 표준주택가격을 기준으로 개별주택가격을 조사·산정해 공시한다. 지자체 공무원이 직접 조사한 개별주택의 특성을 상호 비교해 가격을 산정한 후 그 결과에 대해 국토부 산하기관인 한국감정원의 검증과 시·군·구 부동산가격공시위원회의 심의를 거쳐 확정한다.

가장 관심이 가는 분야는 가장 적용 대상이 많은 공동주택이다. 전국 공동주택은 아파트 1,073만호, 연립·다세대 266만호 등 1,339만호(2019년 기준)에 달한다. 이는 한국감정원이 현장 조사를 통해 적정가격을 산정하며, 국토부장관이 가격을 공시한다.

물론 국토부장관은 공동주택 소유자 등의 열람 및 의견을 청취하고 제출된 의견에 대한 재조사·산정을 실시해 중앙부동산가격공시위원회의 심의를 거쳐 다시 공시해야 한다.

서울 공동주택 공시가격 변동률은 2019년 14.02%로 12년 만에 최대 상승률을 기록한 데 이어 2020년 들어서도 14.75%로 1년 만에 또다시 기록을 갈아치웠다. 정부가 고가아파트의 공시가격을 집중적으로 끌어올린 결과다. 2019년에는 공시가 조정 요구가 전년보다 20배가 넘는 2만 8700건, 2020년에는 이보다 많은 3만 5천 건으로 공시가 불만이 역대급으로 쏟아진 것으로 나타났다.

주택공시가는 국토교통부 홈페이지의 부동산 공시가격알리미(realtyprice.kr:447) 코너를 이용해 열람할 수 있다. 한국감정원 애플리케이션에서도 조회 가능하며, 대한민국 전자정부 홈페이지에서도 주택공시가격 열람과 주택가격확인서 발급을 신청할 수 있다.

임대주택의 종류에 대해
꼼꼼히 알아보자

Q. 재개발 사업장의 임대주택 비율은 어떻게 되나요?

A. 서울 등 수도권은 지방자치단체장의 재량과 함께 구역 특성에 따라 최대 30%까지 가능합니다. 재건축의 경우 법적으로는 임대주택 의무비율이 없습니다.

'집 없는 사람들을 위한 서민 주거단지.'

임대주택은 말 그대로 무주택 서민의 주거안정을 목적으로 임대 또는 일정 기간 임대 후 분양 전환할 목적으로 공급하는 주택을 말한다. 공급주체에 따라 공공임대주택과 민간임대주택으로 구분된다.

서울에서는 신규주택을 지을 땅(택지)이 없어 새 아파트 공급을 주로 재건축·재개발 등 정비사업에 의존한다. 이럴 때도 임대주택 건립이 필수다. 재건축은 과거 일정 비율을 임대주택으로 공급하는 내용이 있었지만 이명박 정부 당시인 2008년 폐지되었다.

다만 대부분 10~15%의 임대주택을 짓는 경우가 많다. 이를 따르지 않을 경우 서울시가 재건축 심의 허가를 내주지 않는 경우가 많아서다. 또한 주거지역인 용도지역을 준주거 지역으로 변경하는 등 용적률 완화시 높아진 건물 높이만큼 상당 부분을 임대주택으로 지어야 한다.

이와는 달리 재개발 사업장은 임대주택 비율이 서울 10~15%, 경기·인천 5~15%, 기타 지역 5~12%로 정해져 있다. 여기에 구역 특성에 따라 5%포인트 범위에서 추가 부과할 수 있다. 서울의 경우 최대 20%를 임대주택으로 지을 수 있는 셈이다.

다만 지난 2018년 마포구 아현 2구역 재건축 사업 강제집행 과정에서 자신의 주거지가 강제로 철거된 세입자가 자살하는 사건이 벌어져 국토교통부는 '도시 및 주거환경정비법(도정법) 시행령 개정안'을 내놓았다. 이에 임대주택 건설 상한을 20%, 추가 건설비율 상한을 10%로 조정해 도정법상 재개발 임대주택 의무 비율을 최대 30% 이내로 늘리기로 했다.

임대기한에 따라
준공공과 단기임대로 구분

공공임대주택은 크게 7가지로 구분된다. 영구임대주택은 국가나 지방자치단체의 재원을 마련해 최저소득 계층의 주거안정을 위해 50년 이상 또는 영구적인 목적으로 공급하는 주택이다. 임차권은 양도하거나 전대轉貸할 수 없다.

국민임대주택은 국가 재정이나 주택도시기금 등의 자금을 지원받아 30년 이상 장기임대를 목적으로 하는 주택이다. 박근혜 정부 당시 도입한 행복주택은 대학생이나 신혼부부, 사회초년생 등을 위해 교통 접근성이 좋은 도시 내부에 주택을 짓는 방식이다.

이외에도 전세계약의 방식으로 공급하는 장기전세주택, 분양전환 공공임대주택, 기존주택 매입임대주택, 기존주택 전세임대주택 등이 있다. 평소에 이런 내용을 잘 살펴 공급일정 등을 알아두면 주변보다 훨씬 저렴한 가격에 입주할 수 있다.

민간임대주택은 기업형 임대주택, 준공공임대주택, 단기임대주택이 있다. 기업형 임대주택은 일정 규모 이상의 민간임대주택을 취득한 기업형 임대사업자가 8년 이상 임대할 목적이며, 준공공임대주택은 일반형임대사업자(1호 이상 민간임대주택 취득자)가 8년 이상 임대를 주는 주택이다. 단기임대주택은 일반형임대사업자가 4년 이상 임대할 목적으로 취득해 임대하는 주택을 말한다.

주택 임대사업자와 일반 임대사업자, 그 차이가 궁금하다

Q. 일반 임대사업자가 실거주자인 세입자를 받을 수 있나요?

A. 불가능합니다. 일반 임대사업은 주거용이 아니라 상가나 업무용 오피스텔과 같은 사무실 용도로 쓰이는 임대가 목적입니다. 따라서 세입자가 실거주자로 전입신고를 한다면 그동안 환급받았던 부가세를 추징당할 수 있습니다.

"주택 임대사업자에게 세제와 대출 혜택을 준다는데 언제까지 등록해야 하고, 절차는 어떻게 되나요?"

요즘 공인중개업소나 구청, 세무서 등에 가장 많이 쏟아지는 질문 중 하나다. 실제 문재인 정부 들어 가장 역점을 두고 추진했던 부동산정책 중 하나는 바로 주택 임대사업자 등록 활성화다.

하지만 추진과정이 순탄하지는 않았다. 다주택자의 임대사업자 등록을 유도하기 위해 각종 세제혜택 등 당근책을 제시했지만 주택투기 과열을 우려해 1년도 안 돼 인센티브를 대폭 축소하기도 했다. 그렇다면 주택 임대사업자에게는 어떤 혜택이 있고, 등록절차는 어떻게 진행될까? 먼저 주택 임대사업자는 공공주택 사업자가 아닌 민간에서 전월세 임대를 목적으로 등록한 자를 말한다. 민간임대주택에 관한 특별법을 근거로 한다.

정부는 지난 9·13부동산대책을 통해 주택임대사업자에 대한 혜택을 대폭 축소했다. 대책 이전에 제공하던 양도소득세 중과 제외 및 종합부동산세 합산 배제 등 혜택을 주지 않기로 한 것이다. 물론 대책 이전에 등록한 임대주택은 기존 혜택을 동일하게 받을 수 있다.

주택 임대사업자 등록은 취득일로부터 60일 이내(장기임대의 경우 90일 이내)에 본인이 거주하고 있는 시·군·구청 주택과를 방문해 완료해야 한다. 이곳에서 등록증을 수령해 거주지 세무서에서 2개월 이내에 사업자 신고를 마치면 된다. 이후 다시 시·군·구청 주택과에 가서 취득세 감면신청과 함께 임대료나 임대기간 등이 명기된 임대차계약신고서를 제출하면 된다.

가장 중요한 것은 세제혜택이기 때문에 4년(단기 민간임대주택)이나 8년 이상(장기 일반민간임대주택)의 의무 임대기간에 해당하는 세제혜택을 사전에 꼼꼼히 따져봐야 한다. 가령 재건축·재개발 등 정비사업으로 약정된 의무 임대기간을 채우지 못하면 해당 기간 동안 감면받은 세금을 다시 토해내야 한다.

또한 의무 임대기간에는 연간 임대료 인상 상한율 5%를 준수해야 한다. 만약 의무 임대기간 등을 어길 경우에는 집 1채당 최대 3천만 원의 과태료가 부과된다.

일반임대는 주거용 아닌
사무실 용도로

일반 임대사업이 주택 임대사업과 가장 다른 점은 한마디로 임대 사용 용도다. 즉 일반 임대사업은 아파트 등 주거용 목적이 아니라 상가나 업무용 오피스텔과 같이 사무실 용도로 쓰이는 곳을 대상으로 한다.

이에 따라 매달 월세를 받을 때 세금계산서를 발행해 그에 따른 임대 소득을 국세청에 신고해야 한다. 다만 일반 임대사업자로 등록하면 토지분을 제외한 건물분에 부과되는 부가가치세(10%)를 환급받을 수 있다. 또한 종합부동산세는 비과세 대상이 된다.

일반 임대사업자 등록시기와 의무임대 기간은 주택 임대사업자와 다르다. 먼저 계약(분양)일로부터 20일 내에 물건지 소재지 세무서를 통해 임대사업자 등록을 마쳐야 하며, 10년간 사업자를 유지해야 한다.

다만 중간에 사업자가 해당 사업의 권리와 의무를 타 사업자에게 모두 승계하는 포괄양도는 가능하다. 이 경우에도 매수자나 세입자의 전입신고는 불가능하다. 만약 이를 어기고 실거주자로 전입신고를 한다면 그동안 환급받았던 부가세를 잔여기간 비율(잔여기간/10년)로 추징당할 수 있다. 주택 임대사업자와는 달리 임대료 인상 제한은 없다.

임대사업자 등록을 하기 위해 반드시 세무사 등 전문가의 손을 거칠 필요는 없다. 사전정보를 꼼꼼히 체크하고 관련 서류를 스스로 챙겨 국세청 홈택스 홈페이지를 통해 셀프로 신청하는 경우가 늘고 있는 추세이다.

집값을 결정짓는 요인은
바로 이것이다

> **Q. 주변 입주물량이 몰리는데 집값이 많이 떨어질까요?**
>
> **A.** 단기간에는 집값이 약세를 보일 수 있지만 중장기적으로는 우상향을 나타낼 수 있습니다. 수요에 비해 공급이 늘어나는 주택 입주물량뿐만 아니라 시중 유동자금, 부동산정책 변수, 개발 요인 등 다양한 요인이 복합적으로 영향을 미칠 수 있습니다.

집값은 수많은 복합적인 요인에 의해 결정된다. 크게는 거시경제 상황이나 부동산정책 변수, 시중에 풀린 유동자금, 금리 등에서부터 작게는 개별단지가 들어선 지역(동네)의 개발 호재나 악재, 주변 입주물량, 재건축·재개발 추진 여부 등이 있다. 물론 이런 요인 중 어느 것이 집값에 가장 큰 영향을 미칠지는 장담할 수 없다.

물론 주택시장의 불황기에도 가장 꿋꿋하게 집값을 유지하는 것은 신축 아파트인 경우가 많다. 여기에 신축 아파트 인근 철도개통은 부동산시장에서 꼽는 가장 큰 호재다. 교통망을 통해 도심업무지구와의 접근성이 획기적으로 개선되고, 인구유입으로 주거지·상권 등이 형성되며, 이런 이유로 집값 상승세가 나타나는 경우가 많다.

일례로 오는 2023년 개통 예정인 수도권 광역급행철도(GTX)-A노선은 파주~일산~삼성~동탄 사이의 83.3km를 총 10개 역으로 잇는다. GTX-A노선 킨텍스역 수혜단지로 꼽히는 경기도 고양시 '킨텍스꿈에그린(2019년 2월 준공)'은 전용 84m²의 경우 같은 해 9월 8억 1,700만 원(42층)에 실거래되었다. 이는 분양가와 비교해 거의 2배 이상 오른 가격이다.

'대한민국 교육 1번지'로 불리는 양천구 목동 신시가지 아파트(1~14단지)는 겨울방학이나 봄 입학 시즌을 앞두고 전세매물이 씨가 마르거나 매매값도 동반 강세를 보이는 경우가 많다. 이른바 '학세권 단지'다. 도심 속 공원을 누릴 수 있는 공세권이나 숲세권 아파트는 단지명에 파크, 공원, 포레스트 등을 붙이며 분양시장에서 인기를 얻는 추세다. 또한 한강변 인근 아파트는 조망권을 가졌다는 점에서 아파트 하락기에도 가격을 꿋꿋이 유지하는 편이다.

규제·물량부담에도 집값은 오르므로 변수들을 잘 고려해야

다만 공식은 말 그대로 공식일 뿐이다. 전체 주택시장을 아우르는 변수나 예외적인 부분이 절대 무너지지 않을 것 같은 단단한 공식을 깨뜨리는 경우도 적지 않다.

규제도 예외는 아니다. 2017년 5월 문재인 정부가 들어선 이후 2019년 말까지 총 18번에 달하는 굵직한 부동산규제가 서울 주택시장에 쏟아졌다. 이 과정에서 일시적으로 주택시장이 출렁거리긴 했지만 서울 아파트값은 꾸준히 우상향을 보였다. 현 정부의 가장 강력한 부동산대책으로 평가받는 2017년 8·2대책, 2018년 9·13대책, 2019년 12·16대책 이후 일시적으로 안정세를 보였지만 결국 재차 상승하며 불안한 모습을 연출했다.

주택시장을 전방위로 압박한 정책을 펼쳤지만 되레 집값을 끌어올린 결과를 초래한 이유는 무엇일까? 그것은 바로 시중에 넘치는 풍부한 유동자금, 넘치는 실질수요에 비해 공급물량이 부족하다는 중요한 사실을 간과했기 때문이다.

간단한 수요와 공급의 법칙을 보자. 주택시장에서 입주물량(새 아파트 준공 후 입주)이 쏟아지면 수요와 공급의 원리에 의해 가격이 떨어지는 것이 맞다. 2018년 말부터 2019년 1분기까지 총 1만 가구에 달하는 공룡 대단지 헬리오시티 입주 당시에 송파구는 물론 주변 강동구 전세값과 매매값이 물량 부담에 일시적으로 조정을 받았지만 이내 강세로 전환했다. 각종 편의시설이 집적된 대단지라는 장점과 풍부한 생활 인프라, 학군수요 등이 매수세를 촉발했다.

이처럼 주택시장에서는 인풋Input이라는 변수에 따라 아웃풋output이라는 일정한 결과를 만들어내는 것이 아니다. 수많은 변수는 서로 상호작용Interactoin을 하며 매번 다른 결과를 만드는 경우가 많다.

그렇다면 도시재생은
도대체 무엇인가?

Q. 대표적인 서울 도시재생 지역은 어디인가요?

A. 옛 봉제거리를 유지한 종로구 창신숭인. 기계금속 상가와 관련 기술장인이 남아 있는 세운상가 일대 등을 대표 도시재생지로 꼽을 수 있습니다.

지난 2019년 1월 서울 을지로·청계천 일대 세운재정비촉진 정비사업이 5년 만에 전격 중단되었다. 서울시가 도심 전통산업 보존 등을 이유로 재개발 추진 중인 세운재정비촉진지구 3구역 내 노포老鋪인 을지면옥, 양미옥, 조선옥 등 생활유산을 비롯해 인근 수표도시환경 정비구역 내 공구상가 등을 보존하는 쪽으로 사업방향을 틀었기 때문이다.

서울의 역사를 간직하고 시민들의 추억이 담긴 보존가치가 있는 가게老鋪를 보전한다는 것이 그 이유다. 대규모 개발을 통한 새로운 건물을 짓기보다는 옛 거리나 노포, 상가, 주택 등을 보존하는 것이 서울시와 현 정부의 부동산 관련 주요 국정과제 중 하나다.

이처럼 낡은 건물을 허물고 새롭게 짓기보다는 고쳐서 다시 쓰는 것을 도시재생이라고 한다. 한마디로 시간의 흐름으로 노후화된 기존 시가지의 인프라를 재정비하는 사업이다. 이는 물리적인 환경 정비뿐만 아니라 환경·경제·사회적으로 쇠퇴한 도시지역 인프라와 주거복지를 새롭게 정비하는 것을 말한다.

우리나라와 같이 인구가 지속적으로 감소하면서 산업구조의 변화를 겪는 곳에서는 노후된 주거지를 무분별하게 개발하기보다는 도시를 보존하면서 활성화하는 편이 낫다는 주장이 설득력을 얻기도 한다.

현 정부도 면적 규모에 따라 우리 동네 살리기, 주거정비지원형, 일반근린형, 중심시가지형, 경제기반형 등 5가지 유형으로 도시재생 뉴딜사업을 추진 중이다. 전국의 낙후 지역 500곳에 매년 재정 2조 원, 주택도시기금 5조 원, 공기업 사업비 3조 원 등 5년간 총 50조 원을 투입하는 사업이다.

창신숭인·영등포역 일대가
새로운 문화 메카로 떠올라

전국 도시재생 1호 사업지로는 종로구 창신숭인 지역을 꼽을 수 있다. 이곳은 일제 강점기 시절 채석장으로 쓰였다가 이후 1980년대에는 봉제산업으로 번성했다. 하지만 시간이 흘러 현재는 소규모 봉

제공장만이 산재하는 낙후된 지역으로 전락했다.

2000년대 들어 뉴타운 열풍으로 재개발 사업을 통해 아파트가 들어설 예정이었지만 주거수요가 많지 않았다. 서울시는 결국 도시재생으로 사업방향을 바꿨다. 현재 옛 봉제거리를 유지하면서 채석장 전망대, 봉제 역사관, 유명작가 기념관, 낡은 상가 등이 공존하는 곳으로 변모했다.

세운상가 일대도 도새재생을 완료하고 첨단 산업공간으로 탈바꿈했다. 서울 종로4가 종묘광장 공원과 청계천 세운교 사이에 7개 상가동이 자리한 이곳은 1970~1980년대 '대한민국 전자·전기산업의 메카'로 불리며 번성했다. 그러나 첨단산업의 변화를 따라가지 못해 기계, 금속 등 2차 제조업 중심의 낡은 소규모 상가가 즐비했다.

이 일대를 '제4차 산업혁명의 중심 거점'으로 육성한다는 목표 아래 종묘~남산을 잇는 보행 테크를 건설하는 등 하드웨어적 정비를 마련하고 기계상가의 오랜 터줏대감인 기술장인들과 대학생 청년스타트업 간 협업을 통한 소프트웨어적인 산업재생이 활발히 이루어지고 있다.

낡은 철공소와 상가, 집창촌들이 빼곡히 모여 있는 영등포역 일대도 경제기반형 도시재생이 진행되면서 영등포 역세권과 경인로 부근에 기계·금속 등 토착산업과 정보통신기술ICT, 문화시설 등이 융·복합된 새로운 산업경제가 육성되고 있다. 현재 이 일대는 다양한 소규모 식당과 공구상가, 상점 등이 들어서면서 젊은이들이 자주 찾는 문화의 거리로 변모 중이다.

전월세전환율에 대해
자세히 알아보자

Q. 전월세전환율이 높아지면 월세 부담이 높아지는 건가요?

A. 일반적으로 전월세전환율이 높아지면 전세보증금 대비 월세 부담이 높아지는 것이고, 낮아지면 월세 부담이 줄어드는 것을 의미합니다. 다만 급격한 전세가격 상승 등으로 전월세전환율이 낮아졌지만 월세 부담은 여전히 높은 경우도 있습니다.

"집주인이 2년 만에 전세보증금을 6천만 원이나 올려달라는데 어떻게 해야 할까요?"

극심한 전세난이 지속되면 자금 여력이 없는 세입자들이 2년 만에 훌쩍 뛴 전셋값에 곤란을 겪는 경우가 많다. 직장이나 교육 문제로 거주지 이동이 어려운 임차인은 전세를 월세로 전환하거나, 전세보증금을 그대로 두거나 조금 내리고 전셋값 상승분만큼 월세로 내어 반전세로 돌리는 선택을 할 수밖에 없다.

이럴 경우 공인중개업소의 말만 무작정 믿으면 안 된다. 먼저 임차하고 있는 주택 주변 단지의 전세 시세 상승분을 자세히 알아보고, 월세로 전환할 때 적정 금액이 얼마인지 반드시 따져봐야 한다.

월세 전환 금액을 따져볼 때 가장 필요한 것이 바로 전월세전환율이다. 이는 전세금을 월세로 전환할 때 적용하는 비율을 말한다. 전월세전환율 계산식은 다음과 같다.

• 전월세 전환율 = (월세×12 / 전세금-월세 보증금)×100

전월세전환율이 높으면
전세에 비해 월세 부담 증가

가령 전세보증금이 1억 원인 주택을 월세보증금 2천만 원에 월세 30만 원으로 계약을 한다면 전월세전환율은 4.5%다. 만약 같은 주택을 월세보증금 8천만 원에 월세 20만 원의 반전세로 전환한다고 가정하면 전월세전환율은 12%까지 올라간다. 보통 전월세전환율이 높아지면 전세에 비해 상대적으로 월세 부담이 높아지는 것이고, 낮아지면 월세 부담이 줄어들게 된다.

다만 전월세전환율은 각 단지의 전세가격 대비 상대적인 개념이므로 전월세전환율이 상승했다고 해서 절대적으로 월세 부담이 늘었다고 볼 수는 없다. 이렇게 계산된 전월세전환율을 한국감정원이 산정해 발표하는 전국 및 각 시도 전월세전환율과 비교하면 어느 정도 금액이 적정한지 가늠해볼 수 있다.

한국감정원이 전월세전환율을 조사하기 시작한 2011년 1월 주택 전월세전환율은 9.6%였으나 이후 지속적으로 하락해 2020년 2월 기준 5.9%까지 내려왔다. 월세를 선호하는 집주인들이 많아 공급은 증가했지만 임차인들의 수요는 많지 않은 것이 주된 원인으로 해석된다. 주택 유형이나 지역별 상세한 월별 전월세전환율을 보려면 부동산통계정보시스템(r-one.co.kr)을 참조하면 된다.

최근에는 저금리 기조로 이자 수익률이 떨어지면서 임대인은 전세보증금을 올리거나 전세를 월세로 전환하는 것을 선호한다. 결국 당장 목돈을 마련해 전세금을 올려줄 형편이 안 되는 임차인은 이 중 비싼 월세를 택할 수밖에 없다. 이를 막기 위해 법적으로 과도한 월세 인상을 제한하는 장치가 마련되어 있다.

주택임대차보호법 제7조 2항은 보증금의 전부 또는 일부를 월 단위의 차임으로 전환하는 경우에 월차임은 그 전환되는 금액에 연 10%(은행의 대출금리와 해당 지역 여건을 고려해 대통령령으로 정한 비율), 한국은행 기준금리+가산이율(3.5% 대통령령)을 더한 비율 중 낮은 비율을 상한으로 정하고 있다. 2020년 4월 기준금리가 0.75%이므로 현행법상 전월세전환율의 상한선은 4.25%인 셈이다.

하지만 이런 전월세전환율 상한제는 지켜지지 않는 경우도 허다한 것이 사실이다. 정부에서 법적 상한선을 제시했지만 이를 어겨도 처벌할 근거가 없을뿐더러 개인 간 거래에서 이를 지키는 것이 의무 사항이 아니기 때문이다. 아울러 전월세전환율 상한제는 임대차 계약기간에 전세를 월세로 전환할 때만 적용되고, 재계약이나 신규계약을 할 때는 적용되지 않는다.

한편 월세나 반전세로 거주하는 직장인(근로자)의 경우 월세세액공제를 받을 수 있다는 것도 체크해야 한다. 소급청구 기간은 5년이며, 과거 월세를 내고 공제를 받지 못한 것도 환급받을 수 있다. 기준은 무주택 세대주로 세대원을 포함해 총급여액이 7천만 원 이하여야 한다. 대상주택은 전용 85m² 이하의 주택이나 주거용 오피스텔, 원룸, 고시원 등이다. 월세 세액공제 신청은 집주인의 동의가 필요하지 않기 때문에 본인 스스로 공제 신청을 잘 챙겨야 한다.

모기지론 3총사를 제대로 알고 주택담보대출을 받자

Q. 결혼 3년차 신혼부부로 맞벌이를 하고 있는데 부부합산 연소득이 8천만 원입니다. 보금자리론 대출이 가능할까요?

A. 가능합니다. 연소득 7천만 원(신혼부부 맞벌이 8,500만 원 이하)이면 대출을 받을 수 있습니다. 대출한도는 최대 3억 원입니다.

"집을 담보로 은행대출을 받으려는데 용어도 잘 모르겠고, 대출 종류도 워낙 많아서 헷갈리네요."

생애 첫 내집 마련에 나서거나 서민들이 은행권에서 주택담보대출을 받을 때 필요한 상품이 바로 모기지론이다. 구입하려는 주택을 담보로 일정금액을 빌려 장기간 갚는 상품으로 이해하면 된다.

사전에 내게 맞는 상품에 대해 구분하고 이해한 후 은행에 가는 편이 대출을 받을 때 훨씬 유리할 수 있다. 크게 보금자리론, 디딤돌대출, 적격대출로 구분하면 된다. 이들 대출상품들은 각각의 특성 및 장점이 달라 본인 자금사정이나 상환을 할 수 있는 조건에 맞게 선택하면 된다.

보금자리론은 무주택자 또는 1주택자가 연소득 7천만 원 이하(부부합산 포함·신혼부부 맞벌이면 8,500만 원 이하)여야 한다. 다만 1주택자가 이미 주택담보대출을 받고 있다면 정부대책에 따라 추가 담보대출은 금지된다. 대출한도는 최대 3억 원이지만 미성년 자녀가 3명인 가구의 경우 4억 원까지도 가능하다.

보금자리론을 받을 수 있는 대상 주택은 수도권의 경우 전용면적 85㎡ 이하(수도권 제외 읍·면 등은 전용 100㎡ 이하)여야 한다. 가장 중요한 것이 금액 조건인데, 대상 주택시세가 6억 원 이하 주택이어야 보금자리론 신청이 가능하다.

장기 고정금리 분할상환 주택담보대출인 보금자리론의 가장 큰 특징은 대출실행일부터 만기까지 금리변동이 없다는 점이다. 금리변동 위험을 회피하거나 일정금액을 꾸준히 갚고자 하는 위험회피형 대출자에게 적합한 상품이다. 이 상품은 u-보금자리론, 아낌e보금자리론, t-보금자리론으로 구분된다.

u-보금자리론은 한국주택금융공사 홈페이지를 통해 신청하고, t-보금자리론은 은행에 직접 방문해 신청해야 하는 점이 다르다. 아낌e보금자리론은 대출거래약정 등을 전자상으로 처리한 상품인데, 다른 상품에 비해 금리가 0.1%포인트 저렴하다.

디딤돌대출은
부부합산 6천만 원 이하에 시세 5억 원 이하 주택

디딤돌대출은 무주택 서민이나 신혼부부를 위한 상품이다. 무주택자가 주택을 매수한 뒤 소유권이전 등기일로부터 3개월 이내 신청을 해야 한다. 본인과 배우자의 합산 총 소득이 연간 6천만 원(생애 최초·신혼·2자녀 이상의 경우 연간 7천만 원) 이하일 경우 가능하다. 최대 2억 원을 저금리로 빌려준다.

다만 신혼부부는 2억 2천만 원, 2자녀 이상은 2억 6천만 원, 만 30세 이상의 미혼 단독세대주는 1억 5천만 원 등 가구 정보에 따라 대출금액은 조금씩 다르다. 대출금리는 2019년 기준 2.00~3.15%로 정해져 있다. 금리조건은 소득수준별로 차등 적용된다.

디딤돌대출 적용 주택은 보금자리론보다 조건이 더 까다롭다. 가장 먼저 주택시세가 5억 원 이하(수도권 전용면적 85m² 이하, 읍·면 지역 100m² 이하)여야 한다. 만약 만 30세 이상의 미혼인 단독세대주의 경우 주택가격이 3억 원(수도권 전용면적 60m² 이하) 이하라는 조건이 붙는다.

적격대출은 장기고정금리대출상품이다. 일단 시세 9억 원 이하의 주택이면 신청할 수 있어 대상 주택폭이 다른 상품에 비해 넓은 편이다. 대출신청일 기준으로 무주택자 또는 1주택자를 대상으로 한다. 기존 주택은 대출받은 날로부터 2년 이내 처분 조건이 붙는다. 단, 서울 강남구와 같은 투기지역의 경우 처분조건부 대출도 불가능하다.

이 상품은 본인 또는 배우자의 대출자산을 기초자산으로 채권을 발행하기 때문에 기존 장기고정금리 상품보다 안정성이 높은 편이다. 대출금리는 은행마다 상이하다. 2019년 말 기준 적격대출 최저 금리는 2.3%대다. 적격대출 상품은 기본형, 금리고정형, 금리조정형, 채무조정형 등 4가지로 구분된다.

Tip★

2019년 첫 출시된 서민형 안심전환대출은 최저 연 1%대 고정금리로 주택담보대출을 갈아탈 수 있는 상품이다. 전체 금융권에서 취급된 변동금리 또는 준고정금리 주택담보대출을 대상으로 한다. 대상자는 부부 합산소득은 8,500만 원 이하인 1주택자(신혼부부 및 2자녀 이상 가구는 부부합산 1억 원)다. 주택가격은 시세가 9억 원 이하여야 한다. 금리비율이 1.85~2.2%로 서민 주거상품보다 낮아 출시 첫 해인 2019년 공급 총액인 20조 원의 네 배 가까이 신청이 몰렸다.

DTI, LTV, DSR이
도대체 무엇인가?

Q. 서울에 거주하는 1주택자인데 추가로 담보대출을 받을 수 있을까요?

A. 불가능합니다. 2018년 9·13부동산대책에 따라 1주택자가 규제지역에서 신규주택 구입을 위한 주택담보대출은 원천 차단되었습니다. 2019년 12·16부동산대책에서는 무주택자라고 해도 시세가 9억 원을 초과하는 주택에 대해서는 해당 초과분(금액)에 대해 주택담보대출을 20%로 제한(투기과열지구)하기로 했습니다.

"이미 서울은 DTI·LTV 40%로 제한받고 있습니다. DSR 도입으로 은행대출은 훨씬 더 깐깐해졌습니다."

부동산 관련 뉴스를 보거나 은행에서 대출상담을 받을 때 심심치 않게 자주 들어봤던 용어들이다. 무슨 뜻인지 스마트폰으로 매번 검색을 해봐도 비슷한 개념으로 들리는 데다가 이해를 했다고 해도 뒤돌아서면 까먹기 일쑤다.

하지만 개인이 은행을 방문해 집을 담보로 대출을 받거나 신용대출을 신청할 때 가장 중요한 개념인 만큼 이번 기회에 잘 알아둘 필요가 있다. 쉽게 말해 위의 용어들은 빚을 질 때 어떤 개념을 기준으로 삼는지를 구분할 줄 알면 된다.

먼저 총부채상환비율로 불리는 DTI_{Debt To Income}는 은행대출을 받을 때 '개인의 총소득'이 기준이 된다. 즉 은행에서 빌린 금융부채 원리금상환액이 개인 총소득의 일정비율을 넘지 않도록 제한하는 비율이다. DTI는 당초 금융당국에서 대출 상환 능력을 심사하기 위해 마련한 종합적인 대출심사 지표인데, 최근 들어서는 부동산시장을 규제하는 용도로 쓰이고 있다.

- DTI = 주택담보대출 연간 원리금상환액 + 기타 부채(기존 주택담보대출, 신용대출 등) 연간 상환이자 / 연소득

부동산규제 카드로 쓰이고 있기 때문에 당연히 정권에 따라 DTI 비율도 다르다. 박근혜 정부 당시인 2014년 60%로 단일화된 DTI는 문재인 정부 들어 2017년 8·2부동산대책을 거쳐 40%(서울 등 투기과열지구 기준. 서민·실수요자는 50%)까지 줄었다. 예를 들면 연소득이 5천만 원인 A씨가 DTI를 40% 적용받을 경우, 총부채의 연간 원리금상환액이 2천만 원을 초과하면 안 된다.

가계부채 증가와 부동산시장 상승의 영향으로 2018년 1월부터는 '신DTI'라는 신규용어가 등장하기도 했다. 이는 기존 담보대출이 있는 사람이 추가 담보대출을 받을 경우에 기존 대출에 대해 연간 발생

하는 이자뿐 아니라 각각 대출에 대한 원리금상환액을 반영하는 것이다. 이럴 경우 당연히 대출한도는 줄어들 수밖에 없다.

LTV_{Loan To Value Ratio}는 주택담보인정 비율이다. 앞서 말한 DTI와 같은 개인소득이 아닌 '자산(주택)담보 가치'를 기준으로 일정비율에 해당하는 대출금액을 정한다. 즉 부동산을 담보로 대출할 때 대출 가능한 한도를 말한다. 다만 LTV는 DTI 기준이 함께 연동되기 때문에 담보(부동산) 가치가 높더라도 소득이 충분하지 않으면 대출금액은 적어질 수 있다.

LTV 비율도 DTI와 함께 문재인 정부 들어 대폭 강화되었다. 2020년 2월 현재 투기과열지구 및 투기지역 40%, 조정대상 지역 50%, 비조정지역(기타지역) 70%를 적용한다. 다만 9억 초과 아파트는 9억 원을 넘는 초과금액에 대해서는 투기과열지구에서 20%, 조정대상 지역에서 30%로 LTV가 확 줄어든다.

서울에서 시세 9억 초과분은 은행대출의 20%에 불과

LTV는 해가 지날수록 강화되고 있다. 구체적인 내용을 살펴보자.

지난 2018년 9·13부동산대책이 나오면서 2주택 이상 보유 세대는 규제지역에서 주택 신규 구입을 위한 주택담보대출이 금지(LTV 0%)된다. 또한 1주택 세대도 규제지역 내 주택을 신규 구입할 때 주택담보대출이 원칙적으로 금지(부모 봉양·무주택자 자녀 분가 등 제외)된다.

이후 '규제 끝판왕'이라고 불리는 2019년 12·16부동산대책에서는 투기지역·투기과열지구에서는 1주택자라고 해도 시가 9억 원을 기준으로 9억 원 이하는 LTV 40%, 9억 원 초과는 LTV 20%를 적용하는 초강수를 두었다. 2020년 2월 20일 부동산대책에서는 조정대상 지역에서도 9억 원 초과분에 대해서는 LTV를 30% 적용하기로 했다.

만약 무주택자가 시세가 14억 원인 서울 아파트를 매입할 경우 주택담보대출은 '9억 원×40%+5억 원×20%'를 적용해 4억 6천만 원을 받을 수 있다. 또한 시세가 15억 원을 초과하는 주택의 주택담보대출은 원천 차단되었다.

지난 2018년 도입한 DSR(총부채원리금상환비율·Debt Service Ratio)은 연간 총소득에서 '전체 대출금 원금+이자'가 차지하는 비율이다. 주택담보대출의 원리금뿐만 아니라 자동차 할부금, 학자금대출, 카드론, 마이너스통장 등이 모두 포함된다. DSR은 DTI보다 한층 강화된 규제로 보면 된다.

DSR은 채무자가 실제로 1년 동안 갚아야 할 모든 대출의 원금과 이자가 연간소득에서 차지하는 비율을 계산해 대출 가능 여부를 결정한다. 이 때문에 대출 절차는 더욱 까다로워지고, 대출 가능금액도 줄어든다. 또한 DSR은 DTI 규제가 없는 수도권 외 지역에도 적용된다.

조정대상지역, 투기과열지구, 투기지역은 무엇이 다른가?

Q. 규제지역 중 가장 강도가 낮다는 조정대상 지역에서는 어떤 규제를 받나요?

A. 대출, 양도소득세 중과, 종합부동산세 세율 추가 과세, 장기보유특별공제 배제, 전매제한 강화 등의 규제를 적용받습니다.

"서울은 25개 전 자치구가 투기과열지구 및 투기지역에 포함되어 있어 주택담보대출이 최대 40%로 제한됩니다."

집을 담보로 은행에서 대출을 받을 때 가장 중요한 것은 본인이 분양을 받거나 소유한 집이 어느 규제지역에 속해 있는지를 먼저 따져보는 것이다. 같은 지역이라도 해당 지역구(시·군·구)가 규제지역에 속해 있는지에 따라 세제나 대출, 청약규제 등을 달리 적용받을 수 있기 때문이다. 이를 확인하지 않고 무작정 부동산매매계약을 체결하면 추후에 자금을 조달하는 데 낭패를 겪을 수 있으니 사전에 꼼꼼히 따져볼 필요가 있다.

규제지역은 조정대상지역, 투기과열지구, 투기지역으로 나뉜다. 이 중 가장 대상 지역이 많고 상대적으로 규제강도가 약한 것이 조정 대상 지역이다. 기본적으로 조정대상지역에 해당하는 규제는 투기과 열지구, 투기지역에도 똑같이 적용받는다.

먼저 조정대상 지역은 정부가 주택법에 근거해 최근 3개월간 집 값 상승률이 시·도 소비자 물가상승률의 1.3배 이상인 지역을 대상으 로 한다. 위의 조건을 충족한 상황에서 최근 2개월 청약경쟁률이 5대 1 초과(국민주택규모 10대 1), 최근 3개월 간 분양권전매거래량이 전년 대비 30% 이상 증가, 시·도·별 주택보급률 또는 자가주택비율이 전 국 평균 이하 등 3가지 조건 중 하나를 충족하면 국토교통부가 주거 정책심의위원회를 열어 이를 지정할 수 있다.

이러한 정량적인 요건이 아니더라도 주택가격, 청약경쟁률 등을 고려해 주택분양이 과열되거나 개발 호재 등으로 과열 우려가 있는 지역도 정성적 요건에 의해 지정될 수 있다. 2020년 2월 현재 서울 25개 자치구와 경기도 18개 시·군·구(과천·성남·하남·고양·동탄2신도 시·광명·구리·남양주시·안양시 동안구·광교지구·용인시 수지·기흥구, 수원 시 팔달·영통·권선·장안구·안양 만안구, 의왕시), 세종시 등 44곳이 조정 대상지역으로 지정되어 있다.

가장 강력한 규제는 역시 대출이다. 조정대상지역에서는 주택담보 인정비율LTV, 총부채상환비율DTI이 각각 50%로 제한된다. 다만 서민· 실수요자(부부합산 연소득 6천만 원 이하·생애최초 구입시 7천만 원)는 LTV가 각각 60%로 10%포인트 완화된다. 추가 담보대출은 원칙적으로 금지된다. 지난 9·13대책에 따라 1주택 세대는 규제지역 내 주택 신규구입을 위한 주택담보대출을 받을 수 없다.

또한 종합부동산세(종부세) 추가 과세, 양도소득세 중과(2주택자 최대 10%포인트 가산·3주택자 20%포인트 가산), 장기보유특별공제 적용배제, 분양권전매시 양도세 강화 등이 적용된다. 1세대 1주택 양도세 비과세 요건도 기존 2년 이상 보유(양도가액 9억 원 이하)에서 2년 이상 거주 요건이 추가되었다.

투기과열지구에서 당첨시
10년 청약 제한

투기과열지구는 더욱 까다로운 대출규제를 받는다. LTV와 DTI가 각각 40%(실수요자 50%)로 제한된다. 또한 까다로운 정비사업 규제를 받는다.

먼저 투기과열지구에서는 재건축 조합원 지위(입주권) 양도가 제한된다. 재개발사업은 관리처분계획인가 이후부터 소유권이전등기시까지 조합원 분양권전매가 금지된다. 또한 정비사업 일반분양 또는 조합원 분양에 당첨된 세대는 10년간 투기과열지구 내 재당첨이 제한(조정대상지역은 7년간 금지)된다.

이런 투기과열지구에는 서울 25개 자치구와 경기 과천·광명·성남(분당구)·하남시·대구 수성구·세종 등 31곳이 포함되어 있다. 투기지역에는 서울 15개구(서초·강남·송파·강동·강서·노원·동대문·동작·마포·성동·양천·영등포·용산·종로·중구), 세종 등 16곳이 포함되어 있다.

규제지역 지정 현황

	투기지역	투기과열지구	조정대상지역
서울	강남, 서초, 송파, 강동, 용산, 성동, 노원, 마포, 양천, 영등포, 강서(2017.8.3), 종로, 중구, 동대문, 동작(2018.8.28)	전 지역 (2017.8.3)	전 지역 (2016.11.3)
경기	–	과천(2017.8.3), 성남분당(2017.9.6), 광명, 하남 (2018.8.28)	과천, 성남, 하남, 고양(7개 지구*), 남양주(별내·다산동), 동탄2(2016.11.3), 광명(2017.6.19), 구리, 안양동안, 광교지구(2018.8.28), 수원팔달, 용인수지·기흥(2018.12.31), 수원영통·권선·장안, 안양만안, 의왕(2020.2.21)
대구	–	대구수성(2017.9.6)	–
세종	세종(2017.8.3)	세종(2017.8.3)	세종(2016.11.3)

* 2020년 2월 말 현재
* (고양시 7개 지구) 삼송택지개발지구, 원흥·지축·향동 공공주택지구, 덕은·킨텍스1단계도시개발지구, 고양관광문화단지(한류월드)
* 출처 : 국토교통부

투기과열지구는 강화된 양도세율을 적용받는다. 이들 지역에 속한 세대는 기존 주택과 조합원 분양권을 3개 이상 또는 비사업용 토지를 보유한 경우 양도세율이 10%포인트 가산(LTV·DTI 30%)된다. 또한 2건 이상 아파트 담보대출이 있는 경우 주택담보대출 만기연장이 제한되고, 기업자금대출도 제한된다. 그리고 양도세 주택수 산정 시 농어촌주택이 포함(3년 보유 및 이전주택 매각 시 1세대 1주택으로 간주)된다.

중소기업의 보금자리인
'지식산업센터'란 무엇인가?

"집 근처에 지식산업센터가 들어선다는데 오피스 건물인가요? 아니면 새로운 주거 공간인가요?"

최근 주요 도심지나 주거시설 인근에서 '지식산업센터 분양 중'이라는 팻말을 심심치 않게 볼 수 있다. 개별 기업들의 사무실로 쓰인다는데 건물 외관도 세련된 데다 기숙사도 지어지고 분양 후 임대도 가능하다는 설명에 어떤 공간인지 궁금하기만 하다.

실제 과거 아파트형 공장으로 불리던 지식산업센터는 수도권 변두리 지역에 지어지는 공업단지 이미지가 강했지만 최근에는 확 달라진 모습이다. 서울 도심에서도 교통 중심지라는 입지적 장점을 갖추었고 기숙사, 편의시설 등이 함께 지어져 기업들의 복합공간으로 변모하고 있다.

지식산업센터에는 어떤 기업의 입주가 가능할까? 지식산업센터에 대해 정의를 내리면 '제조업, 지식산업 및 정보통신산업을 영위하는 자(기업체)와 지원시설이 복합적으로 입주할 수 있는 3층 이상의 집합건축물'을 뜻한다. 단독으로 공장을 짓기에는 자금력이 부족한 중소기업 여러 곳이 같이 입주할 수 있는 다층 건물을 말한다.

과거 2000년대 초반까지만 해도 연면적 3만㎡ 미만의 소형 규모로 중소 제조업 업종이 주로 입주했다. 하지만 최근 1인 기업 및 첨단산업을 근간으로 하는 벤처기업 등의 입주가 늘면서 10만㎡를 넘는 대규모 첨단 업무 빌딩으로 탈바꿈하는 추세다.

입주 기업도 정보통신, 도·소매, 중·소기업 헤드쿼터 등 다양한 업종으로 확대되었으며, 각종 부대시설과 상업시설 등도 갖추고 있다. 단순히 사무공간이나 생산기지가 아니라 생산, 물류기지, 주거시설까지 겸비한 복합공간으로 새롭게 태어나고 있는 것이다. 관련 법률인 '산업집적활성화 및 공장 설립에 관한 법'이 지난 2010년 개정되면서 현재 지식산업센터로 이름이 바뀌었다.

무엇보다 가장 큰 장점은 대출 및 세제혜택이 크다는 것이다. 지난 2018년

9·13부동산대책으로 서울 등 투기과열지구에서 1주택 이상 보유자는 추가 주택 구매를 위한 주택담보대출을 아예 받을 수 없게 되었다. 다만 지식산업센터의 경우 사업자로 등록해 분양을 받으면 최대 80%까지 저리로 장기 융자가 가능해 초기 자금 부담이 적다.

세법 개정으로 지식산업센터를 분양받은 입주자는 오는 2022년까지 취득세의 50%, 재산세의 37.5%를 경감받을 수 있다. 또한 수도권 과밀억제권역에서 이주할 경우(2020년 12월 31일까지) 4년간 법인·소득세 100% 감면, 향후 2년간 법인세 50%를 감면받는다.

합리적인 임대료도 강점이다. 부동산114에 따르면 2018년 3분기 월 임대료(3.3㎡당)는 지식산업센터가 3만 8,100원으로 오피스(7만 4,250원)의 절반 수준이다. 임대수익률도 6~7% 선으로 대표 수익형부동산인 오피스텔(4~5%)보다 높기 때문에 임대수익을 올리기 위해 투자에 나서는 개인들도 늘어나고 있다. 또한 주택이나 오피스텔처럼 전매제한을 적용받지 않으므로 비교적 재산권 행사도 자유로운 편이다.

부동산거래에서 최소한 손해를 보지 않기 위해 가장 중요한 핵심은 부동산의 가격을 결정하는 것이다. 부동산상품에는 정가표가 붙어 있지 않기 때문에 언제든 흥정할 수 있다는 생각으로 접근하자. 가격의 등락이 심할 때는 매도인과 매수인이 서로의 조급한 마음을 이용하기도 한다. 1주택 갈아타기를 할 때는 선매도 후매수 원칙을 명심하자.

3장

부동산 거래,
이렇게 하는 것이
답이다

부동산시세부터
먼저 조회해보자

Q. 부동산시세가 얼마인지 어떻게 확인하나요?

A. 매도호가만 보지 말고 국토부실거래가 자료와 KB부동산 시세정보를 종합적으로 검토해야 합니다. 관심 있는 지역의 시세변화를 꾸준히 지켜보는 것이 도움이 됩니다.

지피지기면 백전백승이라고 했다. 부동산거래에서 최소한 손해를 보지 않기 위해 가장 중요한 핵심은 부동산의 가격을 결정하는 것이다. 입지나 상품을 잘 선택하는 것도 중요하지만 매수자 입장에서는 '얼마나 싸게 사느냐'가 부동산거래의 첫걸음이다.

과거에는 해당 부동산 인근에서 영업하는 공인중개사를 찾아가 시세를 문의하고 판단하는 것이 전부였다. 하지만 지금은 그보다 더 다양한 방법으로 얼마든지 가격을 알아볼 수 있다.

가장 쉽게 접근할 수 있는 방법은 포털사이트에서 제공하는 부동산 매물정보를 확인하는 것이다. 네이버나 다음의 부동산 페이지를 열면 지역별로 부동산 유형별로 매물정보를 검색할 수 있고, 매도자가 책정해놓은 호가를 열람할 수 있다. 이는 해당 지역 매물의 시세를 가늠하는 지표 중 하나다.

여기서 주의할 점! 매도자가 희망하는 매도가격은 시세가 아니다. 실제 거래가 성사될 수 있는 가격이 곧 시세다. 이때 매수자가 지불 가능한 금액수준은 어느 정도인지도 살펴봐야 한다.

특히 중요하게 참고할 수 있는 지표가 부동산실거래가 자료다. 국토교통부가 관리하고 있는 부동산실거래가 데이터는 인터넷을 통해 언제든지 확인 가능하다. 모바일앱으로도 조회할 수 있다.

지난 2020년 2월 서울 양천구 목동신시가지 7단지 아파트 전용 66.6m²는 14억 5천만 원에 거래되었지만 같은 기간 네이버 부동산 매물정보에는 같은 면적형이 14억 5천만~15억 5천만 원에 올라와 있었다. 실거래가 자료를 비교하지 않는다면 14억 5천만 원짜리 물건이 상대적으로 저렴하다고 생각해 덥석 매수하는 사람이 있을 것이다.

실거래가 데이터의
시간차는 유의해야

다만 국토부의 실거래가 자료는 실제 계약 시점과 신고하는 시점 사이에 시간차가 존재하기 때문에 현 시점의 시세를 정확하고 신속하게 보여주지 못한다는 한계도 갖고 있다. 이는 부동산가격과 시장을 왜곡하는 결과를 초래하기도 한다. 이런 문제 제기에 따라 부동산 거래 신고기한은 2020년 2월부터 60일에서 30일로 단축되었다.

KB부동산 시세는 국토부실거래가 자료에 버금가는 참고 데이터다. 실제로 시중은행에서 주택담보대출을 받을 때 주택담보인정비율LTV 계산의 기준이 되는 가격이 KB부동산 시세다. 예를 들어 2020년 2월 기준 목동신시가지 7단지 66.6m²의 KB부동산 시세는 일반 평균가 14억 1,500만 원이다. 포털사이트 매물정보의 매도호가는 물론 실거래가 자료보다 가격이 낮은 수준이다.

지금까지 시세를 조회하는 여러 가지 방법에 대해 알아봤다. 부동산거래에서 최소한 지지 않기 위해 현 시세에 대해 정확히 판단하는 것이 중요하지만 그에 앞서 그 지역에 대해 꾸준히 관심을 갖고 가격의 흐름을 파악하는 것이 빠른 판단을 내리는 데는 더욱 중요하다. 목동신시가지7단지 66.6m² 물건 중 어떤 물건이 가장 싼지, 현 시세에 부합하는지를 판단하기에 앞서 해당 면적형의 시세변화가 최근 몇 년 또는 몇 개월 동안 어떻게 이뤄졌는지를 알고 있다면 현 시세가 저점인지 고점인지를 쉽게 인식할 수 있고, 매매 의사결정을 내리는 데 큰 도움이 될 것이다.

중개수수료는 반드시 알고 가자

Q. 공인중개사한테 지불하는 중개수수료(중개보수)는 정해져 있는 건가요?

A. 상한이 정해져 있습니다. 그 한도 내에서 협의 가능합니다. 계약 전에 중개보수요율에 대해 공인중개사와 협의를 시작하는 것이 좋습니다.

시세를 확인하고 부동산 물건은 꼼꼼히 살펴보면서도 중개보수(중개수수료)에 대해선 신경 쓰지 않는 경우가 더러 있다. 부동산가격에 비하면 작은 금액이지만 부담스럽지 않은 수준은 아니다. 그렇기 때문에 매매하고자 하는 부동산가격과 함께 지불해야 할 중개보수가 어느 정도인지는 미리 따져봐야 한다.

중개보수에 관한 규정은 법에 명시되어 있다. 중개업무에 대해 지급되는 보수다. 지급시점은 잔금이 치러지는 날이다. 중개의뢰인과 공인중개사 간 별도의 약정을 통해 지급날짜를 정할 수도 있다. 중개보수에 대한 언급이 전혀 없이 거래가 완성되었다고 해도 중개보수를 지급해야 한다.

중개보수를 정하는 원칙을 알아둬야 한다. 해당 부동산 물건의 권리관계를 확인하는 데 소요되는 실비 등에 대해 공인중개사가 요구할 수 있다. 또한 거래의 안전을 보장하기 위해 계약금이나 중도금, 잔금을 신탁사에 예치하는 경우가 있을 수 있는데 이런 과정에 들어가는 실비 역시 청구 사유가 된다.

이러한 실비에 중개에 대한 소정의 보수를 합한 것을 중개보수라 정하고, 지자체 조례를 통해 상한을 두고 있다. 서울의 경우 주택 매매시 5천만 원 미만은 거래금액의 0.06%(최대 25만 원), 5천만 원 이상 2억 원 미만은 0.05%(최대 80만 원), 2억 원 이상 6억 원 미만은 0.04%, 6억 원 이상 9억 원 미만은 0.05%다. 거래금액이 9억 원 이상인 경우 0.09%로 뛴다.

다만 이 기준은 어디까지나 '상한'일 뿐이다. 이 요율대로 지급해야 하는 건 아니라는 뜻이다. 예를 들어 3억 원짜리 주택을 매매하는 경우 공인중개사는 최대 120만 원까지 받을 수 있지만 중개의뢰인은 그보다 낮은 보수를 지불할 권리가 있다.

사전에 양자 간 협의를 통해 중개보수요율을 정해놓는 것이 거래 후 서로 얼굴 붉힐 일 없이 좋은 관계를 유지할 수 있는 방법이다. 특히 매수자 입장에서는 나중에 매도하거나 임차인을 구할 때 해당 공인중개사와 후속 거래를 할 수 있다는 점을 고려해야 한다.

의뢰인의 변심으로 깨진 계약이면
중개보수를 지급해야

최근 몇 년 사이 정부의 주택정책이 규제 일변도로 펼쳐지면서 거래량이 감소했다. 반면 개업 공인중개사의 숫자는 증가했다. 부동산 중개시장의 경쟁이 치열해진 만큼 중개의뢰인의 요구를 회피하는 건 쉽지 않다. 또 주택가격이 몇 년간 많이 올랐기 때문에 예전보다 중개보수요율을 조금 낮춰 적용하더라도 공인중개사가 받을 수 있는 중개보수는 결코 적지 않다. 따라서 중개보수요율을 적극적으로 과감하게 협의하면 만족할 만한 결과를 얻을 가능성이 있다.

협의 과정에서 함께 살펴봐야 할 부분이 부가가치세다. 공인중개사가 일반과세자인 경우 중개보수의 10%가 부가가치세로 발생한다. 협의과정에서 중개보수요율을 정하는 것은 물론 중개보수에 부가가치세를 포함시킬지 여부까지 정한다면 잔금을 치르는 날에 서로 기분 좋게 도장을 찍을 수 있을 것이다.

계약서를 쓰고 잔금 날짜를 기다리는 중에 계약이 깨지는 경우 중개보수 논쟁이 심심치 않게 발생한다. 특히 부동산가격이 급등하거나 급락하는 격변기에 매도인과 매수인의 마음이 바뀌면서 이런 현상을 많이 목격할 수 있다.

계약이 깨진 이유가 공인중개사의 고의나 과실이라면 공인중개사는 중개의뢰인에게 중개보수를 청구할 수 없다. 이미 중개보수를 받았다면 다시 돌려줘야 한다. 그러나 매도자 혹은 매수자의 사정으로 매매계약이 깨진 경우라면 공인중개사에게 중개보수를 지급하는 것이 맞다.

중개보수요율표

거래내용	거래금액	상한요율	한도액	중개보수요율 결정	거래금액 산정
매매교환	5천만 원 미만	1천분의 6	25만 원	• 중개보수한도 = 거래금액×상한요율 (단, 이때 계산된 금액은 한도액을 초과할 수 없음)	• 매매 : 매매가격 • 교환 : 교환대상 중 가격이 큰 중개대상물 가격
	5천만 원 이상 ~2억 원 미만	1천분의 5	80만 원		
	2억 원 이상 ~6억 원 미만	1천분의 4	없음		
	6억 원 이상 ~9억 원 미만	1천분의 5	없음		
	9억 원 이상	거래금액의 1천분의 ( ) 이하		• 상한요율 1천분의 9 이내에서 개업 공인중개사가 정한 좌측의 상한요율 이하에서 중개의뢰인과 개업 공인중개사가 협의해 결정함	
임대차 등 (매매·교환 이외의 거래)	5천만 원 미만	1천분의 5	20만 원	• 중개보수한도 = 거래금액×상한요율 (단, 이때 계산된 금액은 한도액을 초과할 수 없음)	• 전세 : 전세금 • 월세 : 보증금+ (월 차임×100) 단, 이때 계산된 금액이 5천만 원 미만일 경우:보증금+(월 차임액 ×70)
	5천만 원 이상 ~1억 원 미만	1천분의 4	30만 원		
	1억 원 이상 ~3억 원 미만	1천분의 3	없음		
	3억 원 이상 ~6억 원 미만	1천분의 4	없음		
	6억 원 이상	거래금액의 1천분의 ( ) 이하		• 상한요율 1천분의 8 이내에서 개업 공인중개사가 정한 좌측의 상한요율 이하에서 중개의뢰인과 개업 공인중개사가 협의해 결정함	

※ 분양권의 거래금액 계산 : [거래 당시까지 불입한 금액(융자 포함)+프리미엄]×상한요율

* 주택, 서울특별시 기준

* 출처 : 공인중개사협회

부동산가격은
얼마든지 흥정할 수 있다

Q. 싸게 사려면 싼 물건만 보는 게 나을까요? 비용을 줄일 수 있는 특별한 방법은 없나요?

A. 나만의 기준을 명확히 세우고 시세를 잘 파악하면 싸게 살 수 있습니다. 상대방 또는 본인의 세금 문제를 감안해 흥정하는 것도 하나의 방법입니다.

부동산상품에는 정가표가 붙어 있지 않다. 부르는 것이 값이다. 매도인이나 매수인이나 다 마찬가지다. 가격의 적정성에 대해 계약 전에 철저히 따져봐야 한다. 가격은 언제든 흥정할 수 있다는 생각으로 접근하자.

부동산거래 경험이 없거나 흥정하는 것이 서툰 사람들은 상대방의 의견에 끌려다니기 십상이다. 그래서 기준을 세우는 것이 중요하다. 시세를 잘 파악하면 80%는 성공이다.

나머지 20%는 요령이고 경험이다. 5억 원짜리 집이라고 다 5억 원은 아니다. 그 집의 상태를 잘 파악하지 못하면 그 이상의 돈을 지불해야 한다.

예를 들어 같은 단지의 같은 면적형 아파트인데 2천만 원가량 저렴한 매물이 있어서 덜컥 계약했다고 치자. 2천만 원을 번 것일까? 매도인이 2천만 원 싸게 불렀다면 그 이유를 파악하는 것이 먼저다. 매도인이 급전이 필요해서 눈물을 머금고 저렴하게 내놓은 것이라면 매수인은 정말 2천만 원을 번 것이 맞다. 그러나 향이 안 좋거나 주변 구조물에 가려 전망이 나쁜 집일 수도 있다. 심한 경우 2천만 원 이상 시세가 차이나기도 한다. 매수인 입장에선 오히려 비싸게 매수한 결과가 된다.

내부 상황을 꼼꼼히 파악하는 것도 중요하다. 매수 후 대대적으로 인테리어 공사를 해야 할 정도로 낡아 있다면 공사비 견적을 포함한 비용을 생각해야 한다. 같은 단지의 매물 중 이미 인테리어가 깔끔하게 되어 있는 집이 있거나 특별히 손볼 부분이 많지 않은 집이 있다면 단순히 매매가격의 높고 낮음으로만 비교해선 안 된다.

단골 공인중개사와 여러 번 거래를 하는 경우는 사전협의를 통해 중개보수를 조정하는 것도 용이하다. 심지어 마치 마트에서 1+1, 2+1 할인행사를 하듯이 몇 번 중 한 번은 중개보수를 진짜 실비만 받고 해줬다는 사례도 존재한다.

가격의 등락이 심할 때는 매도인과 매수인이 서로의 조급한 마음을 이용하기도 한다. 가격 급등기에는 매수인이 매도인의 중개보수를 부담해주겠다고 하면서 빠른 거래를 유도하기도 한다. 매도인이 계약서에 도장 찍기를 머뭇거리는 사이, 매수인은 시세가 더 올라갈까봐 하루하루 안절부절 못한다.

가격급락기에는 그 반대다. 매도인은 빨리 처분하고 손을 떼고 싶은데 시세가 자꾸 떨어지면 싸게 파는 걸 떠나서 팔지 못하게 되는 걸 걱정하게 된다. 가격을 깎거나 중개보수를 자기가 다 부담하겠다고 나서기도 한다.

가격격변기는 오히려
기회가 될 수 있다

매도인과 매수인은 거래 전 세금 문제를 잘 살펴봐야 한다. 매도인은 양도소득세를 반드시 사전에 계산해야 한다. 양도차익이 발생하는지, 비과세 혜택을 받을 수 있는지, 양도세를 얼마나 부담해야 하는지 등을 확인하지 않으면 낭패를 당할 수 있다(양도소득세에 대한 기본적인 개념과 적용여부는 뒤의 5장에서 확인 가능하다).

계산이 복잡하거나 액수가 크다 싶으면 세무사에게 문의해 정확한 부담규모를 알아두자. 양도소득세 여부와 규모는 집의 매도가격이나 매도 여부를 결정하는 데 가장 중요한 기준 중 하나가 되어야 한다.

매수인은 취득세를 간과하기 쉽다. 주택의 경우 가격에 따라 취득세율이 달라지는데, 2020년 1월부터 6억 원 초과 9억 원 이하 구간의 취득세율이 바뀌었다. 6억 원 이하인 경우는 1%, 9억 원 초과는 3%다. 6억 원 초과 9억 원 이하 구간은 2019년까지는 일률적으로 2%가 적용되었지만 2020년부터는 매매가액에 비례해 1.01~3%가 적용된다.

6억 원짜리 집(취득세율 1% 적용시 600만 원)과 6억 100만 원짜리 집(취득세율 2% 적용시 1,202만 원)의 취득세가 2배나 차이나는 비합리적인 구조가 개선된 것이다.

또한 3주택 보유자가 4번째 주택을 취득하는 경우에는 매매가격에 상관없이 무조건 4%의 취득세율이 적용된다. 이는 더 많은 부담을 부과해 집을 구매하지 못하게 하는 차원이라기보다는 원래 부동산 취득세율이 4%인데 그동안 주택에 대해서 취득세를 일부 경감해주었던 것을 다주택자에 한해서 정상적으로 받겠다는 취지로 이해해야 한다.

부동산이 적정한 가격인지
이렇게 판단하자

> **Q. 지역마다 다르고 시기마다 변하는 것이 집값입니다. 적정한 수준은 대체 얼마인가요?**
>
> **A.** 감정평가 방식의 개념을 이해하고 적용해보면 도움이 됩니다. 비슷한 거래사례와 비교해본다든지, 월세 시세와 수익률을 감안해 적정가격을 유추한다든지, 건축원가 등을 파악해 가격기준을 정할 수 있습니다.

최근 몇 년 사이 부동산시장의 가격 변동성은 무서울 정도로 컸다. 주택, 상가, 토지 등 부동산 유형별로 널뛰기를 했고 서울, 수도권, 광역시, 지방 등 지역별로 천차만별이었다.

이런 시장 속에서 적정가격을 파악하기란 쉽지 않다. 부동산은 정가가 없는 대표적인 재화이기 때문이다. 매도인이 얼마에 팔고 싶은지 가격을 부르면 매수인과의 협상을 통해 가격이 더 올라가기도 하고 낮아지기도 한다.

매도인에게는 참고 가능한 1차 기준가격이 있다. 바로 본인이 샀던 가격이다. IMF(국제통화기금) 외환위기나 2008년 글로벌 금융위기 같은 상황이 아니라면, 급하게 돈이 필요해 하루빨리 처분해야 하는 상황이 아니라면 당연히 본인이 취득한 금액보다는 비싸게 팔고자 할 것이다.

매수인 입장에서는 매도인이 부르는 값이 시장가치 대비 지나친 것은 아닌지를 따져봐야 한다. 가장 쉽게 의지할 수 있는 것이 내가 매수를 의뢰한 공인중개사다. 해당 지역과 물건에 대해 정보를 갖고 있는 공인중개사가 거래 가능한 적정 가격을 조언해줄 수 있다.

호가(매도인이 팔 때 부르는 가격)가 너무 비싸다는 생각이 들면 가장 최근에 거래된 가격을 확인해보는 것이 참고자료가 된다. 지난 2006년부터 매매거래된 주택(아파트, 연립·다세대, 단독·다가구), 오피스텔, 토지, 상업·업무용 부동산이나 2007년 6월 29일 이후 체결된 아파트 분양·입주권은 실거래가 신고가 의무이기 때문에 국토교통부 실거래가 공개시스템을 통해 거래금액 추이를 확인할 수 있다. 서울시에서도 서울부동산정보광장 사이트를 통해 실거래가 정보를 제공하고 있다.

다만 실거래가 정보는 시차가 존재한다. 최근 계약 정보를 충분히 파악하기는 불가능하다. 실거래 신고기간이 '계약 후 30일 이내'로 단축되긴 했지만 소비자들의 실시간 시세 궁금증을 해소하기에는 여전히 한계가 있다.

특정 주택의 공식적인 평가가치를 알고 싶다면 법원경매정보 사이트나 공매(온비드) 사이트에서 해당 단지를 검색해보는 것도 하나의 방법이 될 수 있다. 확인을 원하는 단지의 면적형이 경매나 공매에 나왔다면 감정평가금액이 얼마인지 알 수 있다.

부동산의 시장가치를 평가해주는 전문자격사인 감정평가사가 인정한 시장가치는 경매나 공매의 최저입찰가격으로 활용될 만큼 신뢰도가 있다. 다만 감정평가 시점이 최소 수개월 전이라는 점은 감안해야 한다. 또한 경매나 공매로 나오는 물건이 기본적으로 많지 않기 때문에 자신이 찾는 단지의 물건을 찾지 못할 가능성도 크다.

감정평가 개념을 이해하면
판단에 큰 도움

감정평가에서 사용하는 3가지의 평가방식 개념을 이해하는 것도 큰 도움이 된다. 비교방식, 수익방식, 원가방식이 바로 그것이다.

비교방식은 비슷한 물건이 시장에서 얼마에 거래되었는지 확인하고 비교해 적정 가격을 뽑아내는 것이다. 일반적으로 쉽게 생각할 수 있는 방법이다.

수익방식은 이 물건에서 어느 정도의 임대수익을 낼 수 있는지를 보는 것이다. 부동산시장의 평균적인 임대수익률을 파악하고 해당 물건의 전월세 시세를 확인해 매매가격을 역산해내는 식이다. 투자 시점에서 통상적인 임대수익률이 5%라면 월세 500만 원(연 6천만 원)을 받을 수 있을 것으로 예상되는 부동산의 적정 가격을 약 12억 원으로 매길 수 있다는 뜻이다.(이같은 수익방식은 대체로 상가 같은 수익형부동산에서 활용된다.)

원가방식은 말 그대로 해당 부동산의 조성원가를 따져보는 것이다. 건물이라면 쉽게 말해 땅값과 건축비를 더한 값이라고 할 수 있다.

금융권 대출의 기준이 되는 KB시세도 참고할 필요가 있다. 은행들이 위험한 담보업무를 취급할 때도 KB시세를 통해 아파트 담보가치를 판단하고 담보비율을 반영해 대출금을 내준다. 그만큼 믿을 수 있는 가격이면서 보수적인 가격이라고 볼 수 있다.

최근 매매가격의 변동 흐름이나 지역의 평균 가격 등 통계를 확인하려면 한국감정원 부동산통계 사이트를 참고하면 된다. 부동산가격통계는 한국감정원 외에도 KB부동산(리브온), 부동산114 사이트에서도 확인 가능하다.

돈 아끼는 셀프 등기방법에 대해 배워보자

매도인과 매수인 간에 합의된 가격으로 부동산매매계약서를 쓰면 거래가 된 것이나 다름없다. 잔금을 치른 뒤 등기까지 완료하면 등기부등본에 부동산의 소유권이 기록된다. 거래의 가장 마지막이자 중요한 과정이라고 할 수 있다.

공적 장부인 등기부는 부동산의 표시와 그 부동산에 관한 권리관계를 기재해 놓음으로써 부동산의 소유자가 누구인지 기록해두는 것이다. 지번, 지목, 구조, 면적 등 부동산의 개요는 물론 소유권, 지상권, 저당권, 전세권, 가압류 등의 사항도 확인할 수 있다. 다만 점유권이나 유치권은 등기부를 통해 확인하지 못한다.

과거에는 법무사에게 등기 절차를 의뢰하는 게 당연한 일이었지만, 요즘은 매수인 스스로 등기 신청을 하는 이른바 '셀프 등기'가 상당히 늘어났다. 인터넷에서 관련 정보를 쉽게 찾을 수 있어 어렵지 않게 했다는 경험자가 적지 않다.

셀프 등기에 두려움이 있는 건 어려워서가 아니라 해보지 않았기 때문이다. 챙겨야 할 서류만 잘 챙기면 누구나 스스로 할 수 있다. 등기소에 가면 직원들의 도움도 받을 수 있다.

셀프 등기를 하려면 부동산매매계약서 원본과 사본, 토지대장, 건축물대장, 주민등록등본, 소유권이전등기신청서, 위임장, 인감도장, 신분증을 준비해야 한다. 주민등록등본을 뗄 때 주민번호 뒷자리가 모두 나오도록 해야 한다. 등기소에 있는 민원서류발급기를 이용해도 된다.

매도인으로부터는 흔히 '집문서'라 불리는 등기필증과 주민등록초본, 매도용 인감증명서를 받아야 한다. 주민등록초본은 과거의 집주소가 모두 나와 있는 버전이어야 한다. 잔금일 이후에는 매도인을 또 만나기 어려우니 잔금 당일에 받을 수 있도록 공인중개사를 통해 확인을 해두는 것이 좋다.

등기 신청 시에는 취득세를 납부한 증빙을 제출해야 한다. 지방세인 취득세는 해당 지자체에 납부해야 한다. 서울이라면 구청에 가서 고지서를 받아 은행에 납부하거나 인터넷을 통해 내면 된다. 취득세 납부 후 수입인지를 사고 국민주택채권을 매입·매도한 뒤 등기신청수수료를 납부한다. 이 과정을 통해 받은 취득세 납부확인서와 등기 신청수수료 납부 영수증, 수입인지, 국민주택채권 매입 영수증을 등기소에 제출하면 된다.

셀프 등기, 누구나 거뜬하게 해낼 수 있다. 셀프 등기를 생애 처음으로 시도해 무사히 완료했다는 후기 글을 인터넷에서 쉽게 찾아볼 수 있을 만큼 이제는 셀프 등기가 더 이상 특별한 도전이 아니다.

등기이전이 완료되면 등기필증이 나온다. 등기필증을 직접 수령하러 갈 수도 있고, 등기우편으로 받을 수도 있다.

셀프 등기를 한다고
스트레스 받을 필요는 없다

셀프 등기를 하느라 신경 쓰는 것이 싫다면 안 하면 된다. 다만 시중에 나와 있는 등기 관련 서비스를 잘 이용하면 등기 과정에 소요되는 비용을 절감할 수 있다.

공인중개사나 주택담보대출 취급 은행에서 소개해주는 법무사를 통하면 수수료 흥정이 어렵지만 불특정 다수의 법무사 견적을 받아볼 수 있는 애플리케이션(앱)을 이용하면 직접 선택이 가능하다. 거래하는 부동산의 가격과 개요를 입력하기만 하면 해당 업무가 가능한 법무사들이 보수를 제시하는 시스템이다. 그중에 가장 저렴하거나 믿을 만한 법무사에게 업무를 맡기면 비용을 최소화할 수 있다.

등기는 일단 기록되고 나면 함부로 고칠 수 없다. 잘못 기재된 부분은 일정한 절차를 거쳐야만 수정이 가능하다. 엄밀히 말하면 수정이 아니라 새로운 등기(경정등기)를 기록하는 것이다.

실제 주소가 951번지인데 950번지로 잘못 신청한 경우 신청인이 실제 번지가 951번지임을 소명하는 절차가 필요하다. 경정등기신청서를 제출해야만 등기관이 제대로 된 번지로 바로 잡을 수 있다.

신청인이 951번지로 정확히 신청했는데 등기관의 실수로 950번지로 잘못 기재되었거나, 토지와 건물에 대해 신청했는데 건물이 누락된 경우처럼 등기관의 과오가 인정된다면 등기관이 직권으로 경정할 수 있다. 다만 이때는 등기상 이해관계가 있는 제3자가 없어야 한다.

부동산매매시 대출한도는
얼마까지 가능할까?

Q. 주택담보대출을 엄청 규제한다는데 대출이 가능한가요?

A. 무조건 안 되는 건 아닙니다. 지역에 따라, 주택가격에 따라 다릅니다. 규제지역 여부, 고가주택 여부를 미리 확인하고 자금조달 계획을 꼼꼼히 검토해야 합니다.

20대까지만 해도 부동산은 대체로 남의 일로 여긴다. 사회초년병 시절 월급을 받아 적금을 붓고 펀드에 가입하고 재테크를 고민해도 돈 1천만 원 모으기가 말처럼 쉽지 않고, 억 단위의 부동산은 감히 쳐다보지도 못할 산이다.

그러다 주택담보대출이라는 상품을 알게 되면 만병통치약이 따로 없다. 당장 목돈이 없어도 매달 갚아나가겠다고 약속만 하면 집값의 상당 부분을 대신 내주기 때문이다. 부도 우려가 있기 때문에 은행에서는 집값의 일부만 빌려준다. 집값을 기준으로 대출한도가 정해지는 것이 바로 LTV(주택담보인정비율)다.

우리나라는 2002년 9월부터 LTV를 60%로 제한하는 규제를 도입했다. 이후 규제 강화와 완화가 번갈아가며 나타났다. 투기현상이 나타나는 지역에 한해 LTV 비율을 낮춰 엄격히 제한하거나, 장기 대출에 한해 LTV 비율을 높여주거나 하는 식이었다.

집값 상승이 사회적 문제가 되고 가계 부채 증가 속도가 국가경제를 위협하면서 정부는 주택담보대출을 역대 최고 강도로 조였다. 2018년 9·13대책이 대표적인 예다.

투기과열지구 또는 투기지역으로 지정된 지역에서는 LTV가 40%로 제한되고 있다. 그것도 무주택자가 아니면 대출 자체를 허용하지 않는다. 1주택자는 기존 주택을 2년 안에 처분하는 조건을 수용해야 예외적으로 대출을 받을 수 있다. 2주택 이상 보유자는 부모 봉양이나 이사 등의 사연이 있더라도 LTV 0%가 적용되어 신규 주택담보대출이 불가능하다.

LTV는 전체 집값 대비 대출금의 비율을 의미한다. 투기과열지구로 지정되어 있는 서울에서는 집값의 40%까지만 대출이 허용된다는 뜻이다. 5억 원짜리 집이면 주택담보대출은 2억 원까지만 가능하다.

집값의 기준이 실제 거래가액이 아니라는 점을 주의해야 한다. 시중은행에서는 아파트의 경우 대부분 KB부동산 시세를 기준으로 한다. KB부동산 시세가 매도인의 호가나 실제 거래가격보다 높으면 대출 계산에 차질이 없겠지만 그 반대의 경우 자금조달에 문제가 생길 수 있으니 사전에 꼼꼼히 따져봐야 한다.

예를 들어 2020년 2월 기준 서울 마포래미안푸르지오 전용 84m²호가는 최고 17억 원이지만 KB시세 일반평균가는 15억 8천만~16억 4,500만 원이다. 기준을 잘못 잡으면 수천만 원의 계산 착오가 발생할 수 있다. 게다가 2019년 12·16대책을 통해 투기지역·투기과열지구에서는 시가 15억 원 초과 아파트의 주택담보대출이 금지되었다.

복잡해진 대출규제, 자금조달 계획을 잘 세워야

대체로 금액이 큰 주택담보대출의 경우 상환기간을 장기로 설정하기 때문에 총부채상환비율DTI이 문제되는 경우는 드물다. DTI는 대출의 원리금 상환금액을 소득으로 나눈 비율이다. DTI 역시 LTV와 함께 대출을 규제하는 기준이며, 투기과열지구 및 투기지역에서는 동일하게 40%까지만 허용된다. 쉽게 말해 월급여가 500만 원이라면 월 원리금 상환액이 200만 원을 넘지 않으면 된다는 뜻이다.

2018년 10월부터 단계적으로 도입한 DSR(총부채원리금상환비율)은 더욱 강력하다. 본인이 갖고 있는 모든 가계대출의 원리금 상환액을 합쳐서 소득과 비교하기 때문에 대출을 받을 수 있는 여지가 예전보다 줄었다.

예를 들어 연소득 3천만 원의 A씨가 금리 4%, 만기 20년 원리금균등분할상환 조건으로 1억 원의 주택담보대출을 받으려고 한다면 과거에는 기존에 보유한 2천만 원의 신용대출은 별개로 봤다. 하지만 이제는 신용대출 원리금상환액과 주택담보대출 원리금상환액을 더해 연소득 대비 비율을 구한다.

이렇게 계산된 DSR이 70%를 넘으면 은행에서는 위험 대출로 보고 대출 심사를 강화한다. 연 소득 3천만 원인 사람이 매년 대출 원리금으로 2,100만 원 이상을 갚는 상황을 만들지 않겠다는 뜻이다.

주택담보대출은 목돈이 부족한 서민들에게 내집마련을 도와주는 사다리 같은 존재다. 다만 무리한 차입에 발목이 잡혀 하우스푸어(집을 보유하고 있지만 무리한 대출로 인한 이자 부담으로 빈곤하게 사는 사람들을 가리키는 말)가 되는 우를 범하지는 말아야겠다.

부동산 매매시
선매도 후매수가 원칙이다

Q. 1주택자인데 내집을 먼저 팔고 새집을 사야 하나요? 새집을 먼저 사고 내집을 파는 게 낫나요?

A. 주택시장 분위기에 따라 전략을 다르게 세워야 합니다. 기본적으로는 선매도 후매수가 안전하고, 가격급등기에는 선매수 후매도가 유리합니다.

경험담이다. 딸의 유치원 입학 직후부터 이사를 계획했다. 초등학교에 들어가기 전에 거처를 옮길 필요가 있다는 생각에서다. 초등학교까지 도보 통학이 가능하고 동선이 안전한 동네나 단지를 찾아보기 시작했다.

당장 급한 건 아니었으니 마음의 여유는 있었다. 퇴근하고 애들 재우고 나면 아내와 함께 부동산 매물정보 애플리케이션(앱)을 통해 서울 주요 지역을 훑었다. 가격은 현재 살고 있는 집의 수준을 크게 벗어나지 않는 범위로 제한했다. '여기는 어떨까? 저기는 어떨까?' 상상만으로도 설렜다.

한 달쯤 지났을까, 입지는 물론 가격까지 조건을 충족하는 매물이 포착되었다. 모바일상에서 만난 해당 단지는 완벽해보였다. 주말에 무작정 현장을 방문했다. 문이 열려 있는 한 공인중개사 사무실에 불쑥 들어가 해당 단지에 대해 물었다. 배정 학교나 매도호가, 매물 현황 등에 대해 설명을 들었다. 선택 가능한 매물이 많지는 않았다.

그 뒤로 주말 나들이는 이유 없이 그 동네로 향했다. 현장과 친숙해지고 싶었고, 보지 못한 것들을 더 보고 싶었기 때문이다. 그러다가 처음 본 단지가 아닌 옆 단지를 살펴보게 되었다. 처음 본 단지보다 깔끔했지만 조금 더 비쌌기 때문에 제쳐두었는데, 동네를 몇 번 가보니 괜찮게 느껴졌다. 온라인에서 아무리 많은 정보를 확인했어도 현장의 느낌이 훨씬 중요하다는 걸 깨닫는 순간이었다.

큰 망설임 없이 계약하기로 마음먹을 수 있었던 이유이기도 하다. 마침 소개받은 매물의 층과 전망, 내부 상태는 양호했다. 한 달여간의 동네 탐색 후 일주일 만에 계약서를 쓰고 나니 마음이 홀가분했다. 그러나 그 이후 두 달여간 마음 고생을 할 줄은 그땐 몰랐다.

매수계약 후 살던 집을 매물로 내놨다. 그런데 보러오는 사람이 없었다. 간간히 누군가가 보러 오긴 해야 기대라도 해볼 텐데 전혀 없었다. 그렇게 한 달이 지나자 조금씩 불안감이 싹트기 시작했다. 이집을 팔아야만 저 집에 들어갈 수 있는 상황이었기 때문이다. 시간이 갈수록 플랜B(매매가를 낮추거나, 계약한 집을 전세로 돌리거나)를 가동해야 할지 고민이 커졌다.

그나마 매수계약을 하면서 잔금날짜를 넉넉히 잡아놓은 게 다행이었다. 두 달째 되는 시점부터 주말에 2~3팀이 집을 보고 갔다. 부동산시장 흐름이 달라지기 시작한 것이다. 결과적으로 플랜B를 가동하지 않아도 되었다.

결과는 다행히 해피엔딩이었지만 매수계약과 매도계약 사이의 두 달여간은 피를 말리는 시간이었다. 선매도 후매수 원칙의 중요성에 대해 몸소 체험한 에피소드다.

선매도 후매수가 원칙,
경우에 따라 선매수 후매도

여유자금이 충분치 않다면 갈아타기 과정에서 이 같은 상황을 언제든 맞닥뜨릴 수 있다. 선매도 후매수 원칙만 지킨다면 마음고생을 할 가능성을 줄일 수 있다.

다만 경우에 따라 선매수 후매도가 유리한 상황도 있다. 부동산시장이 뜨겁게 달아오를 때 혹은 자신의 매물에 대한 수요가 넘칠 때 등이다.

최근 몇 년을 돌아보면 하루하루 호가가 변하던 시기가 있었다. 이에 따른 계약 파기도 여느 때보다 많았다. 며칠 사이에 수천만 원이 올라 거래가 되니 계약금 수천만 원을 배로 물어주더라도 조금 더 갖고 있는 것이 낫겠다는 생각을 하는 사람이 생기는 것이다. 이럴 때는 선매수 후매도가 어렵지 않고 오히려 유리하다.

매물을 직접 내놨을 때 시장 상황을 가장 잘 파악할 수 있다. 투자자들이 부동산시장에 관심을 보여도 지역별·상품별 편차는 있게 마련이다.

다른 집 가격이 다 오르고 수요가 몰리는데 내집은 가격이 제자리이고 아무도 관심을 보이지 않는다면 소용없는 일이다. 매수희망자가 나타나면 가격조율이라도 해볼 수 있지만 사겠다는 사람이 아무도 없으면 손해를 봐야 하는 경우가 생긴다는 것을 명심하자.

공공택지와 민간택지의 차이에 대해 제대로 알자

'공공택지에 적용하던 분양가상한제를 이제는 민간택지로 확대할 방침이다. 앞으로 서울 지역에서 주변시세보다 저렴하고 전매제한이 대폭 길어진 새 아파트 분양이 잇따를 것으로 보인다.'

2019년 10월 분양가상한제가 4년 7개월 만에 본격 부활했다는 기사가 쏟아졌다. 기존에도 분양가상한제가 적용되는 공공택지와 별도로 민간택지에도 분양가상한제 적용이 시작된 것이다.

사실상 민간택지에도 분양가상한제 적용규정이 있었지만 적용 기준 자체가 까다로웠다. 이를 쉽게 적용하도록 상한제 적용 기준을 대폭 완화한 것으로 이해하면 된다. 다만 여기서 민간택지와 공공택지를 구분하지 못하면 어느 지역에 어떻게 새롭게 규제가 적용되는지 이해하기조차 쉽지 않다.

먼저 택지는 일반적으로 주거용 또는 부수 건물의 건축용지로 이용할 수 있는 토지를 말한다. 택지는 주로 건축용지를 가리키는 데 반해, 이보다 범위가 넓은 뜻으로 쓰이는 부지는 건축용지는 물론 철도용지, 수도용지, 하천용지와 같은 건축물 용도 이외에도 사용한다. 대지는 택지와 달리 지적법상 각 필지로 구획된 토지를 말한다.

아파트 등 주택을 지을 수 있는 주택건설용지가 공공택지와 민간택지로 구분된다. 이와는 조금 다르게 공공시설용지는 도로·철도·수도·하천 등의 기반시설과 어린이 놀이터, 노인정 등 주거 편익시설, 판매·업무·의료시설 등의 자족기능을 포함하는 시설이 들어선 땅을 말한다.

공공택지는 주로 전국 시·도나 각 지방자치단체, 한국토지주택공사(LH) 등 공공기관에서 조성한 택지를 말한다. 한마디로 공공부문이 개발·공급하는 토지로 민간택지와 반대 개념이다. 국민주택건설 또는 대지조성사업으로 개발하거나 택지개발촉진법의 택지개발사업으로 개발하는 택지를 말한다.

산업단지개발사업이나 국민임대주택단지 조성사업으로 개발·조성되는 건설용지도 공공택지다.

이들 토지에서 지어지는 주택은 원가연동제, 분양가상한제 등의 적용을 받는다. 이들 토지는 서울에서는 송파구 위례신도시, 경기도 과천시에 있는 과천지식정 보타운 등이 있다. 또한 3기 신도시로 지정된 남양주 왕숙·왕숙2, 하남교산, 인천 계양, 과천지구 등도 공공주택 지구로 지정되어 있다.

민간택지는 건설사 등 민간업체가 조성해 사적 영리를 추구하는 사업에 쓰이는 토지를 말한다. 민간업체나 조합이 사적 영리를 추구하는 과정에서 쓰이는 토지로, 재건축·재개발 사업을 통해 아파트가 건설되는 땅은 민간택지로 구분된다.

평소 힘들게 발품을 팔고 다니며 본인이 원하는 유망단지를 찜했다고 해도 막상 청약통장이 없다면 새 아파트를 분양받기는 불가능하다. 누구나 원하는 교통이 편리하고 좋은 학군, 풍부한 생활편의시설 등을 잘 갖춘 입지에 들어서는 새 아파트는 1순위 통장이 없으면 사실상 청약을 넣을 수 있는 기회조차 없다. 자격조건이 맞거나 본인의 자금사정이 충분하다면 신혼부부 특별공급이나 무순위청약을 노려보는 것도 좋은 청약방법이다.

4장

아파트 분양권 투자,
이렇게 해야
돈 된다

지금이라도 서둘러
청약통장을 만들자

우리나라에서 새 아파트를 분양받기 위해서 가장 먼저 해야 할 일은 청약통장을 개설하는 것이다. 평소 힘들게 발품을 들이거나 인터넷을 통해 분양정보를 알아보고 본인이 원하는 유망단지를 찜했다고 해도 막상 청약통장이 없다면 새 아파트를 분양받기란 불가능하다.

청약통장 개설은 의외로 간단하다. 현재 주택청약종합통장은 연령이나 자격조건 없이 국내 거주자라면 누구나 은행을 방문해 가입이 가능하다. 매월 2만 원 이상 50만 원 이내(5천 원 단위 납입)에서 자유롭게 납입이 가능하다. 이미 우리나라 국민의 절반 이상(2020년 2월 기준 2,576만 9,354개)이 청약통장을 가지고 있는 이유이기도 하다.

과거에는 청약저축, 청약예금, 청약부금 등 3가지 종류의 청약통장이 있었는데, 2015년 9월 1일부터 이들 통장의 신규가입이 중단되었다. 대신 2009년 5월 출시된 '청약 만능통장'으로 불리는 주택청약종합저축에 가입하면 주택 유형이나 면적 등과 관계없이 모든 주택에 청약할 수 있다.

지난 2018년에는 청년층이 주택 구입을 위해 목돈을 마련하는 것을 돕기 위해 청약의 기능을 유지하면서 금리와 비과세 혜택을 더한 청년 우대형 청약통장이 출시되었다. 이 통장은 만 19세 이상~29세 이하 청년으로 무주택 세대주라면 누구나 가입이 가능하다.

청약통장 따라 쓰임새 달라, 주택청약종합저축 '만능통장'

청약할 수 있는 주택의 종류는 국민주택과 민영주택으로 나뉜다. 국민주택은 전용면적 85m² 이하로 국가나 지방자치단체, 한국토지주택공사ᴸᴴ 및 지방공사가 짓는 주택과 국가나 지방자치단체의 재정 또는 주택도시기금(구 국민주택기금)을 지원받아 건설하는 전용면적 85m² 이하의 주택을 말한다.

한마디로 주거 전용면적이 85m² 이하(수도권 등을 제외한 읍·면지역은 전용면적 100m² 이하)로 국가단체가 건설하면 국민주택으로 분류된다. 정부 지원 없이 민간 건설사가 짓는 주택은 민영주택으로 보면 된다. 주택의 종류에 따라 청약자격, 입주자 선정 등이 다르기 때문에 이를 잘 숙지하고 있어야 한다.

이를 구분했다면 이제 본인이 가지고 있는 청약통장의 쓰임새를 알아볼 필요가 있다. 기존의 청약저축은 국민주택에, 청약예금은 면적에 상관없이 민영주택에만 청약을 신청할 수 있다. 청약부금은 전용면적 85㎡ 이하의 민영주택을 공급받기 위한 통장이다. 물론 현재 가장 많은 공급자 수를 확보한 주택청약종합저축은 모든 주택을 노려볼 수 있다.

청약통장을 개설했다면 입주자모집공고를 확인해야 한다. 요즘은 신문이 아니더라도 부동산 관련 인터넷 카페나 사이트, 기사 등을 통해 입주자모집공고문을 어렵지 않게 구할 수 있다. 이를 확인했다면 주택의 청약자격, 시간, 당첨자 발표일, 청약 예치금 등을 확인해야 한다.

청약 신청은 주택청약시스템(한국감정원 청약홈·applyhome.co.kr)이나 본인이 청약통장을 개설한 은행, 한국토지주택공사LH, 서울주택도시공사SH공사 홈페이지를 통해 가능하다. 반드시 청약 가입자의 공인인증서를 보유하고 있어야 한다.

은행을 직접 방문해도 청약 신청이 가능한데 구비서류가 많고 다소 복잡하다. 그러므로 인터넷을 통해 청약 신청을 하는 것이 시간을 절약할 수 있다.

나는 1순위인가, 2순위인가?

Q. 민영주택 청약 1순위 요건을 갖추기 위해 필요한 것은 무엇인가요?

A. 서울 등 규제지역에서는 청약통장 개설 후 2년 이상(납입횟수 24회 이상)이 지나야 1순위 요건을 가집니다. 무주택자와 1주택자인 세대주만 1순위 청약이 가능하고, 2주택자 이상 다주택자와 세대원은 2순위입니다.

"1순위 요건에 해당하려면 청약저축을 몇 년이나 불입해야 하나요? 3년 전 당첨에 성공했는데 다시 청약을 넣을 수는 없을까요?"

청약통장을 만들었다면 본인이 1순위 요건을 충족하는지 반드시 따져봐야 한다. 교통이 편리하고 좋은 학군, 풍부한 생활편의시설 등을 잘 갖춘 입지에 들어서는 새 아파트는 누구나 탐내기 때문에 1순위 통장이 없으면 청약을 넣을 수조차 없는 경우가 많기 때문이다.

훌륭한 입지에 속한 아파트는 이미 1순위에서 수십 대 1, 수백 대

1의 높은 경쟁률로 조기에 모집인원을 채우는 경우가 많다. 그러므로 예비 청약자들은 무작정 매달 돈을 청약통장에 불입하기보다는 본인이 1순위 조건에 맞는지를 먼저 잘 따져봐야 한다.

청약 우선순위는 1순위, 2순위, 예비당첨자, 그리고 실질적으로 3순위에 해당하지만 청약통장이 필요없는 무순위청약 등으로 구분된다. 예를 들어 건설사가 1순위에서 일반분양 100가구를 모집했는데 500여 명의 청약통장이 몰린다면 평균 5대 1의 경쟁률로 청약이 마감된다. 다만 1순위에 이어 2순위에서도 100가구를 채우지 못한 경우가 생길 수 있다. 또한 전체 모집 가구수를 1·2순위에서 채웠지만 부적격자나 계약포기자 등으로 정당계약(청약 시행 후 정해진 계약 기간 내 실시하는 계약) 단계에서 미계약 물량이 발생하면 예비당첨자가 물량 우선권을 갖는다.

청약 1순위는 2년 이상 불입해야, 지역에 따라 예치금액 달라

정부는 2019년 5월 청약통장을 갖춘 수요자들의 당첨을 확대하기 위해 예비당첨자 비율을 기존 80%에서 500%로 확대했다. 예를 들어 100가구를 모집할 경우 예비당첨자는 500명을 미리 뽑아두는 것이다. 물론 이 과정을 통해서도 미계약이 발생하면 청약통장 보유, 다주택 여부 등 제한자격이 없는 무순위청약으로 넘어가게 된다.

이처럼 청약을 하기 전에 본인의 청약순위부터 확인할 필요가 있다. 가령 민영아파트를 분양한다고 가정해보자. 먼저 입주자공고일 현재 해당 주택건설 지역(당해지역)이나 인근지역(기타지역)에 거주하는 만 19세 이상 성년자 또는 세대주인 미성년자(자녀 양육·직계존속 사망 등으로 형제자매를 부양하는 경우)만 청약을 신청할 수 있다. 단, 미성년자인 1순위 신청자의 경우 자녀 및 형제·자매가 같은 세대별 주민등록표등본에 등재되어 있어야 한다.

민영주택 1순위 조건은, 서울 등 투기과열지구 및 청약과열 지역에서는 청약가입 후 2년(납입횟수 24회 이상)이 지나야 가능하다. 청약위축지역에서는 가입 후 1개월이 지나면 청약할 수 있다. 다만 아직 청약 위축 지역으로 지정된 곳은 전국에 한 곳도 없다. 투기과열지구 및 청약과열 지역, 청약위축 지역 외 수도권 지역에서는 청약 가입

청약 1·2순위 조건

청약순위	청약통장 (입주자저축)	순위별 조건	
		청약통장 가입기간	납입금
1순위	주택청약 종합저축	• 투기과열지구 및 청약과열지역 : 가입 후 2년이 경과한 분 • 위축지역 : 가입 후 1개월이 경과한 분	납입인정금액이 지역별 예치금액 이상인 분
	청약예금		
	청약부금 (85㎡ 이하만 청약 가능)	• 투기과열지구 및 청약과열지역, 위축지역 외 – 수도권지역: 가입 후 1년이 경과한 분 (다만 필요한 경우 시·도지사가 24개월까지 연장 가능) – 수도권 외 지역: 가입 후 6개월이 경과한 분 (다만 필요한 경우 시·도지사가 24개월까지 연장 가능)	매월 약정납입일에 납입한 납입인정금액이 지역별 예치금액 이상인 분
2순위 (1순위 제한자 포함)	1순위에 해당하지 않는 분(청약통장 가입자만 청약 가능)		

출처 : 한국감정원 청약홈

후 1년이 되면 1순위 청약통장을 사용할 수 있다. 수도권 외 지역은 6개월로 지정되어 있다. 국민주택도 가입기간은 동일하다.

다만 분양가상한제 적용 지역과 투기과열지구 내 주택 당첨자는 10년간, 조정대상지역 주택 당첨자는 7년간 재당첨이 제한되도록 규제가 강화되었다. 기존에는 수도권 내 과밀억제권역 전용면적 85㎡ 이하 주택은 5년, 다른 지역 85㎡ 초과 주택은 1년 등 재당첨 제한 기간이 상대적으로 짧았다. 또 2주택자 이상 다주택자도 1순위 청약 자격을 얻을 수 없다.

지역과 면적에 따라 1순위 청약 예치금액이 상이하므로 이 역시 꼼꼼히 따져봐야 한다. 서울·부산은 전용면적 85m² 이하 민영주택 청약 시 300만 원 이상, 102㎡ 이하 600만 원 이상, 135㎡ 이하 1천만 원 이상을 예치해야 한다. 모든 면적의 청약이 가능한 납입액은 1,500만 원 이상이다.

기타 광역시는 전용 85m² 이하 250만 원, 전용 102m² 이하 400만 원, 전용면적 135m² 이하 700만 원을 최소 예치해야 1순위 청약이 가능하다. 그 밖의 기타 시·군 지역은 200만~500만 원 이상이다. 정부의 재정지원이 포함된 국민주택 가입기간은 민영주택과 같다. 청약부금은 전용면적 85m² 이하 민영주택만 청약이 가능하다.

그렇다면 무순위청약은
도대체 무엇인가?

Q. 2주택자인데 무순위청약이 가능한가요?

A. 네, 가능합니다. 무순위청약은 1주택자는 물론 2주택자 이상 다주택자도 과거 재당첨 여부와 상관없이 신청할 수 있습니다.

2020년 2월 경기도 수원시 재개발아파트인 '힐스테이트 푸르지오 수원'의 무순위청약을 진행한 결과, 42가구 모집에 6만 7,965명이 몰렸다. 이 같은 청약인원은 6만여 명에 달하는 경기도 과천시 전체 인구보다도 많은 수준이다. 평균 경쟁률은 무려 1,618대 1이었다. 한때 청약 사이트가 먹통이 되어 마감을 연장할 정도로 많은 청약통장이 몰렸다. 이는 문재인 정부 들어 가장 강력한 규제로 꼽히는 12·16부동산대책이 두 달 전 나온 영향 때문이라는 분석이 나온다.

부동산시장 참여자들이 각종 규제가 집중된 서울을 벗어나 수도권 비규제지역 분양아파트에 몰리는 현상이 짙어지고 있다. 특히 특별한 자격 제한 없이 누구나 청약할 수 있는 미계약 물량에 '줍줍(줍고 또 줍는다의 줄임말)' 현상이 갈수록 강해지고 있다.

이처럼 무순위청약은 일반분양 당첨자 계약 이후에 계약 포기자나 청약당첨 부적격자로 주인을 찾지 못한 가구에 대해 청약을 받는 제도다. 청약통장이나 재당첨 여부와 관계없이 19세 이상이면 누구나 신청할 수 있다.

심지어 1주택자는 물론 다주택자도 청약신청이 가능한 데다 당첨 후 포기에 대한 페널티도 없어 '밑져야 본전'이라는 생각으로 참여하는 경우가 많다. 당첨자 이력기록이 남지 않아 추후 1순위 청약을 넣는데도 제약이 없는 것도 장점이다. 단, 투기·청약과열 지역에서는 해당 주택건설 지역 또는 해당 광역권(서울의 경우 수도권)의 거주자여야 한다.

부동산규제가 강할수록
무순위청약의 인기가 높아져

무순위청약을 진행하려면 청약순위 내에서 수요자들의 선택을 받지 못해 물량이 남아 있는 경우에 가능하다. 또한 1순위에서 모집 가구수를 모두 채웠지만, 대출 문제나 까다로워진 청약자격 등으로 미계약 물량이 발생하는 경우도 적지 않다.

앞으로 무순위청약은 더욱 늘어날 가능성이 높다. 문재인 정부 들어 분양가규제가 대폭 강화되면서 현재 일반적인 선분양보다는 어느 정도 건물을 올린 후 청약을 받는 후분양을 선택하는 재건축·재개발 아파트가 많아질 수 있기 때문이다.

후분양은 준공이 임박한 상황에서 청약을 받기 때문에 당첨자가 자금 마련이 상대적으로 어려워 계약을 포기하는 경우가 발생할 가능성이 있다. 문재인 정부가 청약시장에서 무주택자에 대한 당첨 기회를 높였지만 고강도 대출규제와 비싼 분양가로 정작 무주택 실수요자들에게 '그림의 떡'인 상황이 계속되고 있다는 지적도 나온다.

정부는 2018년 12월 '주택공급에 관한 규칙개정안'을 내놓으며 청약시장에서 무주택 실수요자의 당첨 확률을 높다. 하지만 중도금대출이 불가하거나 청약자격 박탈 등의 부적격자가 생겨 당첨자가 계약을 할 수 없는 경우도 많아지고 있다.

신축 아파트 선호 현상이 지속되는 상황에서 계약 포기 물량이 늘면 결국 다주택자나 현금 부자들이 줍줍하는 현상이 더욱 강해질 가능성도 있다. 부동산규제가 갈수록 강화되면서 서울 등 주택시장에 공급감소 시그널을 줄기차게 보낼 경우 무순위청약 쏠림 현상은 더욱 강해질 것으로 보인다.

신혼부부 특별공급을
잘 노려라

Q. 결혼한 지 5년 된 맞벌이 부부로 자녀 한 명을 두고 있습니다. 민간아파트 신혼부부 특별공급을 신청할 수 있는 소득요건이 있나요?

A. 결혼한 지 7년 이내, 일정소득 기준을 갖추면 신혼부부 특별공급이 가능합니다. 민영주택은 직전연도 도시근로자 가구당 월평균 소득의 120%(맞벌이 부부 130%) 이하면 신청이 가능합니다. 공공주택은 직전연도 도시근로자 가구당 월평균 소득의 100%(맞벌이 부부 120%) 이하면 신청이 가능합니다.

신혼부부 특별공급제도는 무주택자인 신혼부부를 대상으로 일생에 단 한 번만 당첨을 허용하는 우대정책이다. 다만 혼인기간과 소득기준, 대상 주택의 면적과 금액 등의 기준을 충족해야 하는 데다 최근 제도 개정으로 조건이 더욱 까다로워졌다. 그러므로 반드시 사전에 본인이 해당 조건을 충족하는지를 따져봐야 한다.

신혼부부 특별공급제도는 결혼한 지 7년 이내이며, 소득은 민영주택 기준으로 전년도 도시근로자 월평균소득의 120%(맞벌이 130%) 이하를 충족해야 한다. 공공주택은 전년도 도시근로자 가구당 월평균소득의 100% 이하(맞벌이 부부 120%)이다.

2019년 기준 도시근로자 월평균소득 기준으로는 3인 이하 가족의 경우 월평균소득은 555만 원(맞벌이 120~130%의 경우 666만~722만 원) 이하다. 이를 적용하면 자녀를 한 명 둔 외벌이 가정의 합산 월 소득이 600만 원이면 민영주택 신혼부부 특별공급 혜택을 받을 수 없다.

다만 입주자모집 공고일 현재 무직이지만 전년도 소득이 있는 경우 소득산정에 포함해야 한다. 즉 부부 중 한 명이 전년도에 퇴직한 경우에도 맞벌이로 신청해야 한다. 이럴 경우 전년도 1월 1일부터 입주자모집 공고일까지 발생한 소득을 동 기간으로 나눠 월평균소득을 산정하면 된다.

아울러 신혼부부 특별공급 대상 주택도 전용면적이 85m² 이하(분양주택 및 임대주택)여야 한다. 청약통장도 주택별 청약이 가능한 청약통장에 가입한 지 6개월이 경과해야 한다. 예를 들어 주택청약종합저축을 가입했다면 6개월이 지나고 월 납입금을 6회 이상 내야 한다.

과거에 주택을 소유했던 무주택자는
신혼부부 특별공급에서 제외

신혼부부 특별공급제도를 이용하려면 세대주 및 세대원 전원이 무주택자여야 한다. 더욱이 국토교통부는 2019년 9·13부동산대책의 후속조치로 '주택공급에 관한 규칙개정안'을 내놓으면서 자격을 더욱 강화했다. 신혼기간에 주택을 소유한 사실이 있으면 신혼부부 특별 공급 대상에서 제외하기로 한 것이다.

기존에는 입주자 모집공고일 현재 무주택세대구성원이면 특별공급 자격을 얻을 수 있었지만 이제는 혼인신고일 이후 주택을 소유한 적이 있으면 입주자모집 공고일 현재 무주택가구 구성원이라도 특별공급 자격을 주지 않게 제도가 강화된 것이다. 투기를 원천 차단하고 실수요자 위주의 제도개편이 취지였다. 하지만 당시 집을 팔아 청약 자격을 잃게 된 신혼부부들의 민원이 빗발치기도 했다.

물론 제도 변경으로 집을 소유한 적 없는 신혼부부나 무주택 청약자들은 당첨 확률이 더 높아질 수 있다. 정부는 2018년 5월 주택 공급에 관한 규칙개정을 통해 신혼부부 특별공급비율을 2배(민영주택공급 물량 10% → 20%, 국민주택 15% → 30%)로 확대하기로 했다.

신혼부부 특별공급도 최대한 높은 가점을 받아야 당첨이 가능하다. 도시근로자 월평균 소득이 세대구성원 수에 맞춰진 기준 100%보다 낮은 80% 이하가 되어야 가점 1점을 받을 수 있다. 세대구성인원, 해당지역 거주 및 혼인기간 등에 따라 0점에서 최고 3점의 가점을 받을 수 있다. 본인이 어느 구간에 해당하는지 잘 따져봐야 한다.

다만 서울과 같이 투기과열지구로 지정된 곳에서는 9억 원이 넘는 주택은 특별공급 대상에서 제외하기로 했다. 특별공급이 무주택자인 '금수저들의 잔치판'으로 왜곡되었다는 지적이 제기되었기 때문이다.

신혼부부 특별공급을 신청하기 위해서는 가족관계·혼인관계 증명서, 등본, 초본, 건강보험증 사본, 청약통장가입 확인서, 임신진단서(임신부일 경우) 등이 필요하다. 따라서 미리 준비하는 편이 좋다.

전매기한이란 건
도대체 어떤 것인가?

Q. 서울에서 민간아파트 청약에 당첨되면 분양권을 언제 팔 수 있나요?

A. 분양가상한제 적용지역이면 최대 10년간 전매가 제한됩니다. 단, 분양가가 인근 시세의 80% 미만일 경우입니다. 분양가가 인근시세의 80~100%이면 8년, 100% 이상이면 5년간 전매가 제한됩니다.

"2년 전(2018년)에 운좋게 청약에 당첨되어 서울 분양권을 보유하고 있습니다. 사업 때문에 급하게 현금이 필요한 상황인데 프리미엄을 받지 않고서라도 분양권을 팔 수 있을까요?"

결론적으로 불가능하다. 질문자의 안타까운 상황은 이해하지만 서울 등 규제지역에서 준공 이전에 분양권을 사고파는 행위는 엄격히 금지되어 있다. 이는 과거 주택시장 활황기에 수차례 분양권전매로 차익을 챙기는 경우가 적지 않았기 때문에 규제로 묶어버린 것이다.

물론 문재인 정부에서는 분양권전매도 엄격히 제한되는 데다 청약통장을 사용해 당첨이 되면 길게는 최대 10년 간 1순위 청약을 넣을 수조차 없다. 이렇기 때문에 서울 등 규제지역에서 전매제한기간과 본인의 재무상황 등을 잘 따져보고 새 아파트를 분양받거나 조합원으로서 입주권을 가지고 있어야 한다.

전매轉賣·산 물건을 되파는 것제한은 주택 입주자로 선정된 지위 또는 주택에 대해 상승 이외에 매매·증여 등 권리변동을 수반하는 일체의 행위를 금지하는 것이다. 청약을 통해 일반분양을 받은 수분양자가 보유한 분양권이나 조합원이 관리처분계획 등을 거쳐 입주자로 선정된 입주권을 모두 포함한다. 쉽게 말해 새 아파트 입주자를 모집해 최초로 주택공급계약 체결(계약금 납부)이 가능한 날부터 주택의 소유권 이전등기를 완료할 때까지 분양권을 파는 행위가 원천적으로 차단되는 것이다.

분양권전매제한 조치는 2016년부터 본격적으로 강화되었다. 부동산 관련 규제를 대거 풀었던 박근혜 정부는 결국 가계부채가 폭증하자 11·3부동산대책을 통해 강남 4구(서초·강남·송파·강동구)와 경기 과천·성남의 아파트 분양권거래를 소유권이전 등기가 완료될 때까지 금지했다. 최초 분양 계약자가 아파트 준공 후 소유권을 가져올 때까지 분양권을 팔 수 없도록 한 것이다. 나머지 서울 21개 자치구는 기존 1년에서 1년 6개월로 전매제한 기간이 늘었다.

이후 문재인 정부 들어서는 규제지역(투기과열지구·조정대상지역)은 모두 소유권이전 등기일까지 분양권전매가 금지될 정도로 규제가 대폭 강화되었다. 비조정대상 지역의 전매제한 기간은 계약 후 6개월이다. 서울은 문재인 정부 들어 2017년 6·19부동산대책에 따라 기존 강남4구(서초·강남·송파·강동구) 외에도 나머지 21개구에도 분양권전 매제한기간이 소유권이전 등기 시까지 강화되었다.

분양가상한제 적용지역은
최대 10년 전매제한

분양가상한제를 적용받는 수도권 공공택지의 경우 전매제한 기간 이 훨씬 길다. 2018년 9·13부동산대책을 통해 분양가격이 인근지역 주택시세의 70% 미만일 경우 8년, 인근 시세의 70% 이상 85% 미만 일 경우 6년, 인근 시세의 85% 이상 100% 미만일 경우 4년, 인근 주 택 매매시세의 100% 이상시 3년으로 제한된다.

이 규제도 2019년 8월 12일 국토교통부가 민간택지 분양가상한제 확대 방안을 내놓으면서 최소 5년에서 최대 10년으로 더욱 강화되 었다.

서울의 경우 집값 상승을 선도하는 강남4구·마포·용산·성동구 등 13개 자치구 전 지역과 정비사업 이슈가 있는 5개구(강서·노원·동대 문·성북·은평) 37개동이 상한제 적용지역이라 최대 10년간 전매가 제 한된다.

다만 극히 예외적으로 민간택지 등에서 분양하는 주택도 분양권 전매가 가능한 경우도 있어 이를 꼼꼼히 따져볼 필요가 있다. 먼저 근무지 이동이나 질병 치료, 취학, 결혼 등으로 인해 세대주를 포함 해 세대원 전원이 다른 시·도 등으로 이전하는 경우 전매가 허용될 수 있다. 다만 서울, 경기, 인천 등 수도권 이전은 불가능하다.

이외에도 상속한 주택으로 세대원 전원이 이전하거나 해외로 이주하거나 2년 이상 기간 동안 체류하는 경우도 가능하다. 이혼으로 배우자에게 주택을 이전하거나 배우자에게 일부를 증여하는 경우도 가능하다.

또한 공익사업 시행에 따라 주거용 건축물을 제공한 자가 사업시행자로부터 이주대책용 주택을 공급받은 경우 전매제한 예외 사유에 해당한다.

2019년 12·16부동산대책에 따르면 불법전매가 적발되면 주택유형에 관계없이 10년간 청약이 금지된다.

알쏭달쏭 분양가상한제,
도대체 무엇인가?

Q. 후분양 단지도 분양가상한제를 적용하나요?

A. 그렇습니다. 현재 분양시장에서 일반적인 선분양은 물론 주택이 어느 정도 준공된 이후 청약 신청을 받는 후분양도 분양가상한제 적용을 받습니다.

문재인 정부 들어 부동산시장에서 가장 많이 거론된 용어 중 하나가 '로또분양'이다. 주변 시세보다 저렴한 아파트가 공급되자 시세차익을 노리고 실수요자는 물론 투자자들이 분양시장에 대거 뛰어드는 현상을 일컫는 말이다. 정부는 분양가를 낮추기 위한 규제를 지속적으로 쏟아냈다. 특히 과거에는 공공택지에만 적용하던 분양가상한제를 민간택지로 확대했다.

2020년 2월 말 현재 서울 13개구(강남·서초·송파·강동·영등포·마포·성동·동작·양천·용산·서대문·중구·광진구) 전체 지역과 정비사업 이슈가 있는 5개구(강서·노원·동대문·성북·은평구) 37개동, 경기 3개시(과천·하남·광명시) 13개동은 분양가 상한제 지역으로 지정되어 있다.

이들 지역에서 분양하는 민간분양단지는 선분양, 후분양과 관계없이 상한제를 적용해 강력한 분양가격 통제를 받는다. 이들 지역은 2020년 4월 29일 입주자 모집공고를 하는 단지부터 분양가상한제 규제가 적용된다.

그렇다면 분양가상한제는 언제부터 어떤 이유로 시작되었을까? 그동안 분양가상한제는 정권이 바뀔 때마다 집값을 잡기 위한 수단으로 사용되었다. 이 제도는 주택(아파트)을 분양할 때 택지비(땅값)와 정부가 정한 건축비(기본형 건축비+건축비 가산)에 건설업체의 적정 이윤을 보태 분양가를 산정한다. 이렇게 정해진 분양가 이하로 가격을 정하도록 하고 있다.

한마디로 분양가를 땅값과 건축비 이하로 억제하는 제도다. 민간택지의 경우에 택지비는 감정평가액과 가산비를 더한 금액으로 산정하며, 건축비는 기본형 건축비에 가산비를 더한 금액으로 정한다.

과거 1989년 현 분양가상한제와 비슷한 제도인 분양원가연동제가 처음 실시되었다. 다만 이후 1990년대 말 외환위기로 주택경기가 침체되자 1999년 분양가 전면 자율화가 실시되었다. 2000년대 들어서는 부동산경기가 과열되자 집값 안정을 위해 다시 공동주택의 분양가격을 규제하게 되었다. 결국 참여정부 시절인 2007년 주택법을 개정해 분양가상한제를 전면 적용했다.

다만 민간택지에 대한 분양가상한제는 2015년 4월 기준이 강화된 이후 적용사례가 없어 사실상 폐지된 상황이었다.

후분양 단지도
예외 없이 분양가상한제 적용

문재인 정부 들어 지난 2017년 8·2부동산대책의 후속조치로 민간택지에 대한 분양가를 적용할 계획이었지만 실제 적용은 보류하기로 했다. 당시 연이은 대책으로 주택시장이 다소 안정된 데다 분양가상한제 적용으로 민간택지에도 로또청약이 더욱 몰릴 수 있다는 부담이 복합적으로 작용한 것으로 해석된다.

다만 분양가 상승률이 높고 그 여파가 주변 아파트 가격을 끌어올린다는 우려가 높아지자 결국 분양가상한제 카드를 꺼냈다.

분양가상한제를 적용한 가장 큰 기준은 '주택시장 상승기에 집값을 선도했는지' 여부다. 또한 고분양가 책정 움직임이 있는 사업장이 있거나 굵직한 재건축·재개발 단지가 있다면 대상 지역에 포함되었

분양가상한제 적용지역

구분		지정	
집값 상승 선도지역	서울	강남, 서초, 송파, 강동, 영등포, 마포, 성동, 동작, 양천, 용산, 중구, 광진, 서대문	
	경기	광명 (4개동)	광명, 소하, 철산, 하안
		하남 (4개동)	창우, 신장, 덕풍, 풍산
		과천 (5개동)	별양, 부림, 원문, 주암, 중앙
정비 사업 등 이슈지역	서울	강서 (5개동)	방화, 공항, 마곡, 등촌, 화곡
		노원 (4개동)	상계, 월계, 중계, 하계
		동대문 (8개동)	이문, 휘경, 제기, 용두, 청량리, 답십리, 회기, 전농
		성북 (13개동)	성북, 정릉, 장위, 돈암, 길음, 동소문동2·3가, 보문동1가, 안암동3가, 동선동4가, 삼선동1·2·3가
		은평 (7개동)	불광, 갈현, 수색, 신사, 증산, 대조, 역촌

출처 : 국토교통부

다. 주택도시보증공사HUG의 분양가 심사를 피해 선분양에서 후분양을 노리는 단지들도 분양가상한제를 예외 없이 적용받게 된다.

분양가상한제에서 중요한 기본형 건축비는 정부가 매해 3월 1일과 9월 15일, 이렇게 1년에 2차례 물가변동률과 공사비 증감 요인 등을 반영해 조정·고시한다. 여기에 땅값인 택지비(감정평가액+가산비)를 더한 값 이하로 분양가를 제한하게 된다.

분양가상한제로 분양가가 낮아지면 로또청약 열풍이 나타날 수 있어 전매제한도 대폭 강화했다. 분양가가 인근 시세의 100% 이상이면 5년, 80~100%이면 8년, 80% 이하면 10년 동안 전매가 제한된다. 여기에 2~3년 실거주도 의무화된다.

계약금은 마련했는데
중도금과 잔금은 언제 내나?

Q. 서울에서 분양가 8억 원 아파트의 청약당첨에 성공하면 중도금대출이 얼마나 가능한가요?

A. 서울 등 투기과열지구에서는 주택담보인정비율(LTV)이 40%라 전체 분양 금액의 40%에 해당하는 3억 2천만 원이 중도금대출로 가능합니다. 다만 분양가가 9억 원을 초과하면 중도금 집단대출 자체가 아예 불가능합니다.

"모아둔 돈이 있어야 청약을 하죠. 운이 좋아서 당첨된다고 해도 한 번에 목돈을 마련할 자신이 없어요."

내집 마련을 계획 중인 분들에게 분양하는 새 아파트의 청약을 권하면 이런 대답이 돌아오는 경우가 적지 않다. 무주택 실수요자에게 청약의 문이 넓어졌다고는 하지만 여전히 새 아파트는 '그림의 떡'인 경우가 적지 않다. 바로 대출규제 때문이다. 이런 때일수록 무주택자는 먼저 자신이 분양받고자 하는 아파트의 분양가와 해당 금액별 계약금과 중도금 납부기한에 따른 자금계획, 본인의 대출한도 등을 꼼꼼히 따져봐야 한다.

아파트 분양은 계약 후 입주까지 통상 3년 정도 소요된다. 이 기간 중 계약금과 중도금, 잔금을 모두 치러야 한다. 보통 계약금은 분양가의 10%, 중도금은 60%, 잔금은 30% 비중으로 구성된다. 다만 이런 비율은 법적으로 정해진 것이 아니다. 요즘 인기 단지의 경우 계약금이 15~20%로 오르는 경우도 많다. 분양가 9억 원 초과 아파트는 중도금대출을 한 푼도 받을 수 없다.

계약금은 말 그대로 매매계약의 정당성을 확보하기 위해 첫 지급하는 금액이다. 매매거래를 해지하지 않겠다는 일종의 '책임'의 성격을 지니기 때문에 수분양자가 전매가 되지 않는 기한에 계약해지를 원할 경우 해당 금액을 포기할 수도 있다. 계약금은 은행권 대출이 안 되기 때문에 본인 돈으로 마련해야 하지만 분양가의 10~20% 수준이라 그나마 부담이 덜한 편이다.

9억 초과 아파트는 중도금대출 불가능, 분양금액의 60%는 들고 있어야

분양을 고려할 때 가장 큰 비중을 차지하는 것은 역시 중도금이다. 입주 직전 내는 잔금 전까지 보통 4~6회에 걸쳐 내는 중도금은 전체 분양가의 가장 큰 비중을 차지해 자금 압박이 심하다. 또한 정부의 대출규제와도 직접 연결되어 있다.

앞서 말했듯이 분양가가 9억 원을 초과하면 중도금 집단대출이 이뤄지지 않는다. 이럴 경우 수분양자가 본인의 자금으로 전체 분양가의 40~60%인 중도금을 마련해야 한다.

중도금은 시공사 등이 보증하는 집단대출을 받았다고 하더라도 준공 후 정해진 날짜까지 이를 되갚지 못하면 10% 내외의 높은 연체 이자를 물어야 한다. 중도금은 주로 시공사나 시행사와 연계된 시중 은행에서 취급하므로 계약 전에 어느 은행과 연계되어 있는지, 한도가 얼마인지 꼼꼼히 체크해야 한다.

잔금은 준공 후 이루어지는 마지막 단계의 계약이다. 이 단계가 완료되어야 등기이전 등을 통해 소유권 확보가 가능하다.

새 아파트를 청약할 때는 주의해야 할 부분이 있다. 주택경기 침체 등의 영향으로 만약 공사에 들어간 건설사가 아파트를 짓는 과정에서 부도가 나더라도 계약자들이 보호를 받을 수 있는 분양보증에 가입했는지 여부를 반드시 확인해야 한다. 국내에서는 유일하게 주택도시보증공사HUG가 주택분양보증을 발급할 수 있다.

청약제도 개편으로 무주택 실수요자에게 유리한 환경이 마련되었지만 분양시장 문턱은 여전히 높다. 서울과 세종, 경기도 과천, 성남 분당구 등 투기과열지구는 주택담보인정비율LTV이 40%라 최소한 전체 분양금액의 60%는 현금으로 들고 있어야 한다. 무주택 실수요자는 LTV가 50%로 완화되지만 투기과열지구·투기지역의 경우 집값이 6억 원 이하이거나 부부합산 연소득이 6천만 원 이하여야 한다.

선분양과 후분양,
양날의 검이다

Q. 청약자들의 자금조달 부담이 높아질 수 있는 것은 선분양인가요, 후분양인가요?

A. 후분양입니다. 이 체제에서는 아파트 공사가 어느 정도 완료(공정률 80%)된 이후에 입주자 모집공고를 내기 때문에 청약자들이 청약 후 잔금납부까지 자금을 마련할 수 있는 기간이 짧을 수밖에 없습니다. 공사자금을 시공사들이 직접 조달해야 하기 때문에 중소건설사들이 제도 도입에 소극적이기도 합니다.

보통 민간 건설사가 짓는 아파트를 분양받은 실수요자는 최소 2~3여 년이 걸리는 공사기간 동안 해당 아파트 건설 현장에 이따금씩 찾아가고는 한다. 빈 땅을 파고 아파트 뼈대가 되는 골조공사를 하고, 서서히 외형이 갖춰지는 모습을 지켜보면서 왠지 모를 뿌듯한 감정을 느끼기도 한다. 상상 속의 아파트가 눈앞에서 지어지는 모습을 직접 볼 수 있기 때문이다.

이처럼 우리나라에서는 아직 아파트 공사를 제대로 시작하기도 전에 임시로 내부공간을 구현한 모델하우스만을 보고 구매를 결정하는 선분양체제가 일반적이다. 선분양은 주택이 완공되기 전에 이를 청약을 받아 당첨자를 상대로 분양계약을 맺고 수분양자가 납부한 계약금과 중도금(주택가격의 60%)으로 건설비용을 충당하는 제도를 말한다. 선분양은 국내 경제 성장기에 활발한 주택공급이 이뤄졌던 1970~1980년대부터 시작해 이후 40여 년간 우리나라에서 가장 일반적인 분양방식이다.

비용적인 측면에서 선분양체제는 장점이 많다. 건설사는 착공만 해도 아파트값의 10~20%를 계약금으로 받을 수 있는 데다 공사 중간에 중도금을 받기 때문에 자금부담이 낮다. 이자 한 푼 들이지 않고 사업자금을 2~3년 미리 당겨 받는 구조이기 때문에 건설사 입장에서는 이를 마다할 이유가 없다.

집을 구매하는 소비자 입장에서도 일단 계약금을 내면 중도금 집단대출이 가능한 경우가 많아 잔금을 치러야 하는 2년여 기간 동안 자금 융통에 여유가 생긴다. 또한 분양가가 상대적으로 낮게 책정될 뿐만 아니라 입주 전까지 아파트값이 상승하면 그 이익은 고스란히 소비자 몫이 된다.

그러나 완공 이전에 계약을 진행하는 만큼 하자분쟁 등 부실시공에 대한 위험부담이 도사리고 있다는 점은 약점이다. 특히 부동산시장 과열의 주범으로도 지목된 분양권 투기수요를 촉발시켜 주택시장을 교란시킬 수 있다는 지적도 나온다.

완성품을 보고 결정하는 후분양,
자금조달 등이 관건

이런 선분양의 단점을 보완하기 위해 후분양을 도입하자는 논의도 활발한 편이다. 문재인 정부도 오는 2022년까지 공공주택의 70%를 후분양 공급하기로 목표를 세웠다. 또한 후분양을 하는 민간건설사에게 공공택지를 우선 공급하는 당근책도 마련했다.

건설사들이 자연스럽게 아파트 완성도와 품질을 높이게 되면 이를 보고 소비자들이 실제 집을 살 수 있는 구조로 서서히 바뀌나가겠다는 계획이다. 즉 가격대가 100만 원대인 스마트폰이나 수천만 원대인 자동차의 경우 완성품을 보고 기능과 외관을 꼼꼼히 비교해 구매를 결정하는 것처럼 아파트 역시 완공 이후에 소비자가 선택할 수 있게끔 분양체제를 바꾼다는 것이다.

후분양은 분양권 투기수요를 막고 부실시공을 예방한다는 장점이 있다. 또한 소비자의 계약금이나 중도금 없이 건설사의 자금으로 공사를 시작하는 만큼 부도 파산에 대한 위험성이 선분양에 비해 상대적으로 낮다.

실제 과거 2003년 굿모닝시티의 사례와 같이 미리 분양을 받았던 부동산 개발업체가 도산·파산하면서 예비 입주자가 위험에 노출되는 경우를 사전에 막을 수 있다는 장점이 있다.

다만 그동안 후분양 도입 논의가 꾸준했지만 실행은 더딘 것이 현실이다. 건설경기 하강에 따른 우려 때문이다. 당장 후분양을 도입하면 건설사가 자기자본을 투입하거나 금융권을 통해 공사자금을 빌려야 한다. 이런 상황에서는 건설사들의 금융비용이 늘어나고, 이는 결국 소비자들의 분양가 인상으로 이어질 수 있다.

게다가 신용도가 좋지 못한 건설사들은 자금조달에 부담을 느낄 수밖에 없어 경기 하락 국면에서 중소 건설사들이 줄도산할 수도 있다는 우려도 나온다. 이미 참여정부 시절부터 단계적으로 주택 후분양을 도입하는 방안이 발표되었지만 이후 정권이 3차례나 바뀌는 동안 제대로 정착하지 못한 이유다.

아울러 후분양체제에서는 수분양자 역시 큰 돈을 짧은 기간 내에 한번에 지출해야 하는 만큼 자금 마련이 어려울 수 있다. 집을 지은 후에 분양을 받기 때문에 계약과 잔금 납입 사이의 기간이 짧을 수밖에 없기 때문이다. 이런 점을 보완하기 위해 지난 2018년 국토부는 후분양 활성화를 위해 '공정률 60%' 기준(사업주체 전체 동의 3분의 2)을 제시했다.

다만 다음해에는 후분양 아파트가 잇따라 늘자 골조공사가 완료된 이후(공정률 약 80%)에만 주택도시보증공사HUG의 분양보증 없이 입주자모집공고를 낼 수 있도록 공정률 기준을 바꿨다. 다만 이럴 경우 후분양 아파트 청약 후 잔금납부까지 자금을 마련할 수 있는 기간이 더욱 줄어들 수밖에 없다.

분양원가 공개제도란
도대체 무엇인가?

Q. 분양원가에 포함되는 항목은 몇 가지가 있나요?

A. 총 62개 항목입니다. 문재인 정부 들어 공공택지에 공급하는 공동주택의 공시항목을 기존 택지비, 건축비, 간접비 등 12개 항목에서 흙막이, 도로 포장, 부대시설 공사, 철골, 용접, 도배, 유리공사 등 62개 항목으로 세분화했습니다.

분양원가 공개는 건설사가 아파트를 분양할 때 공사원가에 들어가는 항목을 투명하게 공개하도록 한 제도다. 자본주의 시장경제 체제를 도입한 국가 중에는 우리나라가 유일하게 가장 먼저 도입했다는 점에서 주목할 만하다.

문재인 정부 들어서도 공공택지에 공급하는 공동주택 공시항목인 택지비, 건축비, 간접비, 기타비용 등의 12개 항목을 62개 세부항목으로 쪼개 공개하기로 했다. 예를 들어 택지·공사비 중 기존 토목비로 뭉뚱그렸던 것이 흙막이, 옹벽, 도로포장, 조경, 부대시설 공사 등 13개 항목으로 대폭 늘어났다. 또한 건축비의 경우 가시설물, 철골, 용접, 미장, 단열, 도배, 도장, 유리공사 등 23개 항목으로 나뉜다. 또 기계설비나 간접비 등도 세부항목이 대거 늘어난다.

분양원가 공개항목 제도는 정권에 따라 주택시장 안정을 위한 수단으로 이용한 경우가 많았다. 실제 2007년 노무현 정부 당시 주택법이 개정되면서 같은 해 9월부터 2012년 3월까지 5년여 동안 공공아파트 61개 항목과 민간아파트 7개 항목의 원가가 첫 공개되었다.

이후 민간 아파트의 공급 물량이 줄고 집값 과열이 지속되는 등 부작용이 나타나자 2012년 이명박 정부에서는 공공주택 공개항목을 현재 기준인 12개로 축소했다. 2014년 박근혜 정부 들어서는 민간아파트 부문을 원가 공개항목에서 아예 제외했다.

다만 분양원가 공개항목 확대가 집값 안정에 기여할지는 의견이 팽팽하다. 실제 2007년 분양원가를 첫 공개했으나 규제 도입 후 2007년 3.3㎡당 평균 분양가는 992만 원, 2008년에는 1,085만 원을 기록했다. 오히려 제도 도입 이전(2006년 3.3㎡당 801만 원)에 비해 분양가가 훨씬 더 크게 오른 것이다. 특히 서울의 경우 3.3㎡당 분양가는 2007년 1,789만 원에서 분양원가 공개 직후인 2008년 2,167만 원으로 급등하기도 했다.

또한 분양원가 공개로 조합원만 수억 원의 시세차익을 거둔 비정상적인 사례가 나오기도 했다. 과거 2007년 당시 송파구 장지택지지구 10·11단지와 강서구 발산택지지구 2단지는 처음으로 58개 항목에 이르는 세부 분양원가와 분양가를 공개했다. 당시 장지10단지 분양가는 3.3m²당 780만 원 수준으로 인근 집값 시세(1,800~2,400만 원)를 고려하면 절반 수준에도 미치지 못했다. 발산택지지구도 마찬가지였다. 결국 장지·발산택지지구 분양은 기준 소유주였던 원주민에게 모두 특별공급되고 일반분양분이 없어 조합원만 수억 원의 시세차익을 챙길 수 있게 되었다.

대다수 건설사들이 "분양원가 공개에 따른 분양가가 인하되면 아파트 품질이 저하되는 것은 물론 주택공급을 위축시켜 되레 집값 상승을 부추길 수 있다"고 지적하는 이유다. 더욱이 앞으로 분양시장이 들썩이면 공공택지뿐만 아니라 민간택지에도 분양원가 공개제도가 도입될 수 있다는 우려마저 나오고 있다.

다만 시민단체와 지방자치단체, 정부는 건설사들이 공공주택사업에서조차 원가보다 금액을 부풀려 소비자들에게 판매하는 만큼 원가 공개를 더욱 세분화해야 한다는 입장이다. 당장 공공주택을 중심으로 분양원가가 공개되지만, 민간 아파트에도 이를 확대 적용해 거품 분양가를 낮춰야 한다는 것이다.

경제시민단체인 경제정의실천시민연합(경실련)은 문재인 정부 들어 공공택지에서 공급한 '북위례 힐스테이트' 아파트의 분양원가 공개항목을 분석한 결과 3.3m²당 평균 분양가가 1,830만 원으로 적정가보다 554만 원이 비싸다고 주장한 바 있다. 이 아파트는 현 정부 들어 12개이던 분양원가 공개항목이 62개로 나눠 공개된 첫 사례다.

청약가점에 대해 제대로 알아보자

청약당첨 확률을 높이려면 당연히 청약점수가 높아야 한다. 이미 국민의 절반 (2020년 2월 기준 2,576만 9,354개)이 청약통장(주택청약종합저축, 청약 예금·부금, 청약 저축)을 가지고 있다. 이 때문에 인기가 많을 것으로 예상되는 분양 아파트에 당첨 되려면 추첨제가 아닌 이상 개개인의 청약가점을 따질 수밖에 없다. 더욱이 최근 무주택 실수요자 위주로 청약제도가 개편돼 본인의 청약점수가 얼마나 되는지 계 산해보면 당첨 가능성을 어느 정도 가늠해 볼 수 있다.

청약가점제는 크게 무주택기간(32점), 부양가족(35점), 청약통장 가입기간(17점)을 최고 기준으로 총 84점을 만점으로 계산한다. 1순위 청약자 내에서 경쟁이 있으 면 위 3가지 조건을 기준으로 가산점수가 높은 순으로 주택분양 당첨자를 선정한다. 그럼 가점제 계산은 어떻게 할까? 먼저 무주택기간은 청약자 및 배우자를 기준으 로 한다. 만 30세부터 계산을 하고, 1년에 2점씩 무주택기간이 15년 이상이 될 때 부터 32점 만점을 받을 수 있다. 만약 만 30세 이전에 혼인을 한 경우에는 혼인 신고가 등재된 날부터 기간을 계산하면 된다.

예를 들어 주택을 소유한 적이 없는 청약자가 만 34세라면 무주택기간 점수는 10점이다. 만 26세에 결혼한 청약자가 현재 만 34세가 될 때까지 부부가 주택을 소유하지 않았다면 무주택기간 점수는 18점을 부여받게 된다. 이때 배우자의 연 령은 무관하다.

부양가족 점수는 사람수 한 명당 5점씩 점수를 매긴다. 부부가 있다면 10점, 자녀 가 한 명씩 생길 때마다 5점씩 가산된다. 청약통장 가입기간은 간단하다. 처음 청 약통장 가입 후 6개월까지 1점이며, 6개월부터 1년까지는 2점, 그 후로는 매년 1점 씩 더하는 방식이다.

1주택자도 1순위 청약을 넣을 수 있다. 다만 가점제 하에서는 1주택 이상 주택 소 유자는 인기 분양단지에서 사실상 당첨 가능성이 거의 없다. 지난 2018년 말 청 약제도 개편으로 서울 전 지역을 포함해 경기도, 지방 일부 지역 등 투기과열지구 나 청약과열지역에서는 무주택자에게 75% 이상의 물량을 우선 공급하기로 했기 때문이다.

1주택 이상 보유자는 무주택기간이 0점으로 처리되어 규제지역 내에서 가점제 물량 당첨은 사실상 어려워졌다.

현재 수도권 공공주택지구와 투기과열지구의 경우 전용 85㎡ 이하 아파트는 100% 가점제를 적용한다. 전용 85㎡ 초과 아파트는 무주택자 중 가점제로 당첨자 절반을 채운다. 물론 무주택자가 가점제 하에서 탈락하더라도 남은 물량의 75%(전체 37.5%)를 우선 추첨으로 공급한다. 이후 남은 물량의 25%(전체 12.5%)를 무주택자와 1주택자가 섞여서 추첨을 받게 된다. 사실상 중소형 아파트가 아니더라도 대부분 물량이 무주택자에게 우선 배정되기 때문에 청약가점이 낮으면 새 아파트에 당첨되기가 쉽지 않은 구조다.

부동산에서 세금은 피할 수 없는 관문이다. 세금 공부는 부동산의 입지나 수요분석만큼 중요하다. 특히 양도소득세는 부동산 세금 중에서도 세율이 높은 편이고 덩치가 커서 매매를 할 때 결정적인 요소로 작용한다. 특히 1주택자는 양도세 비과세 혜택을 받을 수 있지만 다주택자는 양도세를 줄이는 방법을 찾아야 한다. 어떤 순서로 언제 파느냐에 따라 양도세액은 달라진다.

5장

부동산 세금,
공부한 만큼
아낀다

취득세,
그것이 궁금하다

Q. 부동산을 취득했을 때 내는 세금은 비싼가요? 취득세를 줄일 수 있는 방법이 있을까요?

A. 부동산은 등기를 통해 자신의 소유권을 공식화할 수 있는데, 이때 취득세를 내야만 합니다. 취득세는 부동산거래가액이나 자산의 평가가치에 따라 세액이 자동으로 정해지기 때문에 인위적으로 줄일 수 있는 방법은 없습니다.

미국 헌법의 창시자인 벤자민 프랭클린은 "죽음과 세금은 피할 수 없다"고 했다. 특히 부동산에서 세금은 피할 수 없는 관문이다. 세금 공부는 부동산의 입지분석이나 수요분석만큼 중요하다.

부동산을 취득할 때 우리는 취득세를 반드시 내야 한다. 어떤 방식과 이유로 취득하든 마찬가지다. 일반 매매로 샀거나, 다른 부동산과 교환했거나, 상속 또는 증여를 받았거나, 새로 건축했거나 제각기 취득방법은 다르지만 취득세를 내는 건 똑같다. 돈을 주고 샀든, 공짜로 받았든 내 소유로 만들기 위해서는 취득세를 내야 국가로부터 인정받을 수 있다.

취득세 계산이 달라지는 것은 부동산의 종류나 취득방법에 따라서다. 일반적인 매매방식으로 주택을 취득했을 때 거래가액이 6억 원 이하일 때는 1%의 세율을 적용받는다. 6억 원 초과 9억 원 이하일 때는 가액에 비례해 1.01~3%이며 9억 원 초과 주택은 3%다.

주택이 아닌 토지나 건물 등인 경우에는 4%의 취득세율이 부과된다. 농지매매의 경우 기본적으로 3%가 매겨지지만 2년 이상 직접 경작을 하는 자경농민이 취득한 경우에는 1.5%만 내면 된다. 매매가 아니라 농지를 상속받았다면 2.3%의 취득세를 내야 한다. 그밖에 원시취득이나 상속(농지 외)의 경우라면 2.8%, 무상취득(증여)이라면 3.5%를 적용받는다.

취득세는 이 정도지만 정작 세금을 낼 때는 농어촌특별세와 지방교육세를 함께 납부하게 된다. 농어촌특별세와 지방교육세는 요건에 따라 적용세율(0.06~0.4%)이 달라진다. 주택의 경우 국민주택 이하(전용 85m² 이하)는 농어촌특별세 비과세 대상이다. 2년 이상 자경하는 농지 역시 농어촌특별세를 감면받는다.

취득세는 취득일로부터 60일 이내에 해당 시·군·구에 신고·납부해야 한다. 소유권이전등기를 신청할 때 취득세를 납부했다는 영수증을 첨부해야 한다.

셀프 등기를 하면서
취득세도 직접 납부

부동산매매거래 이후 등기 절차를 법무사에 맡기면 취득세 납부까지 대행해주지만 요즘은 직접 등기신청을 하는 사례가 점점 늘고 있다. 매매계약서 사본과 부동산거래계약신고필증을 가지고 관할 구청에 가면 취득세 고지서를 발급해준다. 고지서에 적힌 금액만큼 은행에 납부하면 된다.

구청까지 가지 않고 온라인 납부도 가능하다. 위택스_{Wetax} 사이트나 네이버, 부동산114 등에서도 실거래가, 아파트 면적 등의 정보를 입력하면 취득세액을 계산할 수 있다.

위택스에 매수인의 공인인증서로 로그인을 한 뒤 '신고하기 → 취득세 → 부동산 → 유상취득' 순으로 누르면 거래조회 화면이 뜬다. 부동산거래계약신고필증에 적혀 있는 신고필증일련번호를 입력한 뒤 매수인과 매도인의 인적사항 등을 넣으면 부동산 취득 신고가 완료되고, '취득세 인터넷 납부'를 클릭하면 신용카드나 현금으로 취득세를 낼 수 있다.

신용카드로 내도 포인트 혜택은 없다. 다만 방법은 있다. 신용카드로 무기명 기프트카드를 구입하고, 그 기프트카드로 취득세를 내는 것이다. 기프트카드 결제는 신용카드 실적으로도 인정되고, 포인트나 마일리지도 생긴다. 포인트를 활용해 결제 가능한 카드사도 있다.

한계도 있다. 신용카드의 종류나 결제 가능한 액수에 제한이 있다.

갖고만 있어도 매년 내는
보유세(재산세, 종합부동산세)

Q. 보유세 부담이 커졌다는데 절세 팁은 없나요?

A. 보유하고 있는 자산가치만큼 부과됩니다. 매년 6월 1일을 기준으로 부동산을 소유한 사람에게 부과됩니다. 따라서 매수일이나 매도일을 조절하면 그 해의 보유세를 부담하지 않아도 됩니다.

주택을 보유하고 있다면 해당 건물과 토지에 대한 '재산세'가 부과된다. 일정 기준금액을 넘는 경우에는 '종합부동산세(종부세)'도 과세된다. 재산세에는 지방교육세와 지역자원시설세가 더해 부과되고, 종부세에는 농어촌특별세가 붙는다.

1년 365일 모두 소유하고 있지 않았어도 1년치 재산세와 종부세를 내야 한다. 기준은 매년 6월 1일 소유 현황에 따른다. 6월 1일 현재 주택(부속토지 포함)을 소유한 사람에게 재산세가 부과되며, 주택 공시가격이 6억 원(1가구 1주택자의 경우 9억 원)을 넘는다면 종부세도 매겨진다.

실제 세금을 내야 하는 시기는 재산세는 7월과 9월이다. 그리고 종부세는 12월이다.

과세기준이 되는 금액은 실거래가격이 아니라 주택공시가격이라는 점을 명심해야 한다. 통상적으로 주택공시가격은 유형에 따라 시세의 50~70% 정도로 매겨져 있다. 2020년 기준 표준단독주택의 경우 실제 거래 금액의 54% 정도, 아파트 등 공동주택은 실거래가의 69% 수준에 공시가격이 책정되어 있다.

예를 들어 서울시 성동구 행당동에 위치한 대단지 행당대림e편한세상 아파트 전용 114.94m²형은 2019년 한해 대략 9억~10억 원 선에서 거래되었지만 2019년 1월 1일 기준 공시가격은 6억 원 정도다. 재산세 과세표준은 공시가격에 공정시장가액비율 60%를 적용해 구한다. 따라서 이 면적형 소유자의 재산세 과세표준은 약 3억 6천만 원이 된다. 과세표준 구간별 차등세율이 적용되어 3억 원 초과의 경우 '57만 원+(3억 원 초과금액의 0.4%)'로 계산한다.

'주택이냐, 건축물이냐, 토지냐'에 따라 각각 과세표준 구간과 적용세율이 다른 만큼 사전에 재산세 부담에 대해 꼼꼼히 확인해야 추후 낭패를 막을 수 있다. 특히 정부가 공시가격과 시세 간 괴리 문제를 해소하기 위해 공시가격을 현실화하고 있고, 최근 몇 년 사이에 집값이 많이 오른 서울지역은 공시가격이 빠른 속도로 오르면서 재산세 부담도 덩달아 커졌다.

다주택자 종부세 중과,
공시가격은 뛰고 할인율은 없애고

공시가격 현실화는 재산세만의 문제는 아니다. 공시가격을 기준으로 하는 종부세에도 영향을 준다. 정부는 2018년 9·13대책과 2019년 12·16대책 등을 통해 종부세 세율과 공정시장가액비율을 모두 높였다. 특히 3주택 이상 보유자와 조정대상지역 2주택 보유자에 대해서는 0.1~1.2%포인트를 추가 과세한다. 이는 과세 기준일(6월 1일)을 기준으로 주택 보유 현황에 따라 적용된다.

종부세 세부담 상한도 상향 조정했다. 과거에는 재산세와 종부세의 합이 전년 대비 150%를 넘을 경우 150%까지만 부과했다. 하지만 9·13대책과 여야 합의를 통해 3주택 이상 보유자는 300%, 조정대상지역 2주택자는 200%까지 부과할 수 있도록 바꿨다. 투기 목적이 의심되는 다주택자에 대해 재산세와 종부세 합계를 전년의 최대 3배까지 늘려 부과할 수 있도록 상한 범위를 넓힌 것이다.

종부세의 공정시장가액비율은 2018년까지 80%로 정해져 있었지만 2019년부터 연 5%포인트씩 올려 2022년에는 100%가 된다. 공시가격에서 일정부분 할인해주는 개념인 공정시장가액비율이 100%가 된다는 것은 더 이상 할인 없이 공시가격 자체를 기준으로 과세표준을 구하겠다는 의미다.

재산세는 지방세로서 각 지자체(시·군·구청)가 부과하고, 종부세는 국세로 국세청이 부과한다. 주택에 대한 재산세는 1년치를 절반씩 나눠 7월과 9월에 납부하도록 하고 있다.

종부세는 12월 1일~15일까지가 납부기간이다. 종부세의 경우 납부할 세액이 500만 원을 넘는 경우에는 분납이 가능하다. 500만 원 초과 1천만 원 이하 세액은 납부기간 내에 500만 원을 내고, 500만 원 초과금액은 2개월 안에 내면 된다. 종부세액이 1천만 원을 초과할 때 는 최소 총세액의 50%를 납부기간 내에 납부하고, 나머지 금액을 2개월 안에 내면 된다. 종부세에 따라붙는 농어촌특별세 역시 종 부세 분납비율에 맞춰 분납하면 된다. 농어촌특별세는 종부세액의 20%다.

팔아서 이익이 남으면
납부하는 양도세

Q. 부동산을 팔면 무조건 양도소득세가 부과되는 건가요?

A. 양도소득이 발생하면 그 소득의 규모에 따라 양도소득세가 부과됩니다. 차익이 남지 않았다면 걱정하지 않아도 되는 세금입니다. 취득 및 보유 과정에서 발생했던 비용들을 인정해주기 때문에 관련 영수증을 꼼꼼하게 챙겨두기 바랍니다.

취득세는 부동산 종류와 매입가격을 기준으로 정해진 세율에 따라 내는 세금이다. 그래서 계산이 쉬운 편이다.

종합부동산세(종부세)는 부동산 자산이 많은 사람들에게만 부과되기 때문에 일반 서민들은 신경 쓰지 않아도 되는 세금이다. 지난 2019년 기준 종부세 납부 대상인원은 주택과 토지를 합쳐 전국 59만 5천 명 정도다. 대한민국 전체 인구(약 5,200만 명)의 1.1%에 해당하는 수치다.

재산세는 국토교통부와 지방자치단체가 정하는 공시가격에 따라 정해진다. 재산세는 부동산 관련 세금 중 상대적으로 액수가 크지 않은 편이다.

그러나 양도소득세(양도세)는 앞서 열거한 부동산 관련 세금들과는 차원이 다르다. 부동산을 사고파는 과정에서 발생한 양도차익에 대해 부과하는 세금이며 기본세율이 6~42%다. 부동산 관련 어떤 세금보다 세율이 높다.

수도권을 중심으로 집값이 큰 폭으로 오르면서 양도세에 대한 관심도 예전보다 커졌다. 부동산을 사고파는 의사결정을 하는 데 있어 중대한 영향을 미치는 요소로 작용한다.

그렇다면 어떤 부동산을 팔았을 때 양도세를 낼까? 토지, 건물은 물론이고 아파트 당첨권, 재건축·재개발 입주권 같이 부동산을 취득할 수 있는 권리나 지상권·전세권·등기된 부동산임차권 등을 양도하는 경우에도 차익이 발생한다면 양도세가 부과된다.

반드시 돈을 받고 파는 경우가 아니어도 세법상 양도로 간주되는 경우도 있다. 쌍방이 각자의 자산을 서로 교환하는 경우, 증여를 받는 사람이 재산을 무상으로 받으면서 증여하는 사람의 채무(대출 등)를 부담하거나 인수하는 경우, 채무보증을 위해 담보로 제공한 자산이 경락되어 타인에게 소유권이 이전되는 경우 등도 양도차익을 계산해 이익이 발생했다면 그에 대한 양도세를 내야 한다.

이익에 대해 내는
세금이 양도세

양도차익은 말 그대로 사고 판 금액의 차이로 인해 생긴 이익을 말한다. 예를 들어 4억 원을 주고 산 아파트를 5억 원에 팔았다면 1억원의 양도차익이 발생한다. 과세당국은 여기에서 필요경비를 빼준다.

집의 내용연수를 연장시키거나 재산상 가치를 증가시키기 위해 지출한 수선비를 말한다. 현금영수증, 신용카드영수증, 세금계산서 등 법정 증빙 서류가 있어야만 인정된다.

양도시 중개수수료(중개보수)도 필요경비에 포함된다. 취득 당시 냈던 중개보수는 취득세와 함께 취득가액에 더해지는 만큼 꼭 기입해 양도차익을 줄여야 한다.

보유기간이 3년을 넘었다면 장기보유특별공제를 받을 수 있다. 이는 부동산 가격의 상승이 아니어도 같은 기간 물가상승률 정도로 오른 부분에 대해서는 과세하지 않겠다는 취지로 세금을 깎아주는 제도다.

만약 오래전에 취득한 부동산의 취득가액을 모른다면 양도차익을 어떻게 구할까? 방법이 있다. 취득 당시 실거래가격에 대한 기록이 없어도 당시 공시가격이 얼마인지는 확인할 수 있다. 그렇다면 양도 시점의 공시가격 대비 취득 당시 공시가격 비율을 양도시 실제 거래가액에 반영함으로써 취득 당시 거래가액을 환산해낼 수 있다. 필요경비 또한 취득 당시 공시가격의 3%를 인정해준다. 이런 과정을 통해 취득가액을 몰라도 양도세액 계산이 가능하다.

양도세 납부는 양도일이 속하는 달의 말일부터 2개월 안에 내면 된다. 예를 들어 잔금을 3월 14일에 받았다면 3월 31일로부터 2개월 뒤인 5월 31일까지가 양도세 납부 기한이다. 부담부증여의 경우에는 증여일이 속하는 달의 말일부터 3개월 내에 납부하면 된다.

만약 양도소득세를 신고하지 않을 경우에는 가산세를 물어야 한다. 무신고가산세는 납부세액의 20%가 붙는다. 이중계약서를 작성해 양도차익을 줄인 사실이 나중에 드러나거나 양도소득을 조작 또는 은폐하는 등 부당한 방법으로 양도세를 회피했다면 부당 무신고가산세가 적용되어 납부세액의 40%가 할증된다.

단순한 계산착오 등으로 과소신고한 경우는 과소신고 납부세액의 10%가 가산된다. 하지만 고의로 과소신고했다면 괘씸죄가 적용되어 역시 40%가 더 부과된다.

양도세 신고는 했는데 납부기한 내에 완납하지 못한 경우에도 가산세가 붙는다. 납부불성실가산세는 납부하지 않은 세액 또는 과소 납부세액에 미납일수만큼 0.03%를 곱한 금액이다. 100일이 미납되었다면 내야 할 세금에 3%가 더 붙는다는 얘기다.

그렇다면 양도세 중과란
무엇인가?

Q. 다주택자는 무조건 양도세를 많이 내야 하나요?

A. 다주택자가 조정대상지역에 위치한 주택을 팔 경우에 양도세율이 중과됩니다. 다시 말해 조정대상지역이 아닌 곳에 위치한 주택을 먼저 팔면 중과를 피하고, 주택 숫자도 줄일 수 있습니다. 중과 예외를 적용받을 수 있는 주택도 있으니 제도를 정확히 알고 대응해야 합니다.

지난 2017년 8·2부동산대책에서 투기지역과 투기과열지구가 6년 만에 부활했고, 각종 규제들이 한꺼번에 적용되었다. 이때 함께 발표된 것이 다주택자에 대한 양도세 중과 및 장기특별보유공제 배제다.

주택(조합원 입주권 포함)을 2채 이상 보유한 사람들 때문에 집값이 올랐다고 보고 이들에 대한 세금 중과를 통해 이익을 환수하겠다는 판단이었다. 양도세 기본세율 6~42%에 2주택자는 10%포인트, 3주택 이상 보유자는 20%포인트를 더 붙여 최고 62%의 양도세를 물린다는 내용이다.

양도소득세의 10%에 해당하는 금액이 지방소득세로 자동 추가되는 것을 감안하면 최대 68.2%인 셈이다. 다주택자 양도세 중과는 조정대상 지역에 위치한 주택을 양도하는 경우에만 적용된다.

2020년 2월 기준 조정대상지역은 서울 25개구 전역과 경기도 성남시, 하남시, 고양시(일부), 광명시, 남양주시(일부), 동탄2신도시, 구리시, 안양 동안구, 광교택지개발지구다. 서울에 집이 1채, 경기도 성남에 1채, 강원도 평창에 1채를 갖고 있는 3주택자 A씨가 평창집을 처분한다면 양도세 중과 적용을 받지 않지만 서울집이나 성남집을 처분한다면 기본세율에 20%포인트가 중과된다.

여기서 중요한 점은 단순히 집을 가지고 있다고 해서 모두 주택수에 산정되는 것만은 아니라는 것이다. A씨도 경우에 따라 양도세 중과를 적용받지 않을 수 있다. 서울집이나 성남집도 양도세 산정과 관련한 주택수에서 제외될 수 있다. 가격이 기준 이하거나 특수한 사정이 있는 경우 예외 적용을 받는다.

① 수도권·광역시·특별자치시(세종시) 외의 지역에 위치해 있으면서 양도 당시 기준시가 3억 원 이하 주택 → 평창집이 여기에 해당될 수 있다. 이 경우에 해당되면 보유 주택수에서도 제외되기 때문에 성남집을 먼저 판다고 해도 2주택자로 보고 10%포인트만 중과된다.

② 상속받은 주택 → 서울집, 성남집, 평창집 모두 적용 가능. 해당 주택을 상속일로부터 5년 내에만 팔면 적용된다.

그밖에도 문화재주택이나 장기사원용 주택, 가정어린이집 등의 경우에도 적용할 수 있으므로 세부조건을 확인할 필요가 있다.

A씨가 3주택자가 아닌 2주택자라면 양도세 중과가 제외되는 경우의 수가 조금 더 있다.

① 결혼하면서 2주택자가 된 경우 5년 내 1채를 팔면 된다. 부모 봉양을 위한 합가로 2주택자가 되었다면 10년 안에 1채를 양도하면 양도세 중과를 받지 않는다.

② 근무상 형편, 취학, 질병요양 등의 사유로 취득한 수도권 밖 주택이나 다른 시·군 소재 주택도 해당된다. 다만 취득 당시 기준시가 3억 원 이하, 취득 후 1년 이상 거주, 직장문제, 학업, 치료 문제가 해소된 후 3년 안에 처분하는 조건이 있다.

A씨가 서울집 1채와 강원 평창집 1채를 갖고 있는 2주택자인 경우 1세대 1주택 양도세 비과세 혜택까지 받을 가능성이 있다. 강원도 평창에 있는 집이 농어촌주택으로 인정받으면 주택수 산정에서 제외되기 때문이다.

농어촌주택이란 수도권지역(서울, 인천, 경기도)이 아닌 곳에 있고 대지 면적이 660㎡ 이내이면서 주택과 토지의 기준시가 합계액이 해당 주택의 취득일 기준 2억 원을 초과하지 않는 주택을 말한다.

반대로 말하면, 앞에서 열거한 경우가 아니라면 2주택 이상 다주택자가 조정대상지역 내 주택을 처분하는 경우 양도세를 추가 부담해야 한다.

다주택자를 겨냥한 양도세 중과,
집값 안정 효과에는 의문

정부가 2017년 8·2대책에서 다주택자 양도세 중과를 발표한 배경을 잘 알아야 한다. 단순히 세수를 늘린다는 목적보다는 앞으로 양도세 부담이 커질 테니 그전에 보유주택을 알아서 처분하라는 뜻이다. 문재인 정부가 부동산정책의 칼날을 다주택자에게 들이댄 것은 갈수록 늘어만 가는 다주택자의 부동산 매수 비중 때문이었다.

2012~2015년만 하더라도 상반기 기준 주택 매수 건수 가운데 다주택자(2주택 이상 보유자)가 차지하는 비중이 8%를 넘지 않았었다. 그러나 2018년부터는 14% 수준으로 껑충 뛰었다. 통계청에 따르면 2018년 기준 전국의 2주택자는 172만 명, 3주택 이상 보유자는 47만 명이다.

무주택자가 아닌 다주택자가 집을 추가로 구매한다는 것은 자산의 빈부 격차가 더 커진다는 측면뿐만 아니라 실수요자들의 주거비 부담이 커질 수 있다는 우려를 낳는다. 그렇기 때문에 정부로서는 신경을 쓸 수밖에 없는 사안이다.

그러나 다주택자 양도세 중과 정책이 '집값 안정'이라는 성과를 내지는 못했다. 정부의 강력한 규제책에도 불구하고 서울 집값은 더 오를 것이라는 막연한 기대감이 부각되었기 때문이다.

실제로 8·2대책 발표 후 서울 집값 상승률(한국감정원 기준)은 9월 한 달만 주춤했을 뿐 이후 2018년 2월까지 5개월 연속 상승폭이 확대되었다. 양도세 중과가 시행된 이후 상승폭이 다소 축소되긴 했지만 잠깐뿐이었다.

2018년 8월부터 다시 과열 조짐이 나타났고, 9월에 절정을 찍었다. 결국 정부는 보유세(종합부동산세)와 대출규제를 강화한 9·13대책(2018년)을 또 내놔야만 했다. 이후에도 12·16대책(2019년), 2·20대책(2020년) 등이 줄줄이 나왔다.

1가구 1주택자는
양도세 비과세를 받는다

Q. 양도세 비과세 혜택을 받기 위해 필요한 조건이 무엇인가요?

A. 실거주용 주택 1채만 보유하고 있다면 비과세 대상이 됩니다. 다른 집으로 갈아타는 상황이라면 일시적으로 2주택자가 되더라도 양도세 비과세 혜택을 받을 수 있습니다. 그리고 2주택자가 집을 팔지 않아도 1주택자가 될 수 있는데, 집 1채를 소유한 부모님과 같이 살고 있는 1주택자의 경우 기본적으로 2주택자가 되지만 세대분리를 통해 각각 1주택자가 될 수 있습니다.

부동산 양도소득세(양도세) 중과를 적용받지 않는 경우가 있는 것처럼 양도세 자체가 부과되지 않는 경우도 있다. 양도세 비과세 대상은 1가구 1주택자다. 가구의 법률적 정의는 '현실적으로 주거 및 생계를 같이 하는 사람의 집단'이다. 세대, 식구 등으로 표현하기도 한다. 가구 구성원이 보유한 주택수가 1채면 1가구 1주택자 양도세 비과세 혜택을 받을 수 있다.

1주택자는 실거주를 위해 주택을 1채 취득한 것으로 인정받기 때문에 이런 혜택이 주어지는 것이다. 실거주 목적을 확인하는 차원에서 최소한의 요건이 있다. 양도가액이 9억 원 이하이고 양도일 기준 2년 이상 보유해야 한다. 다만 정부는 8·2대책을 통해 조정대상지역 내 주택인 경우는 2년 이상 거주해야 하는 요건을 추가했다. 2017년 8월 3일 이후 취득한 주택이라면 2년 보유, 거주 모두 충족해야 한다.

일시적 2주택자는 1주택자로 간주되어 양도세 면제

2주택자도 1주택자로 간주되어 양도세 비과세 혜택을 받을 수 있다. 1주택자가 집을 갈아타기 위해 일시적으로 2주택자가 된 경우다. 집을 하나 갖고 있는 상태에서 새 집을 샀다면 기존 주택을 3년 안에 팔면 된다. 기존 주택을 팔기 전까지 2주택인 상태지만 갈아타기를 위한 불가피한 상황이라고 보고 1주택자와 같은 혜택을 주는 것이다.

다만 2018년 9·13대책과 2019년 12·16대책에서 일시적 2주택자 양도세 비과세 요건이 잇달아 강화되었다. 기존 주택과 신규 취득 주택이 모두 조정대상지역 내 주택이라면 12·16대책 발표 이후 매매계약을 체결한 경우 기존 주택은 1년 내에 팔아야만 양도세가 부과되지 않는다. 중복보유 허용기간이 1년으로 줄어든 것이다.

또한 새로운 집을 사는 시기도 매우 중요하다. 기존 주택을 취득한 지 1년이 지나야만 새로운 집의 구입이 실수요자의 '갈아타기'용으로 인정받을 수 있다. 기존 집의 보유기간은 2년이 넘어야 한다.

문제는 부동산매매가 계획대로 이뤄지지 않는 경우다. 새로운 집을 구입한 뒤 기존 집을 내놨는데 3년이 다 되어가도록 매수자가 나타나지 않으면 낭패다. 내지 않아도 될 양도소득세를 내야 하는 답답한 상황이 생길 수 있다.

이런 상황을 해결해줄 수 있는 방법이 있다. 3년이 지나기 전에 한국자산관리공사(캠코)에 매각을 의뢰하거나 법원에 경매를 신청하면 된다. 그러면 3년이 지나 매각되더라도 일시적 2주택자로 분류되어 양도소득세 비과세 혜택을 받을 수 있다.

반면 1주택자라도 양도가액이 9억 원을 초과하는 경우에는 9억 원을 넘는 부분의 비율을 양도차익에 곱해 과세표준을 구하고 양도세를 부과한다. 예를 들어 7억 원에 취득하고 10억 원에 처분한 아파트라면 양도차익은 3억 원이다. 매도가격 10억 원에서 9억 원 초과분(1억 원)이 차지하는 비율은 10%다. 그럼 양도차익 3억 원의 10%에 해당하는 3천만 원이 과세표준이 된다. 여기에 장기보유특별공제를 적용하면 적게는 24%(보유기간 3~4년), 많게는 80%(보유기간 10년 이상) 감면을 받는다.

정부는 8·2대책에서 다주택자가 조정대상지역 내 주택을 처분하는 경우는 양도세를 중과하는 것은 물론 장기보유특별공제도 적용하지 않기로 한 바 있다. 9·13대책에서는 고가 1주택자의 장기보유특별공제 요건을 강화했다.

당초 거주기간 요건 없이 보유기간에 따라 장기보유특별공제가 최대 80%까지 적용되었는데, 2020년 1월 이후 양도가액 9억 원 초과 주택에는 2년 이상 거주 요건을 충족하는지 여부에 따라 장기보유특별공제를 다르게 적용한다. 2년 이상 거주한 경우는 10년 보유시 최대 80%의 기존 혜택을 그대로 받을 수 있지만 2년 미만 거주 시에는 15년을 보유해야 최대 30%의 장기보유특별공제 혜택을 받게 된다.

1주택자가 처분한 주택의 양도가액이 9억 원을 넘지 않았다면 양도차익이 1천만 원이든 1억 원이든 양도세를 면제받는다.

일시적 2주택의
양도세 비과세 혜택을 잘 챙기자

부모가 1채, 본인이 1채 갖고 있는데 경우에 따라 1세대 1주택자가 되기도 하고 2주택자가 되기도 한다. 세대 단위로 판단하기 때문이다. 부모와 함께 살고 있다면 2주택자가 되지만 세대 분리를 통해 독립적으로 거주한다면 각각을 1주택자로 볼 수 있다.

독립세대의 판단 요건은 사실상 독립적인 생활 여부다. 같은 주택에 거주하더라도 각각 번 돈으로 생활비를 부담하면서 구분된 공간(방)을 사용한다면 독립세대로 인정받을 수 있다.

독립세대가 되는 가장 기본적인 요건은 혼인이다. 그러나 배우자가 없더라도 만 30세 이상이거나 어느 수준(중위소득 40%) 이상의 소득이 있는 사람이면 독립세대를 구성할 수 있다.

1세대 1주택자 양도세 비과세 혜택을 받을 수 있는 상황인지, 혹은 받을 수 있는 방법이 있는지를 잘 챙겨야 한다. 세무사 등 전문가에게 문의해 사전에 확인하는 것이 중요하다.

같은 해에 팔면 이익? 손해?
양도세는 1년 합산이다

Q. 같은 해에 2채 이상 처분하면 양도세가 더 많이 나온다는데 왜 그런가요?

A. 양도소득세는 한 해 동안 발생한 양도소득에 대해 부과되기 때문입니다.
각각의 처분시 발생한 양도차익별로 양도세가 책정되지만 같은 해의 양도
차익이 합산되면서 세율구간이 바뀌는 경우 각각의 양도세 합계보다 최종
양도세가 더 커집니다.

부동산 투자자가 아닌 실수요자여도 양도소득세는 꼭 알아둬야
할 항목이다. 양도소득세는 내야 할 부동산 관련 세금 중 가장 큰 액
수를 차지하는 세금으로 꼽힌다.

양도소득세는 그 이름대로 양도에 따라 발생하는 차익(소득)에 대
한 세금이다. 양도 가격과 구입 가격의 차이만큼 양도차익이 되고,
그 양도차익에 대해 세금을 부과하는 것이다.

양도소득세에 대해 조금 더 알아두어야 할 사항이 있다. 같은 해에

양도한 부동산은 그 차익을 합산해 세금을 계산한다는 것이다. 이는 부동산매매의 시기를 정하는 데 중요한 이정표가 될 수 있다.

예를 들어 처분계획이 있는 특정 부동산의 시세가 구입가격 대비 현재 떨어져 있다면 양도소득세 부담은 없다. 그런데 또 다른 부동산을 처분할 계획이 있고 그 부동산은 구입가격보다 올라있는 상황이라면 두 부동산을 같은 해에 팔아서 양도차익을 합산하는 것이 유리하다. 양도차익을 줄일 수 있는 방법이기 때문이다.

양도소득이 있으면 세금을 부과하지만 양도로 인한 손실이 있을 때는 정부가 그에 대한 보전을 해주지 않는다. 세금을 내지 않을 뿐이다. 그렇지만 앞선 양도소득을 줄여주는 역할을 한다면 세금을 돌려받는 효과를 만든다. 매도자로서는 세금을 합법적으로 줄일 수 있는 몇 안 되는 방법인 셈이다.

예를 들어 홍길동씨가 과거에 4억 원에 구입한 집(A)을 올해 초에 3억 원에 팔았는데, 또 다른 집(B)을 연말에 양도차익 2억 원을 남기고 처분했다면 홍씨는 양도차익 1억 원에 대해서만 양도소득세를 납부하면 된다. 즉 차익을 남긴 2억 원에서 손해본 1억 원을 뺀 금액인 1억 원에 대해서만 양도소득세를 내면 된다. 만약 B의 처분시점이 그 이듬해로 넘어갔다면 B의 양도차익 2억 원 모두 과세대상이 된다. A집을 2018년에 팔고, B집을 2019년에 팔았으면 2018년에는 이익이 없고 손해만 있으니 세금이 0원이지만 2019년에는 양도차익 2억 원에 대한 세금을 내야 한다.

다만 양도차익 합산이 허용되지 않는 경우도 있다. 다른 세율이 적용되는 부동산일 때 그렇다. 대표적인 예로 처분 부동산 중 하나는 양도세율이 중과되는 주택이고, 다른 하나는 중과되지 않는 상가인 경우다.

2주택자여서 다주택자 양도소득세 10%포인트 중과가 적용된 경우 중과세율이 없는 상가 매도시 기본세율과 차이가 발생하게 된다. 이 경우 합산대상이 아니다. 물론 다주택자가 아니어서 일반세율이 적용된다면 합산과세가 가능하다.

드물지만 다주택자 양도세 중과로 인해 양도차익 합산이 안 되면서 오히려 세부담이 줄어드는 경우가 발생할 수 있다. 만약 중과를 하지 않고 양도차익을 합산해 일반세율로 계산한 양도소득세가 더 크다면 이때는 과세당국이 일반세율 적용 합산과세로 처리한다.

이익은 분산시키고, 손실은 이익과 상쇄시키자

처분 계획이 있는 부동산이 모두 상당한 양도차익이 예상되는 경우는 같은 해에 팔지 않는 것이 좋다. 양도소득세는 누진세율 체계여서 양도차익이 크면 클수록 높은 세율이 적용되어 세금부담이 커지게 된다. 다른 조건을 배제하고 각각의 부동산에서 1억 원의 양도차익이 발생한다고 가정하면 1억 원에 각각 35%의 세율이 적용되는 것이 아니라 양도차익의 합인 2억 원에 38%의 세율이 적용되는 식이다.

만약 양도차익의 합이 3억 원을 넘으면 40% 이상의 세율이 부과된다. 이를 피하기 위해 둘 중 하나를 이듬해에 거래한다면 똑같은 집을 똑같은 가격에 팔더라도 세금을 줄일 수 있는 것이다.

이처럼 한 해의 거래를 통산해 계산하기 때문에 양도소득세도 종합소득세와 마찬가지로 예정신고와 확정신고를 하는 방식을 취한다. 예정신고는 해당 건에 대한 양도세 신고이며 확정신고는 1년 동안의 양도소득세를 정산하는 개념이다. 거래시에 예정신고를 하지만 양도한 다음 해에 확정신고도 해야 한다. 확정신고할 내용이 예정신고 때와 동일하다면 확정신고를 추가로 하지 않아도 된다. 예정신고는 양도일이 속한 달의 말일부터 2개월 안에 하면 된다.

납부 역시 그 기간 내에 해야 한다. 기간 내에 신고와 납부를 끝내지 않으면 가산세가 부과되므로 유의해야 한다.

증여세와 상속세는
뭐가 다른가?

Q. 증여받는 것과 상속받는 것 간에 무슨 차이가 있나요?

A. 세율 자체는 동일합니다만 공제기준이 달라서 실제 세금 역시 달라집니다. 적절한 사전증여는 추후 상속세를 줄일 수 있는 비법이기도 하지만 세금 측면에서 상속이 더 유리한 경우도 있으니 세무사 등 전문가의 도움을 받는 것이 좋습니다.

집값이 급등하고 다주택자에 대한 양도세 중과가 시행된 이후 절세의 한 방법으로 증여가 각광받고 있다. 다른 사람에게 팔기보다 자식 등에게 소유권을 넘겨줌으로써 보유자산을 유지하면서 다주택자 부담을 덜 수 있기 때문이다.

집값 상승기에는 증여시기가 빠르면 빠를수록 받는 사람이 내야하는 증여세나 취득세가 적기 때문에 많은 사람들이 서둘러 증여에 나선다.

재산을 물려준다는 점에서 증여는 상속과 유사하다. 많은 사람들이 증여와 상속을 철저히 구분하지 않고 말하는 이유이기도 하다. 그러나 증여와 상속은 엄연히 다른 개념이고, 이에 따른 세금인 증여세와 상속세 역시 다를 수밖에 없다.

상속은 사망한 사람이 생전에 보유하고 있던 모든 재산상의 권리와 의무가 상속인에게 승계되는 것을 말한다. 사망을 전제로 하고 있다는 점에서 증여와는 분명히 다르다. 함부로 상속이라는 단어를 사용하면 듣는 사람의 기분을 상하게 할 수도 있다. 증여는 증여자의 의지에 따라 살아 생전에 이뤄진다.

증여세는 재산을 물려받은 사람이 내는 세금이다. 증여에 의해 재산을 취득할 때 증여세 납세의무가 발생한다. 증여받은 날이 속하는 달의 말일부터 3개월 안에 관할 세무서에 신고하고 납부해야 한다. 기한 내에 신고하면 증여세를 3% 깎아준다. 배우자로부터 증여받는 경우 10년간 6억 원, 직계존속으로부터 증여받는 경우는 5천만 원까지 공제받을 수 있다.

적절한 사전증여는 절세 팁이지만
무력화될 수도 있다

상속세도 증여세와 마찬가지로 상속을 받은 사람이 내야 하고, 세율도 증여세와 동일하다.

그러나 상속세는 공제되는 항목과 규모가 증여세보다 크다. 기본적으로 상속세의 과세가액에서 2억 원은 무조건 공제(기초공제)된다.

이를 포함해 5억 원까지 공제해주는 일괄공제가 있다. 그냥 무조건 최대 5억 원까지 공제해주는 것이다.

또한 배우자가 상속받는 경우 5억 원까지 공제(배우자 상속공제)된다. 부부 공동의 노력으로 이룩한 재산이 많다는 것을 인정해주는 의미일 뿐만 아니라 상속받은 배우자가 사망할 경우 어차피 훗날 자녀들에게 상속세가 부과될 것임을 감안한 것이다.

정리하면 배우자가 살아 있는 경우 10억 원(배우자 상속공제 5억 원+일괄공제 5억 원)까지는 상속세를 내지 않는다는 뜻이다. 가진 재산이 10억 원 이하인 사람은 상속세 절세를 위한 목적이라면 굳이 사전증여를 할 필요가 없다는 뜻이기도 하다.

반대로 재산이 수십억 원 이상인 사람은 사전증여를 통해 추후 상속재산을 줄여놓는 것이 상속세 절세 차원에서 유리하다. 누진제가 적용되기 때문에 사전증여를 통해 조금이라도 세율을 낮추면 상속세 부담을 줄일 수 있기 때문이다.

100억 원의 재산이 있는 사람이 1억 원을 자녀에게 증여했고 공제한도를 이미 넘어섰다고 가정해보자. 1억 원을 증여받은 자녀는 10%의 세율을 적용받아서 1천만 원을 내면 된다. 사전증여 없이 그냥 100억 원이 상속되었다면 30억 원이 초과되는 부분에는 50%의 세율이 적용된다. 앞서 그 1억 원에 대해서 최대 50%의 세율이 적용된다는 뜻이다. 똑같은 1억 원을 자녀에게 물려줬지만 언제 어떻게 넘겨주느냐에 따라 1억 원에 대한 세금은 1천만 원이 될 수도, 5천만 원이 될 수도 있는 것이다.

사전증여가 무력화되는 경우가 있다는 사실도 명심해야 한다. 100억 원대 자산을 가진 한 부자가 중병이 들어 3년 이상 살기 어렵다는 판정을 받고 일부 재산을 자식들에게 증여했다고 가정하면 3년 뒤 그가 사망하고 남은 재산을 상속할 때 앞서 3년 전 증여한 재산까지도 모두 상속으로 간주된다. 사망일로부터 역산해서 10년 안에 이뤄진 증여는 세법상 모두 상속재산으로 합산해 계산된다.

부부 공동명의는
절세에 유리한가?

Q. 부부 공동명의로 보유하면 언제나 세금을 줄일 수 있나요?

A. 어떤 세금이냐에 따라 공동명의가 유리하기도 하고, 차이가 없기도 합니다. 누진제 기반인 양도소득세와 종합부동산세, 임대소득세는 공동명의가 유리합니다. 계약단계에서 공동명의 여부를 결정해야 합니다.

동일한 부동산을 같은 날짜에 사고팔아도 세금부담을 줄일 수 있다. 바로 부부 공동명의를 통해서다.

반드시 부부끼리여야 할 필요는 없다. 핵심은 공동명의다. 공동명의를 통해 절감할 수 있는 대표적인 세금은 양도소득세와 종합부동산세(종부세)다.

양도세의 경우 세금을 계산할 때 양도차익을 얻은 사람별로 과세를 하기 때문에 현행 누진세율 체계에서는 당연히 단독명의보다 공동명의인 경우 세 부담이 줄어든다.

예를 들어 5억 원짜리 아파트를 7억 원에 팔았다고 하자. 양도차익 2억 원(각종 공제 생략)에 대해 양도소득세를 내야 한다. 만약 부부 공동명의였다면 남편과 아내 각각 양도차익 1억 원에 대해 세금을 내면 된다. 양도소득세 과세표준 1억 원이라면 세율 35%를 적용받지만 과세표준이 2억 원이면 38%로 높아진다.

종부세 역시 인별 과세이기 때문에 가족 한사람이 많은 자산을 혼자 갖고 있다면 종부세 부담이 커진다. 이를 부부가 나눠가지면 종부세 부담이 줄어들고, 심지어 종부세를 피할 수도 있다.

예를 들어 시세 15억 원, 공시가격 10억 원짜리 아파트를 남편 단독명의로 보유하고 있을 경우 1주택자라고 해도 종부세를 내야 한다. 1가구 1주택자도 공시가격 9억 원 초과 주택을 갖고 있으면 종부세 납부 대상이다. 공제금액 9억 원을 뺀 1억 원에 공정시장가액비율(2018년 80%, 2019년부터 연 5%포인트씩 인상)을 반영한 뒤 세율을 곱한다.

그런데 만약 이 아파트를 남편과 아내가 공동명의로 보유했으면 어땠을까? 과세당국은 남편과 아내가 각각 공시가격 5억 원짜리 아파트를 보유하고 있는 것으로 본다. 1인당 6억 원씩 공제받을 수 있기 때문에 이 경우에는 종부세를 0원으로 만들 수 있다. 종부세는 공시가격 기준으로 인당 6억 원씩 공제받는 것이 기본원칙이다. 1가구 1주택자에 한해서 9억 원을 공제해주고 있다.

양도세와 종부세뿐만 아니라 임대소득세도 공동명의를 통해 줄일 수 있다. 임대소득세란 주택이나 상가를 임대하고 받는 임대료에 붙는 세금을 말한다. 임대소득세 역시 인별 기준으로 과세하기 때문에 공동명의가 유리하다.

월세 100만 원이라면 공동명의시 각각 월 50만 원의 임대소득으로 계산된다. 임대소득(연 2천만 원 이하일 때 분리과세 선택 가능)은 근로소득 등과 합쳐져 종합소득세로 과세될 수 있는데, 종합소득세는 누진제이기 때문에 소득을 분산시켜야 최대한 낮은 세율을 적용받을 수 있다.

양도세와 종부세에 특효, 계약 시점부터 공동명의를 고려해야

부부 공동명의가 모든 부동산 세금을 줄여주지는 못한다는 사실도 명심해야 한다. 취득세와 재산세는 공동명의와 상관없이 부동산 가격에 따라 매겨진다. 취득한 물건의 가격에 따라 취득세가 정해지고 공동명의자가 나눠 내는 방식이다.

재산세 역시 마찬가지다. 공시가격에 따라 재산세가 책정되며 공동명의자가 나눠 내게 된다. 공동명의자가 내는 취득세나 재산세의 합이 단독명의자가 내야 하는 취득세 또는 재산세 합과 동일하다.

그리고 세금 문제 이외에 공동명의가 갖는 특징도 알아둘 만하다. 사업이 파산했을 때 재산을 일부분 지킬 수 있다는 점이다. 남편이나 아내가 사업을 하다 파산한 경우 부동산 자산이 압류될 수도 있고 경매로 넘어갈 수 있는데, 공동명의의 경우에는 해당 지분만 처분 가능하며 나머지 지분은 보호받는다.

공동명의의 단점도 있다. 부동산 처분시 공동명의자 모두 동의를 해야 전체 지분을 넘길 수 있고, 해당 부동산을 담보로 대출을 받을 때는 공동명의자의 동의가 필요하고 함께 금융기관에 가야 하는 번거로움이 있다. 또한 부부 중 한 명의 신용·소득 문제로 대출이 충분히 나오지 않는 경우도 있을 수 있다.

공동명의는 계약서 작성단계에서부터 정해야 한다. 그런 만큼 사전에 공동명의의 장단점을 정확히 이해하고 계획하는 것이 좋다.

순서만 바꿔도
세금을 줄일 수 있다

Q. 다주택자의 경우 어떤 주택을 먼저 처분하느냐에 따라 세금부담이 달라지나요?

A. 주택수가 많으면 양도세율이 중과되기 때문에 처분순서가 중요합니다. 양도차익이 없거나 상대적으로 작은 주택을 먼저 처분해서 주택수를 줄이면 그 다음 주택을 팔 때 양도세율을 낮출 수 있습니다. 양도세율이 중과되지 않는 비(非)조정대상지역의 주택을 먼저 파는 것도 양도세를 줄일 수 있는 방법입니다.

다주택자가 주택 처분순서를 놓고 고민하는 경우를 흔히 볼 수 있다. 대개는 어떤 집이 더 오를까를 고민하면서 덜 오를 집을 팔겠다고 생각한다.

미래가치는 둘째 치고 순전히 세금의 관점에서만 본다면 고민하지 않아도 된다. 세금을 적게 낼 수 있는 순서가 정해져 있기 때문이다. 앞에서 설명한 세금 절세 방법들을 종합해서 처분의 원칙을 세워

볼 수 있다.

먼저 가장 쉽게 생각할 수 있는 것은 양도차익이 발생하지 않은 주택의 처분이다. 다주택자가 주택을 양도하게 되면 양도세 중과라는 장애물을 만나게 된다. 양도세를 내는 것도 아깝다고 느낄 텐데 세율이 중과된다면 기분까지 나빠질 것이다. 양도차익이 발생하지 않은, 또 앞으로도 차익이 생기지 않을 것 같은 주택이 있다면 첫 번째 처분 대상으로 검토해야 할 이유다.

이런 과정을 통해 다주택자의 양도세 중과폭을 줄일 수도 있다. 3주택자가 양도차익 없는 주택을 처분하면 양도세를 내지 않고 2주택자가 되어 중과폭을 20%포인트에서 10%포인트로 낮출 수 있다.

세율과 양도차익이 양도세 결정, 계산부터 미리 해보자

모든 보유주택에서 양도차익이 발생해 있는 상황이라면 시뮬레이션을 통해 양도세를 미리 계산해보는 것이 좋다. 주택의 컨디션에 따라 양도세 중과를 적용받지 않기도 하고, 양도차익도 제각각이기 때문이다. 세율이 높더라도 차익이 작은 경우가 있고, 세율이 낮아도 차익이 큰 경우가 있다. 이 경우 결과적으로 납부해야 할 양도세는 천차만별이고, 예상과 크게 다를 수 있다.

시뮬레이션을 통해 양도세 부담이 가장 작은 주택부터 처분하는 것이 좋다. 그것이 세금부담 총액을 조절하는 방법이다.

우리가 활용할 수 있는 또 하나의 놀라운 사실은 자신이 갖고 있는 모든 주택을 합산해 주택 숫자를 세는 것이 아니라는 점이다. 이는 다시 말하면 다주택자에 해당하고 조정대상지역에 위치한 주택을 취득가격보다 높은 가격에 처분하더라도 양도세를 내지 않을 수 있다는 뜻이다.

보유주택수에서 제외하는 주택을 1채 보유하고 있다면 2주택자여도 다주택자 양도세 중과에 해당되지 않는다. 바로 수도권(서울, 인천, 경기도), 지방광역시, 세종시 이외의 지역에 소재하는 기준시가 3억 원 이하의 주택이다. 주택 숫자를 줄여 다른 주택을 팔 때 중과세 대상에서 제외되는 효과는 물론 해당 주택을 팔 때에는 보유주택수와 상관없이 중과세를 받지 않는다.

물론 보유주택수에서 제외된다고 해서 2주택자가 1주택자 양도세 비과세 혜택을 받을 수 있는 것은 아니다. 다주택자 양도세 중과를 피할 수 있다는 것에 만족해야 한다.

그밖에도 앞에서 살펴봤던 이익 분산 방법을 함께 활용하는 것을 추천한다. 처분연도를 다르게 함으로써 양도세 부담을 최소화하는 방법이다.

무엇보다 이 모든 과정에서 혼자 끙끙 앓지 말고 세무사 등 전문가의 도움을 받는 것이 좋다. 세무사는 모든 경우의 수를 종합해 가장 현실적인 해법을 찾아줄 수 있다. 그러나 계약 이후에는 세무사가 해줄 수 있는 방법이 없다. 의사결정을 내리기 전에 믿을 만한 세무사를 찾아가 자문을 구하는 것이 최선의 선택이다.

표준지공시지가와 개별공시지가의 같은 점과 다른 점을 알자

집이나 땅을 보유하면 매년 재산세를 내는데 어떤 방식으로 세금이 산출되는지 모르는 사람이 의외로 많다. 건물이나 토지 등을 팔 때 내는 양도소득세를 비롯해 증여세, 상속세 등도 마찬가지로 기준이 되는 가격이 있는데 이를 잘 알지 못하고 세금만 내고 있는 것이다.

다만 부동산 세금과 관련해서는 이의신청 등 각종 구제 방법이 있다. 그렇기 때문에 사전에 세금 산출의 기본 개념을 잘 알아둘 필요가 있다.

먼저 부동산 세금 등에 활용되는 것은 바로 공시가격이다. 공시가격은 크게 토지의 가격(원/㎡)인 공시지가와 토지·건물(주택)의 가격인 주택공시가격으로 나뉜다. 세부적으로 토지는 표준지공시지가와 개별공시지가로 구분된다.

또한 주택공시가격은 주택 종류에 따라 표준주택가격, 개별주택가격, 공동주택가격 등으로 나눌 수 있다. 이러한 가격을 기준 삼아 매년 6월 1일을 과세기준으로 토지 및 주택 소유자들이 보유세(재산세·종합부동산세)를 부담한다.

표준지공시지가를 기준 삼아
개별 공시지가를 산정

공시지가는 국토교통부에서 토지에 세금을 부과하기 위해 공시하는 지가로 건물을 제외한 순수한 '땅값'을 말한다.

표준지공시지가는 정부가 정한 표준지의 ㎡당 가격을 말한다. 여기서 표준지는 해당용도나 주변환경, 자연·사회적 조건이 비슷하다고 인정되어 대표성이 있는 곳으로 인정된 토지를 말한다. 전국적으로 약 50만 필지가 선정되어 있다. 국토교통부는 매년 1월 1일 기준으로 표준지에 대한 조사 및 평가를 해 매년 2월 말 공시를 한다.

2019년 발표한 표준지공시지가를 보면 지난해와 비교해 전국적으로 평균 9.42% 증가했다. 서울은 13.87% 증가했다. 2008년 이후 11년 만에 최고 상승률로, 토지

주에 대한 보유세 부담이 대폭 커졌다.

2020년이 되기까지 16년째 '전국에서 가장 비싼 땅' 타이틀은 서울 중구 명동8길에 위치한 화장품 판매점 '네이처 리퍼블릭' 부지가 차지했다. 이 부지는 1㎡당 공시지가는 2018년 9,130만 원에서 1억 8,300만 원(3.3㎡당 6억 390만 원)으로 2배나 올랐다.

표준지공시지가는 국토교통부 홈페이지(www.molit.go.kr)나 해당 토지가 위치한 시·군·구 민원실에서 매년 2월 발표 후 약 한 달간 열람할 수 있다. 이의신청도 이 기간에 같이 받는다. 접수된 이의신청에 대해서는 재조사 및 평가, 중앙부동산가격공시위원회 심의를 거쳐 조정한 가격을 다시 공시한다.

개별공시지가는 앞서 언급한 표준지공시지가를 기준으로 산출한다. 전국에 약 3,200만 필지에 대한 개별 토지가격(원/㎡)을 말한다. 국토교통부 장관이 결정해 고시하는 표준지공시지가와는 달리 각 시(시장)·군(군수)·구(구청장)에서 개별 토지의 특성과 표준지 특성 등을 반영·고려해 매년 5월 공시한다.

또한 개별 공시지가는 양도세, 증여세, 상속세·취득세·등록세 등 각종 토지 관련 국세와 지방세는 물론 개발부담금, 농지전용부담금 등을 산정하는 기초 자료로 활용된다.

공시지가는 국토교통부 '부동산 공시가격 알리미'에서 누구나 언제든지 열람할 수 있다.

대표적인 투자시장이자 자산시장인 주식시장과 부동산시장의 상관관계를 생각해볼 필요가 있다. 또한 금리는 부동산시장에 어떤 영향을 미칠까? 대한민국에만 존재하는 전세라는 임대차제도가 소위 갭투자 수단으로 활용되면서 매매시장을 움직인다. 이런 가운데 부동산시장 참여자들의 의사결정이 언제나 합리적이지 않다는 점도 명심해야 한다. 정부는 대출을 옥죄고, 보유세를 강화하고, 공급을 확대하고 있다.

6장

트렌드와 정책을
알아야 기회를
잡을 수 있다

주식시장과 부동산시장,
도대체 어떤 관계인가?

Q. 주식시장이 안 좋으면 그 자금이 부동산시장으로 몰리나요?

A. 이론적으로는 주식시장과 부동산시장의 상관관계를 예측할 수 있지만 현실에서는 다양한 변수들의 영향을 받아 쉽게 예단하기 어렵습니다. 개인의 투자 성향에 따라 각각의 시장 참여도가 확연히 구분되는 점까지 감안하면 두 시장의 상관관계에 연연할 필요는 없습니다.

돈의 흐름이 자산시장을 움직인다. 돈이 투입되면 가격이 생기고 거래가 이루어진다. 주식시장과 부동산시장은 대표적인 투자시장이자 자산시장이다.

주식시장은 매일매일 민낯을 공개한다. 얼마나 많이 거래가 되었는지, 어느 종목이 인기를 끌었고 어느 종목이 외면 받았는지 등을 즉각 알 수 있다. 반면 상대적으로 부동산시장은 거래 속도가 더디고, 내용을 들여다보기가 어렵다.

그런 점에서 주식시장과 부동산시장의 상관관계를 이해하는 것은 매우 의미 있다. 거대 자산시장의 미래를 희미하게나마 예측할 수 있고, 투자 결정을 도울 수 있기 때문이다.

우리나라 가계는 자산의 70~80%가 부동산에 집중되어 있다. 나머지 20~30%가 예·적금, 주식 등의 금융자산으로 구성된다.

두 시장은 서로 상당한 영향을 주고받고 있다. 그러면서도 두 시장 사이에는 낮지 않은 칸막이가 존재하고 있다.

뚜렷이 구별되는 투자자산, 어느 쪽이 선택을 받느냐의 문제

주식시장과 부동산시장의 상관관계나 영향성 등을 연구한 사례는 국내외에서 어렵지 않게 찾아볼 수 있다.

강남대 장명기 교수가 발표한 과거 연구 논문을 살펴보면, 주식시장 수익률은 부동산시장 가격 상승률을 설명하는 데 유의적인 의미를 갖지 못했다. 반면 부동산시장 가격상승률은 주식시장 수익률 설명에 있어서 약간의 의미를 보였다. 두 시장이 서로 다른 방향으로 크게 변동하는 특정한 기간에 한해 연관성이 나타났다는 것이다. 이는 통상적으로 보다 투명해 보이고 효율적이라고 느껴지는 주식시장으로부터 부동산시장으로 인과관계가 있을 것이라는 이론적 견해와 상반된 결과다.

1998~2001년처럼 주식시장과 부동산시장 수익률이 서로 다른 방향으로 큰 폭의 등락을 보인 때를 보면 4~10개월의 시차를 두고 인

과관계가 나타났다. 부동산시세가 급등한 원인이 당시 주식시장 침체에 따라, 자금이 부동산시장으로 유입되었기 때문이라는 가설을 뒷받침한다고 해석할 여지가 있다.

또한 부동산시장으로부터 주식시장으로의 인과관계가 유의미한 결과를 보였다는 것은 부동산경기가 과열되었다가 침체되기 시작하면 돈이 주식시장으로 유입되기 때문으로 볼 수 있다.

다만 부동산시장과 주식시장의 상관관계를 단순하게만 보기는 어렵다. 각각의 시장에 많은 영향을 미치는 환율과 금리, 경제성장 등 다양한 변수들이 상존하기 때문이다.

유동성이라 부르는 돈의 흐름이 분명 존재하고, 투자를 위한 자금은 크게 '주식시장이냐 부동산시장이냐'를 놓고 고민할 것이다. 특정 종목이나 특정 단지의 수익률을 가지고 쉽게 결론을 내릴 수 없는 문제다.

2020년 초 전 세계를 공포로 몰아넣은 코로나19 사태는 글로벌 증시를 패닉에 빠뜨렸다. 한국은행은 기준금리를 사상 최저 수준으로 낮췄다. 그렇다고 부동산시장으로 투자자금이 쏟아지지는 않았다. 일시적인 단순 수익률의 비교만으로 돈이 움직이는 것은 아니라는 방증이다.

선택의 주체는 투자자 본인이다. 결국 개인의 투자성향이나 투자경험이 선택에 있어 결정적인 변수이다. 각 시장의 수익률이나 금리, 경제성장률은 중요한 참고자료임에는 틀림없지만 부수적인 변수로 작용할 가능성이 크다.

금리가 부동산 가격에
영향을 미치는 이유

Q. 금리가 낮으면 왜 부동산시장이 주목을 받나요?

A. 저금리 시대에는 금융상품의 수익률이 낮기 마련입니다. 안정적인 수익률을 추구하는 투자자들은 부동산시장에 주목하게 됩니다. 레버리지(지렛대) 투자가 용이해지거나 어려워진다는 점에서 금리의 향방은 부동산 가격에 큰 영향을 줍니다.

금리는 쉽게 말해 돈의 값이다. 돈이 곧 자산이라고 보면 우리나라 국민이 보유한 자산 중 가장 큰 비중을 차지하는 부동산과 금리와의 관계는 밀접할 수밖에 없다.

실수요자와 투자자는 모두 금리에 민감하다. 내집 마련을 꿈꾸는 실수요자는 대부분 금융기관의 힘을 빌리게 된다. 내가 가진 현금으로 주택을 구매한다는 것은 현실적으로 쉽지 않다. 설령 그것이 가능하다고 하더라도 경제적으로 볼 때 대출을 이용하는 편이 좀 더 유리할 수 있다.

예를 들어 30대 신혼부부가 5억 원짜리 집을 산다고 가정해보자. 평범한 직장인이라면 30대에 맞벌이를 한다고 해도 현금 5억 원을 모으기는 불가능하다. 하지만 2억 원을 은행에서 대출받으면 5억 원이 아닌 3억 원에 내집을 마련할 수 있다(30대에 3억 원을 모으는 것 역시 만만치 않은 일이긴 하다).

대한민국에서 내집을 마련할 때 대출을 이용하는 것이 불가피한 일인 만큼 금리 수준이 매우 중요하다. 금리가 연 2%인 것과 연 3%인 것은 천지차이다. 예를 들어 2억 원을 대출받았는데 연 2% 금리라면 쉽게 말해 연이자가 400만 원이라는 뜻이다. 3% 금리라면 연이자가 600만 원으로 뛴다. 대출 금액 자체가 크기 때문에 1%포인트 차이가 결코 적지 않다.

그나마 다행인 점은 전 세계적으로 저금리 기조가 이어지면서 2020년 현재 대출금리도 낮은 수준을 보이고 있다는 것이다. 금리가 낮으면 대출 이용자 입장에서는 이자 등 상환 부담이 작기 때문에 보다 적극적으로 대출을 검토하게 된다.

그러나 단순히 금리가 낮다는 것에만 환호해서는 안 된다. 금리가 왜 낮은 상황인지에 대해 고민할 필요가 있다. 금리가 낮다는 것은 사람들이 돈을 빌리지 않아서인데, 다시 말하면 소비심리가 얼어붙어있거나 경기가 침체되어 있다는 뜻으로 해석할 수 있다. 이 경우 부동산 가격이 떨어질 가능성도 배제할 수 없다. 전체적인 상황을 꼭 살펴봐야 한다는 뜻이다.

투자자에게 있어 금리는
매우 중요한 변수

투자자에게 금리는 수익률을 좌우하는 최대 변수다. 부동산 투자자는 크게 양도차익을 추구하는 부류와 임대소득을 원하는 부류로 나눌 수 있다. 당장 금리의 영향을 받을 수 있는 쪽은 임대소득 사업자들이다.

1억 원을 투자한 수익형부동산에서 월세 40만 원(연 480만 원)을 받으면 단순계산으로 연간 수익률이 4.8%다. 연 3%짜리 대출이 3천만 원 끼어 있다면 이 투자자는 7천만 원으로 480만 원을 받아서 대출이자 90만 원을 지불하고 연간 임대소득 390만 원을 확보한다. 수익률이 5.5%를 넘는다. 수익형부동산의 수익률보다 금리가 낮은 이상 대출을 최대한 활용하는 것이 무조건 유리하다.

통화량과 부동산시장 간의 관계에 대한 연구사례도 적지 않다. 부동산의 가치는 경제성장률 또는 이자율 같은 변수에 의해 영향을 받는다. 통화량의 변동은 이자율과 같은 변수에 파급효과를 주기 때문에 결국 부동산 가격에 직·간접적으로 영향을 준다고 볼 수 있다. 일반적으로 통화량 증가는 물가 상승에 따른 자산의 실질가치 하락과 이자율 하락에 따른 자산 간 포트폴리오 재구성을 유발하기도 한다.

종합해서 살펴보면 부동산 자산이 인플레이션 헤지기능이 있다는 점, 금융자산이 실질적으로 감소한다는 점이 부동산에 대한 수요를 증가시킨다는 결론으로 이어진다.

전세시장과 매매시장 간의
관계를 파악하자

Q. 전세가격 움직임이 매매가격에도 영향을 주나요?

A. 우리나라의 독특한 임대차 방식 중 하나인 전세는 소위 '갭투자'를 가능하게 만들었습니다. 따라서 전세가격이 오르면 매매가격도 오를 여지가 생깁니다. 지역에 따라, 주택 유형에 따라 전세와 매매 간 인과관계 또는 영향력이 다를 수도 있습니다.

부동산 자산을 일정한 기간 사용하기로 하고 임대인과 임차인이 서로 합의해 약속한 것을 임대차계약이라고 한다. 우리나라 부동산 시장에서만 볼 수 있는 특이한 임대차계약 구조가 바로 '전세'이다. 해외에서는 임대차계약이 대부분 월세 개념이다. 최근에는 우리나라 임대차계약에서 월세를 주고받는 비중이 많아졌지만 여전히 전세가 큰 비중을 차지하고 있다.

전세는 임차인이 목돈(보증금)을 내고 일정 기간 해당 부동산에 대한 사용권을 갖는다. 임대인은 이 기간 동안 전세보증금을 굴려 이자 등 수익을 내기도 하고, 전세 보증금을 기반으로 일명 갭투자(전세를 끼고 부동산을 매입하는 것)를 하게 된다.

매매가 7억 원짜리 주택의 전세 시세가 5억 원이라면 자기 돈 2억 원으로 해당 주택의 소유권을 취득할 수 있는 것이다. 전세 보증금이 대출금처럼 활용 가능하다는 점에서 우리나라의 전세제도가 존재하는 한 집값 불안 문제가 해소되기 어렵다는 견해도 적지 않다.

매매가격과 전세가격의 관계를 살펴본 연구도 다양하다. 세종대학교 임재만 교수가 연구한 결과 서울 전체 아파트 시장의 경우 전세가격이 매매가격에 영향을 미치는 인과관계가 포착되었는데, 서울을 강남과 강북으로 나눠서 살펴보면 강북에서는 그런 인과관계가 성립하지 않았다. 즉 매매와 전세시장이 분리되어 있었다. 반면 강남은 매매가격과 전세가격이 서로 영향을 주는 것으로 나타났다. 매매가격의 시세 흐름을 통해 전세가격의 향후 시세를 예측할 수 있고 반대로 전세가격의 과거 값을 토대로 매매가격의 장래가격을 유추해볼 수 있는 인과관계가 존재한다는 뜻이다.

건국대학교 조주현 교수도 비슷한 연구를 했는데 매매가격과 전세가격 간의 인과관계뿐만 아니라 월세가격에 미치는 영향까지 분석했다. 이에 따르면 시장의 수요와 공급, 관련 정책에 따라 매매가격이 결정되고 투자기대이익률에 바탕을 둔 자본환원률에 의해 임대가격이 결정된다. 임대가격은 다시 전월세 환원율에 의해 월세를 결정한다.

그 결과 서울 전체시장을 보면 매매가격이 전세가격에 영향을 주는 것으로 나타났다. 강남시장의 경우 전세가격이 월세가격에 영향을, 강북시장은 매매가격이 월세가격에 영향을 미치고 있다는 결론을 도출했다. 매매가격은 전세가격에 3개월의 시차를 갖고, 전세가격은 월세가격에 4개월의 시차를 두고 같은 방향으로 일방적인 인과관계를 보였다고 분석했다.

전세는 무주택자 편일까, 다주택자 편일까?

대출규제가 강력한 형태로 존재하는 한 전세가격이 매매시장에 미치는 영향이 클 것으로 예상된다. 전세보증금 반환 보증보험의 가입 문턱이 낮아지고 가입자가 늘어나는 것 역시 매매시장을 움직일 수 있는 변화다. 세입자를 보호하기 위한 전세금반환보증보험은 역설적으로 부동산투자를 쉽게 만드는 요소가 되기도 한다.

5억 원짜리 주택이 있고 전세시세가 3억 원이라고 가정하면 갭투자를 위해선 2억 원의 자금이 필요하다. 이때 은행에서 2억 원 정도 주택담보대출을 받고 전세를 2억 5천만 원에 내놓으면 5천만 원으로도 소유권을 가질 수 있다는 계산이 나온다.

"2억 원의 선순위 대출이 있는 집에 들어오려는 세입자가 있겠느냐?"라는 질문이 가능하다. 전세보증금반환 보증보험 가입만 가능하면 세입자로서는 고민할 필요가 없다. 전세보증금은 보증기관에서 돌려받으면 되기 때문이다. 세입자 입장에서는 주변 시세 기준이면 전세보증금 3억 원에 입주해야 하지만 2억 5천만 원에 입주할 수 있으므로 시세보다 저렴한 가격에 입주할 가능성이 크다는 매력이 있다.

부동산 투자자들의 행동은
과연 합리적일까?

Q. 수요·공급법칙 같은 경제학적인 이론들이 부동산시장에 적용될 텐데 실제로 시장이 이론대로 움직이나요?

A. 기본적으로는 경제학 이론의 바탕 위에서 시장이 작동합니다. 다만 부동산시장, 특히 한국의 주택시장은 때론 이론으로 설명하기 어려운 상황이 연출됩니다. 부동산 투자자들의 행동은 비합리적 기대심리에 영향을 받기 때문입니다.

우리가 이용 가능한 정보들을 다 확인하고 효용을 극대화하기 위한 결정을 하면, 그 결과는 대체로 합리적이고 경제적일 것이다. 그러나 실제로는 그 모든 정보를 취합하지 못하고 부분적인 정보만을 갖고 의사결정을 하는 경우가 적지 않다. 사람들은 항상 합리적인 결정을 내리고 싶어 하지만 실상 경제적이지 않은 행동을 하기도 한다는 뜻이다.

주택시장 역시 합리적이지 않은 측면이 존재한다. 상식적으로 주택의 수요와 공급에 따라 가격이 형성될 것이라고 생각하지만 반드시 그런 것만은 아니다. 과거의 가격 흐름에 의지해 앞으로도 더 오르거나, 더 떨어질 것이라는 전망이 가능하다. 비합리적이라고 여겨지기도 한다. 그러나 '부동산은 심리'라는 말이 그냥 나온 건 아니다. 정가가 매겨지는 재화가 아닌 만큼 기대심리에 따라 가격이 형성될 수 있다.

실제 여러 연구논문들에서 서울 주택시장은 비합리적 기대심리에 영향을 받고 있음이 입증된 바 있다. 좀 더 구체적으로 성별이나 학력, 가격 방향성에 따라 기대심리가 미치는 영향의 크고 작음에 차이가 있다는 연구 결과도 있다.

남성이 여성에 비해 주택가격이 오를 것이라는 상향 기대심리를 많이 갖고 있다거나, 대졸 이상 고학력자가 저학력자에 비해 상향 또는 하향 기대심리를 크게 갖는다는 결론도 있다. 수요자가 주택을 구입하겠다는 결정을 내리는 것은 주택가격의 하향 기대심리와 연관이 있고, 상향 기대심리와는 관련이 없다는 분석도 나와 있다.

이론은 이론일 뿐
현상을 100% 이해시킬 수는 없다

주택가격에 영향을 미치는 요소 중 수요와 공급을 제외한 또 다른 항목으로 거래량이 종종 언급되곤 한다. 과연 거래량은 가격과 어떤 관계에 있을까?

처분효과 측면에서 가격이 상승하면 거래량이 증가하고, 가격이 하락하면 거래량이 감소한다고 생각할 수 있다. 가격이 오르면 주택을 갖고 있던 사람은 이익을 실현하기 위해서, 무주택자 입장에서는 더 오르기 전에 사야 한다는 판단을 할 것으로 여겨지기 때문이다. 반대로 가격이 하락해 본전을 회수하지 못 하는 상황이라면 팔지 않고 버틸 것이고, 가격이 더 떨어질 가능성 때문에 매수에 쉽게 뛰어들지 않는다는 계산이 가능하다.

거래량을 변수로 생각해볼 수도 있다. 거래량이 늘어나면 가격이 상승하고, 거래량이 줄어들면 가격이 떨어진다는 명제도 가능하다.

언제나 이 같은 가설이 들어맞는 것은 아니다. 정부의 부동산규제가 발목을 잡기도 한다. 다주택자 양도세 중과가 시행된 이후 양도차익에 대한 세금부담이 커지면서 집값은 올랐어도 다주택자들은 보유한 주택을 매물로 내놓는 것을 신중하게 생각하는 경향을 보여줬다. 세제혜택을 받기 위해 임대사업자로 등록한 경우는 임대의무기한을 채워야 하기 때문에 팔고 싶어도 팔지 못한다. 거래량과 가격의 관계는 정책 등 외부 변수에 따라 이론과 다르게 작용할 수 있다는 얘기다.

또한 정부가 다주택자 양도세 중과 규제로 인한 매물 잠김 현상을 해소하기 위해 10년 이상 보유한 매물에 한해 한시적으로 양도세 중과를 배제해주는 처방을 내렸지만 시장을 움직일 만한 변화는 나타나지 않았다. 해당 정책으로 인한 시장의 움직임, 즉 효과는 증명하기도 어렵다. 시장 참가자들의 심리에 영향을 미치고 행동을 변화시키기에 한계가 있을 수밖에 없었던 조치다.

시기에 따라 여러 가지 변수가 존재하기 때문에 부동산시장 참여자들의 행동이 항상 이론과 일치하기는 어렵다. 한편 같은 맥락에서 언제나 합리적일 수도 없다. 부동산시장이 때로는 전혀 이해할 수 없는 방향성을 보여주는 것에 대한 대답이다.

정부의 대출규제,
그 실체를 파악해보자

Q. 정부의 대출규제가 주택가격을 잡을 수 있나요?

A. 주택 매수 자금을 조달하는 방법 중 하나인 대출을 조이면 매수 심리가 위축되고, 매도인 역시 매수 수요 감소를 예상하고 이를 호가에 반영할 것입니다. 다만 대출규제가 적용되지 않는 지역에서의 풍선효과가 잇달아 나타난 바 있습니다. 또한 전세라는 독특한 제도가 있는 우리나라 주택시장에서 대출규제의 한계도 지적됩니다.

서울을 중심으로 집값이 급등하자 주택시장을 안정시키기 위한 대출규제정책이 강화되었다. 2018년 9·13대책에 이어 2019년 12·16대책, 2020년 2·20대책 등을 통해 대출 옥죄기가 이어졌다.

시가 15억 원을 기준으로 이를 넘는 투기지역·투기과열지구 내 아파트에 대해서는 주택구입용 주택담보대출이 원천 차단되었다. 해당 주택은 주택담보인정비율LTV 0%가 적용된다.

보유 주택 숫자와도 무관하다. 무주택자여도 서울에서 15억 원 초과 아파트를 담보로 주택구입용 대출을 받을 수 없다. 서울 내 15억 원 초과 아파트를 구입하려면 열심히 돈을 모아 계약금과 중도금, 잔금까지 모두 현금으로 지불하거나 세입자를 둔 상태에서 전세보증금을 뺀 금액을 모두 현금으로 부담해야 한다는 뜻이다.

대출자금을 주택구입용으로 사용하지 않는다면 LTV 규제 범위 내에서 일정 부분 대출은 가능하다. 16억 원짜리 서울 아파트를 보유하고 있는데, 생활비가 필요한 상황이라면 연간 1억 원 한도 내에서 해당 아파트를 담보로 대출을 받을 수 있다. 사업자의 경우 사업 운영자금을 마련하기 위한 목적으로 주택담보대출이 허용된다.

시가 9억 원이 넘는 주택은 집값 구간에 따라 LTV가 달리 부여된다. 투기지역·투기과열지구 주택담보대출에 대해 9억 원 이하분에는 LTV 40%, 9억 원 초과분에는 LTV 20%가 적용된다. 14억 원짜리 주택이라면 예전에는 40%에 해당하는 5억 6천만 원을 대출받을 수 있었지만 이제는 9억 원까지 40%, 나머지 5억 원은 20%가 적용되어 4억 6천만 원 한도로 대출이 가능하다.

LTV 규제가 지역 기준에 더해 금액기준이 신설된 것이다. 앞서 15억 원 초과 아파트의 주택담보대출이 원천 금지된 것을 감안하면, 15억 원 이하 주택가격에 따라 LTV가 최대 8%포인트 낮아진 셈이다.

대출한도를 결정하는 기준으로 LTV와 함께 과거 자주 등장했던 것이 DTI(총부채상환비율)인데, 이제는 DTI 대신 총부채원리금상환비율DSR이 사용된다. 연간소득 대비 모든 가계대출 원리금상환액을 따져보는 구조다. 주택담보대출뿐만 아니라 신용대출, 자동차대출 등 개인이 보유한 모든 대출을 합산해 살펴보기 때문에 사용 가능한 대출한도가 더 작아진다. 예전에는 금융회사별로 평균 DSR을 관리했다. 하지만 2019년 12·16 대책을 통해 투기지역·투기과열지구의 시가 9억원 초과 주택에 대한 담보대출 차주에 대해서는 차주 단위로 DSR 규제를 적용하고 있다.

은행별로 신규 취급한 전체 가계대출의 평균 DSR이 40%만 넘지 않으면 대출이 가능하지만 규제지역의 고가주택을 담보로 대출을 받는 경우 차주 개인의 DSR이 40%를 넘으면 대출이 불가한 것이다. 예를 들어 DSR이 20%인 A씨, 40%인 B씨, 60%인 C씨가 있으면 은행 입장에서는 평균 DSR이 40%가 되므로 세 명 모두 대출을 받을 수 있지만 차주별로 적용할 경우 60%인 C씨는 은행으로부터 대출을 거부당하게 될 것이다. 신용대출까지 총동원해 무리해서 주택을 구입하는 사례를 최소화하겠다는 규제책이다.

주택담보대출이 깐깐해져도
전세 끼고 사는 투자자들

기존 대출규제도 더욱 강화되었다. 공시가격 9억 원 초과 주택에 대해 주택담보대출을 제한하던 것을 시가 9억 원 초과 주택으로 확대했다. 공시가격이 시가를 60~70% 정도만 반영하므로 실제로는 시가 기준이 13억~14억 원에서 9억 원으로 바뀐 것이라고 볼 수 있다.

투기지역·투기과열지구에서 무주택자가 주택담보대출을 받아 시가 9억 원 초과 주택을 구입하면 1년 내에 전입해야 한다. 1주택자가 시가 9억 원이 넘는 집을 산 경우에는 1년 안에 기존 주택을 파는 것은 물론 전입까지 마쳐야 한다. 이 약속을 지키지 못하면 주택담보대출을 전액 상환해야 한다.

전세대출도 규제 대상이 되었다. 전세대출을 받은 사람이 시가 9억 원 초과 주택을 매수하거나 2주택 이상 보유할 경우 전세대출은 회수된다. 예를 들어 무주택자가 자기 돈으로 전세를 살고 있는데 전세대출을 새롭게 받은 돈으로 10억 원짜리 집을 전세 끼고 구입한다면 전세대출 회수 작업이 시작된다.

또한 자기가 보유한 집을 세놓고 본인은 전세를 살고 있는 1주택자가 전세대출을 받아 다른 집을 하나 더 사는 경우에도 전세대출이 회수된다. 불가피한 사정이 있다는 것을 소명하지 못한다면 전세대출을 주택구입자금으로 활용하는 것은 불가능하다.

정부는 투기지역이나 투기과열지구처럼 일부 주택시장이 과열된 지역에서 투자를 넘어 투기 수요가 유입되는 것을 차단하기 위해 강도 높은 대출규제책을 꺼냈다. 주택 구입 수요를 억제하는 효과가 있을 것으로 기대된다. 그러나 한계도 있다. 15억 원 초과 아파트에 대한 주택담보대출 금지는 갭투자(전세를 끼고 주택을 구입하는 것) 앞에서 무력화된다. 서울의 전세가율(매매가격 대비 전세가격 비율)이 60% 안팎인 점을 감안하면 애초에 주택담보대출을 이용하는 것보다 갭투자를 하는 것이 레버리지 측면에서 더욱 매력적이다. 심지어 이자상환비용도 발생하지 않는다. 전세대출에 대한 규제는 허점을 바로잡을 수 있는 부분이어서 긍정적이다. 다만 주택보유나 자금출처에 대한 모니터링이 유기적으로 이뤄지는 것이 전제되어야 한다.

부동산 세금은
앞으로도 계속 강화될 것이다

Q. 보유세 부담이 얼마나 커진 건가요?

A. 보유세의 과세표준을 계산해내기 위한 기준이 되는 가격이 공시가격인데, 최근 몇 년 사이 주택 공시가격이 빠른 속도로 상승했습니다. 실제 시세를 충분히 반영하지 못한다는 비판이 잇따르면서 정부가 고가주택을 중심으로 공시가격을 현실화했으며 다주택자의 종부세율을 높였습니다. 이에 따라 주택 보유자들의 재산세와 종합부동산세(종부세) 부담이 커진 겁니다.

주택을 여러 채 보유하는 사람이 더 많은 세율을 적용받는 시대다. 양도소득세가 그렇고, 종합부동산세가 그렇다.

부자들의 이야기인 종합부동산세는 최근 몇 년 사이 세율이 꽤 올랐다. 과세표준 기준 3억 원 이하면 0.6%지만 그 이상의 과표구간에서는 최대 3%까지 뛴다. 종전보다 0.1~0.3%포인트 높아진 수치다. 이뿐만 아니라 3주택 이상이거나 조정대상지역 2주택자에 해당하는 경우 종부세율이 0.2~0.8%포인트 중과된다.

비싼 주택을 가지고 있을수록, 여러 채의 주택을 가지고 있을수록 더 많은 세금이 부과된다는 뜻이다. 보유세(재산세, 종부세) 과세표준의 기준이 되는 주택공시가격이 최근 몇 년 사이 가파른 기울기로 오른 것도 부동산 세부담을 키운 요인이다.

양도소득세도 마찬가지다. 다주택자가 조정대상지역 내 주택을 팔면 양도소득세율이 중과된다. 2주택자는 10%포인트, 3주택 이상자는 20%포인트다. 양도세 일반세율이 6~42%이고 지방소득세(양도세의 10%)가 자동으로 붙기 때문에 최대 68.2%까지 부과될 수 있다.

연 2천만 원 이하의 임대수입을 얻고 있는 임대인에 대해서도 본격 과세가 시작되면서 불만을 표출하는 집주인들이 적지 않다. 늘어난 세부담을 임차인(세입자)에게 전가하는 모습도 포착된다.

고가주택 보유자와 다주택자에게 예전보다 많은 세금을 부과하기 때문에 주택 보유 포트폴리오 관리가 중요하다. 보유기간 동안 발생하는 세금을 감당할 수 있는지 여부를 체크해야 하고, 처분 시 발생하는 세금을 줄일 수 있는 방법을 모색해야 한다.

알면 최소한이 되지만
모르면 안 낼 것도 낸다

합법적으로 세금을 절감할 수 있는 방법들을 익혀두는 것이 중요하다. 탈세하라는 얘기가 아니다. 부동산 세금은 알면 최소한으로 줄일 수 있고, 모르면 안 내도 될 것도 내게 된다. 안 내도 되는 세금을 내는 것만큼 억울한 일은 없을 것이다.

부동산 세금부담이 커지면 시장에도 반영된다. 거래방법이나 시점이 달라질 것이고, 이는 특정시점의 수요과 공급에 영향을 줘 가격이 변하는 요인이 된다. 늘어난 세금은 누군가 부담할 것이고, 집주인은 세입자와 부담을 나누려고 할 것이다.

누울 자리를 보고 다리를 뻗어야 한다. 취득부터 보유·처분 때까지 부담해야 할 세금이 어느 정도인지, 자신이 감당할 수 있는 정도인지를 사전에 체크해보길 권한다. 과거 어느 때보다 부동산 세금에 대한 부담이 커졌기 때문이다.

주택임대사업자 등록을 통해 세제혜택을 받는 것도 선택지 중 하나가 될 수 있다. 취득세부터 재산세, 임대소득세, 종합부동산세, 양도소득세 등 부동산 관련 다양한 세금을 감면받을 수 있는 기회가 있다. 임대의무기한과 임대료 증액 제한 등 지켜야 할 것도 생기지만 사전에 혜택과 의무를 비교해본 후 수지가 맞으면 선택하면 된다.

인터넷에 널려있는 절세 정보를 활용하되 세무사 등 전문가의 조언을 꼭 받아보는 것이 좋다. 세무사는 사전에 처분 등과 관련된 절세전략을 짜주는 사람이라고 생각해야 한다. 이미 모든 결정을 내리고 계약을 체결한 뒤에는 돌이키기 어렵다. 뭐든지 계획부터 확실하게 해둘 필요가 있다.

실거래조사는
더욱더 강화될 것이다

Q. 집을 살 때 자금조달계획을 세세히 다 밝혀야 하나요?

A. 규제지역에서는 3억 원 이상, 비규제지역에서는 6억 원 이상이면 주택을 취득할 때 자금조달계획서를 제출해야 합니다. 자금출처가 명확하지 않거나 탈세가 의심될 경우 국세청에서 검증합니다. 정부는 집값 상승의 주요 원인을 이상거래에 있다고 보고 실거래조사를 강화한 겁니다.

부동산거래신고법 시행령과 시행규칙 개정은 주택취득 자금조달 과정 확인 등 시장 거래질서 강화에 초점이 맞추어졌다. 투기과열지구와 조정대상지역에서 3억 원 이상의 주택을 거래하면 자금조달계획서를 제출해야 한다. 비규제지역인 경우 거래금액이 6억 원 이상이면 대상이 된다.

또한 자금조달계획서에 기록하는 내용도 더 많아졌다. 편법증여나 대출규제 위반 등의 위법행위를 차단한다는 목적에서다. 자금 제공

강화된 실거래조사

구분	이전
증여·상속 등 제공자 관계추가	⑤ 증여·상속 등
현금 등 자산종류 명시	⑥ 현금 등 기타
금융기관 대출액 세부구분	⑧ 금융기관 대출액
그 밖의 차입금 제공자 관계추가	⑪ 그 밖의 차입금
조달자금 지급계획	〈신 설〉

현행

④ 증여·상속 등	
[ ]부부 [ ]직계존비손 (관계:) [ ]기타 (관계:)	
⑤ 현금 등 기타	
[ ]보유 현금 [ ]기타 자산 (종류:)	
⑧ 금융기관 대출액	
주택담보대출	
신용대출	
기타대출	(대출종류:)
⑪ 그 밖의 차입금	
[ ]부부 [ ]직계존비손 (관계:) [ ]기타 (관계:)	
총 거래금액	
⑯ 계좌이체 등 금액	
⑰ 보증금·대출 승계 등 금액	
⑱ 현금지급 등 기타금액	
현금 등 기타방식 지급 사유 ( )	

출처 : 국토교통부

자의 관계를 구체적으로 명시하고 조달자금의 지급수단도 표시해야
한다.

투기과열지구 내에서 9억 원을 초과하는 고가주택을 거래하는 경
우에는 더욱 엄격하게 들여다본다. 자금조달계획서에서 기재한 항목
과 관련 있는 예금잔액증명서, 납세증명서, 부채증명서 등을 제출해

야 한다. 예를 들어 A가 10억 원짜리 주택을 구입하면서 금융기관 예금액 3억 원, 금융기관 대출 3억 원, 부동산 처분대금 4억 원으로 주택을 구입하는 경우에 3개 서류(예금잔액증명서, 금융거래확인서, 부동산매매계약서)를 제출해야 한다.

실거래조사로 실수요마저 위축될 수 있다

가족 간 편법증여로 의심되거나, 실거래가 대비 저가양도로 증여세 탈루가 의심되는 사례, 차입 관련 증명서류 또는 이자 지급내역 없이 가족 간에 금전을 거래한 사례 등 탈세가 의심될 경우 국세청에서 자금출처를 분석해 세무검증을 실시한다. 대출용도 외 사용처럼 대출규정을 준수하지 않은 경우 금융당국이 대출금 회수 등을 조치한다.

그동안 시·군·구만 갖고 있던 실거래조사권한이 국토부에도 부여되었다. 보다 전방위적인 실거래조사가 가능해졌다는 뜻이다. 실거래 신고기한은 기존 60일에서 30일로 단축되었고, 부동산거래계약 해제신고도 의무화(해제 확정일로부터 30일)되었기 때문에 실거래 상황에 대해 수요자들이 보다 빠르고 정확한 정보를 확인할 수 있게 되었다.

과거에는 암묵적으로 허용됐거나 감시망에 잡히지 않았던 거래 방법들이 이제는 문제가 될 수 있다. 예를 들어 부모를 임차인으로 등록하고 임대보증금을 받아 집을 매수하는 방법도 편법증여로 간주

될 수 있다. 부모가 자녀에게 시세보다 30%정도 낮은 가격에 집을 매도하는 경우도 편법저가양도 사례로 국세청에 통보할 수 있다.

물론 감시망을 더 넓히고 더 촘촘히 해도 틈새는 생기기 마련이다. 하지만 부동산거래에 대해 정부가 돋보기를 대고 들여다보고 있는 만큼 실수요가 아닌 투기수요는 위축될 것으로 예상된다.

집값 상승의 주요 원인이 이상거래에 있다고 보기는 힘든 만큼 실거래조사 강화가 집값 안정에 직접적인 효과를 가져올 것으로 생각되지는 않는다. 그러나 심리적으로 부동산 소비심리를 위축시킬 가능성이 있으며, 이로 인해 수요자들은 고민하게 될 것이다.

부동산 공급확대는
계속 이어질 것이다

> **Q. 수도권 주택 공급으로 집값을 안정시킬 수 있을까요?**
>
> **A.** 정부는 3기 신도시 등 수도권 주택공급계획을 차질 없이 이행하기 위해 최선을 다하겠다고 수차례 밝혔습니다. 서울 인근 수도권 곳곳에 적지 않은 주택이 공급될 예정입니다. 그러나 새로 주거지역을 조성한다는 것이 쉬운 일은 아닙니다. 입주를 마치고 주변 인프라가 안정되기까지는 수년의 시간이 필요하다는 것을 고려해야 합니다.

문재인 정부는 주거복지로드맵과 수도권 주택공급계획 등을 통해 수도권에 총 36만 호 규모의 공급계획을 수립했다. 2020년 하반기부터 분양이 시작되어 2022년 하반기까지 분양을 마치겠다는 일정이다. 지구지정이나 지구계획수립, 입주자 모집 등에서 심각한 차질이 없다면 예정대로 진행될 것으로 기대된다.

수도권 신규주택 공급 대상지역은 서남부, 서북부, 동북부, 동남부로 크게 나눠볼 수 있다. 서남부는 부천 대장(2만 호), 안산 장상(1만 3천 호), 시흥 거모(1만 1천 호) 등 총 17곳 9만 4천 호다. 서북부는 고양 창릉(3만 8천 호), 인천 계양(1만 7천 호), 인천 가정2(2천 호) 등 6곳으로 6만 8천 호다. 동북부에는 남양주 왕숙(6만 6천 호)과 남양주 진접2(1만 3천 호), 의정부 우정(5천 호) 등 4곳이 8만 9천 호 규모로 추진중이다. 동남부는 하남 교산(3만 2천 호), 성남 복정(1만 1천 호), 과천(7천 호) 등 11곳 6만 8천 호로 추진되고 있다.

정부가 야심차게 선보인 신혼희망타운도 수도권 곳곳에서 착공에 들어가고 입주자 모집이 이루어지고 있다. 서울 양원, 서울 수서 KTX, 하남 감일, 고양 지축, 남양주 별내, 화성 동탄2, 파주 운정3 등 전국 15개 지구, 16개 블록에서 1만 호 이상이 2019년에 입주자모집 공고를 실시했다.

2019년 한해 공공임대주택 공급은 당초의 계획을 초과달성했다. 목표치 13만 6천 호보다 3천여 호 많은 13만 9천 호가 준공되었다. 일반 취약계층에게 5만 7천 호, 신혼부부에게 4만 4천 호, 청년층에게 2만 8,500호, 고령자에게 9,500호가 공급되었다. 이는 주거복지로드맵에서 제시한 수요계층별 목표에 따른 수치다.

정부는 2018년부터 2022년까지 5년간 총 70만 2천 호 규모의 공공임대주택을 공급한다는 계획을 차질 없이 달성하겠다고 밝혔다. 장기공공임대주택 재고율은 지난 2016년말 기준 6.3%였지만 2018년에 7%를 넘었다. 경제협력개발기구OECD 평균은 8%다.

수도권 주택 공급,
과연 집값 잡을 카드 될까?

3기 신도시, 신혼희망타운 등 수도권을 중심으로 공급되는 신규주택은 수도권 집값을 견제하는 수단이 될 것이다. 그러나 정작 수요가 몰리는 서울 주요 지역만 놓고 보면 공급계획을 찾아보기 힘들다. 현실적인 문제가 분명히 있다.

수도권에 신규주택이 공급되고 경기도 인구가 증가한다는 것은 궁극적으로 서울의 잠재 수요가 늘어나는 것을 의미한다. 서울에 많은 일자리와 생활 인프라가 몰려있는 한 서울에 거주하고자 하는 수요는 꾸준히 유지될 것이다. 단순 인구 감소로 인한 집값 안정논리가 서울 주택시장에서만은 적용되지 않는 이유이기도 하다.

따라서 정부는 단순히 수도권 신규주택 공급을 확대하는 것을 넘어 수요자가 필요로 하는 주택을 공급하기 위한 노력을 더욱 강화할 필요가 있다. 수요가 많은 서울지역에 신규주택을 공급하기 위해서는 재건축이나 재개발 등 재정비사업이 원만히 진행되도록 하면 된다. 새 아파트의 공급은 삶의 질을 향상시켜 주는 요인이 되지만 가격 상승의 기폭제도 될 수 있다는 점이 항상 발목을 잡는다.

서울에 신규주택을 공급하는 것이 어렵다면 수요를 분산시킬 수 있는 일자리와 생활 인프라를 서울 밖으로 적극 배치하는 방법을 고민해야 한다. 단순히 공급의 '숫자'만 늘리는 것으로는 지역별 주택 수급 불균형을 해결할 수 없다.

One Point
Lesson

내 땅을 국가가
수용할 수 있는 근거는 무엇인가?

도로나 철도를 새롭게 뚫거나 공공주택을 짓기 위해 개발제한구역(그린벨트)으로
묶여 있던 개인 소유의 토지가 국가나 지방자치단체로부터 수용되는 경우가 있
다. 개인 재산에 대한 소유권을 국가가 비교적 싼 가격에 취득한다는 점에서 사유
재산 침해 논란이 불거지기도 한다. 그렇다면 토지 수용 결정은 어떤 근거에 의해
가능할까?

먼저 공익사업을 위해 수용되거나 사용할 수 있는 대상이나 소유권 등의 권리를
구체적으로 구분할 줄 알아야 한다. 이는 단순히 개인 소유의 땅이 아니라 공익사
업을 위해 필요한 입목(立木)이나 건물, 광업·어업권, 토지에 속한 흙·돌·모래 등
도 모두 포함된다.

법률상 토지보상법에는 토지 사용 및 수용을 위해 중앙토지수용위원회(지방토지
수용위원회)의 협의 또는 재결을 받게 되어 있다. 이를 통해 취득하는 토지는 공시
지가를 기준으로 보상해야 한다. 사용하는 토지에 대해서는 해당 토지와 인근 유
사토지의 임대료·사용방법·토지 가격 등을 따져 평가한 적정가격으로 보상해야
한다.

토지 수용시 양도소득세는
최대 40% 감면

단순히 국가라고 해서 모든 토지를 수용 및 사용할 수 있는 것은 아니다. 국방·군
사에 관한 사업이거나 철도·도로·공항·항만·전기가스·기상관측 등 공익을 위한
성격이 짙어야 한다. 또 청사·연구소·화장장 등 공공용 시설이나 학교·도서관·박
물관 등의 사업이라는 조건이 필요하다.

다만 이런 공익사업을 시행하기 위해서는 사업에 쓸 토지 등이 필요하기 때문에
국가나 공공단체에서는 이들 토지 등을 취득하기 위해서 토지소유자와 먼저 매수

협의를 하고, 이 과정에서 원만한 협의가 이뤄져야 한다. 수용에 의해 보상대금을 받으면 양도소득세를 감면해주는 것도 반드시 알아야 한다. 보상대금을 현금으로 받을 시에 산출세액의 최대 15%, 토지로 받으면 (대토보상) 40%를 감면해준다.

수용의 대부분 개념은 공용수용에 포함된다. 공공의 이익 등 특정한 공익사업을 위해 본인(권리자)의 의사를 묻지 않고 타인의 특정한 재산권을 강제로 취득해 국가나 제3자에게 옮겨놓는 것을 말한다. 이럴 경우 개인의 재산권에 특별한 희생을 요구하는 것이므로 그에 따른 손실은 토지수용법에 근거해 보상해야 한다.

또한 공용수용은 재산권 자체를 취득하고 재산권을 전면적으로 박탈한다는 점에서 강제매매(법률 규정이나 행정처분에 따라 강제적으로 행하는 매매)나 공용제한(개인 소유의 토지 소유권 등 재산권에 보전·사업·사용제한 등을 가하는 행정처분)과는 조금 다르다.

재건축과 재개발은 낡고 오래된 아파트나 주택 밀집지역을 명품 주거촌으로 변신시키는 사업이다. 사업추진 방식이나 절차, 세제 등이 조금씩 다르지만 대부분 핵심 노른자 입지에서 추진되는 경우가 많다. 정비사업을 통해 확 달라진 주거환경에 들어서는 새 아파트는 준공 후 몸값이 천정부지로 뛰기도 한다. 다만 사업추진 과정에서 조합 내부 갈등과 소송, 규제 등으로 사업이 장기화되는 경우가 많으므로 이를 사전에 꼼꼼히 살피고 투자해야 한다.

7장

재개발·재건축, 부동산의 황금알이다

재건축과 재개발,
이렇게 구분하자

Q. 재건축과 재개발 중 사업속도가 빠른 것은 무엇인가요?

A. 사업 성격이 조금 달라 단정지어 얘기할 수 없습니다. 다만 민간주택 사업 성격이 짙은 재건축은 준공 후 30년 이상이 된 아파트를 대상으로 하고, 공공사업의 성격을 가진 재개발은 사업가능연한은 없지만 상대적으로 넓은 구역을 대상으로 진행해 전체 주택의 노후도를 따져야 합니다.

'동네 주변 △△아파트가 재건축한다던데 나도 한번 사볼까?'

부동산시장에 조금이라도 관심이 있는 사람이라면 한 번쯤은 마음속으로 떠올렸던 생각일 것이다. 낡고 오래된 아파트가 명품 주거촌으로 변신한다는데 혹하지 않을 사람이 누가 있겠는가.

하지만 투자를 결정하기 전에 재개발인지 재건축인지 먼저 명확하게 구분할 줄 알아야 한다. 어떤 방식으로 개발을 진행하느냐에 따라 사업추진방식이나 절차, 전매시기 등이 모두 다르기 때문에 사전에 이를 제대로 파악하는 것은 기본 중의 기본이다.

먼저 두 사업은 모두 낙후되거나 노후된 건물을 부수고 새로운 아파트를 짓는 정비사업에 속한 것은 맞다. 최신형 스마트폰이나 컴퓨터도 5~10년 이상 오래 사용하면 성능도 떨어지고 잔고장도 많아져 차라리 고쳐 쓰기보다는 새로 사는 경우가 많다. 마찬가지로 주택이라는 상품도 30년 이상 오래 사용하다 보면 새롭게 건설할 필요성이 높아진다.

다만 두 사업은 사업범위나 성격이 많이 다르다. 우선 재건축은 사업지 주변 도로나 공원 등 기반시설은 양호하지만 아파트 자체가 노후되어 주거환경을 개선하기 위해 추진하는 사업이다. 단독주택이나 아파트 등의 노후 공동주택이 그 대상이다.

서울에서는 주로 강남권에 재건축 사업장이 많다. 최고 50층 높이로 사업을 추진 중인 송파구 잠실주공5단지를 비롯해 강남구 대치동 은마아파트나 압구정동 일대 아파트가 대표적인 재건축 단지로 꼽힌다.

이와는 달리 재개발은 낙후된 지역에 도로나 공원, 상·하수도 등과 같은 기반시설을 새로 정비하고 주택을 신축해 주변 주거환경과 도시경관을 모두 개선하기 위한 사업이다. 민간 주택사업의 성격이 짙은 재건축과 달리 공공임대주택 공급, 세입자 주거대책비 지급 등을 한다는 점에서 공공사업의 성격을 띠고 있다.

이렇기 때문에 재개발 지역은 단독주택이나 다가구주택, 연립, 원룸 등이 밀집되고 협소한 곳이 많은 편이다. 서울에서는 대표적으로 용산구 한남뉴타운, 성동구 성수동 성수전략정비구역, 동작구 흑석뉴타운 등이 꼽힌다.

안전점검 필요한 재건축·재개발은
추진범위가 넓어

두 사업의 사업가능연한이나 추진절차도 다르다. 재건축은 지난 박근혜 정부 당시 최장 40년이던 사업가능연한을 30년으로 일괄 단축했다.

이에 따라 2020년 현재 재건축 사업을 추진하려면 최소 1990년이나 그 이전에 지어진 주택이 대상이다. 다만 사업추진을 하려면 재개발과 달리 '안전진단'이라는 절차를 추가로 받아야 한다. 한마디로 아파트를 준공한 지 오래되었지만 아직 튼튼해 안전성에 문제가 없는지를 미리 검사받는 것이다.

재개발 사업은 사업가능연한이 따로 정해져 있지 않다. 단독·연립 등 상대적으로 넓은 구역을 대상으로 하다 보니 준공연한의 편차가 심하기 때문이다. 지방자치단체가 각 사업 대상지 전체 주택의 노후도가 60~70% 이상인 조건을 만족하고 주민동의율, 호수밀도 등 기타 요건을 충족했다고 판단할 경우 재개발이 추진된다.

재건축·재개발 사업은 핵심 노른자 입지에서 추진되는 경우가 많고 주거 환경이 확 바뀌며 새 아파트가 들어선다는 측면에서 기대감이 높다. 실제 문재인 정부 들어 1년 여간 주택시장을 들썩이게 한 것도 재건축·재개발 정비사업지였다는 것은 부정하기 어렵다.

그러나 무작정 투자하는 것은 금물이다. 조합원들 간 분쟁이 있거나 정비계획안이 해당 광역단체의 승인을 얻지 못하는 경우 사업이 장기화되는 경우가 많다.

더욱이 재건축 부담금, 정비사업 재당첨 제한, 입주권 거래금지와 같은 외생적인 변수도 많아진 만큼 이를 꼼꼼히 따져야 한다.

또한 대지지분과 사업 규모, 대지지분 등에 따른 추가 분담금(조합원 분양가와 권리가액)도 고려해 자금계획도 잘 세워야 한다.

재건축·재개발 사업절차는
어떻게 진행되나?

Q. 재건축·재개발 사업을 진행하기 위해 조합을 설립하려면 소유주 동의를 얼마나 받아야 하나요?

A. 재건축은 아파트 각 동별 구분소유자의 과반수 동의와 주택단지 전체 소유자 4분의 3 이상 동의와 토지면적의 75% 이상에 해당하는 토지소유자의 동의를 받아야 합니다. 재개발은 토지 등 소유자의 4분의 3 이상(75%) 및 토지면적의 2분의 1(50%) 이상의 토지소유자의 동의를 얻어야 합니다.

'경축! 조합설립인가 완료!'

구도심 주택가나 오래된 아파트단지 주변을 지날 때 이 같은 글귀가 적힌 현수막을 심심치 않게 볼 수 있다. 오래된 아파트나 빽빽이 들어선 주택가가 재건축·재개발 사업에 들어가 바뀐다는 것은 이해가 되는데 앞으로 몇 년이 지나야 사업이 완료될 것인지는 가늠조차 쉽지 않다.

이도 이럴 것이 정비계획수립, 추진위원회 구성, 조합설립인가, 서울시 정비계획심의 등 해당 주민들이 자축하는 플래카드 내용도 각양각색이라 이런 궁금증은 더욱 커진다.

서울에서는 새 아파트 물량의 80% 이상이 재개발·재건축 등 정비사업을 통해 지어지기 때문에 누구나 조합원이 될 수 있다. 각 단계의 사업절차를 자세히 알아볼 필요가 있다.

먼저 재개발과 재건축은 과거에는 각각 주택건설촉진법과 도시재개발법에 근거해 사업절차가 달랐다. 이후 2002년 도시 및 주거환경정비법(이하 도정법)으로 통합되면서 거의 비슷한 사업절차로 진행된다. 다만 안전진단과 사업구간별 세부절차, 조합설립요건 등이 조금 다르다.

재건축·재개발 정비사업의 첫 단계는 기본계획수립이다. 시장이나 군수, 구청장 등 단체장이 정비사업의 가장 기본이 되는 계획을 수립하는 단계다. 사업의 전체적인 방향과 사업기간, 인구, 건축물, 토지이용계획, 주변 환경 등 기본사항에 대한 가이드라인을 제시하고, 정비사업을 진행할 개괄적인 계획을 세운다. 이 과정에서 주민공람과 지방의회 의견청취, 지방 도시계획위원회 심의 등을 거친다.

이 단계를 지나면 보다 구체적인 정비계획을 수립하고 사업을 진행할 수 있도록 정비구역을 지정한다. 개발지에 대한 면적과 범위 등을 구체적으로 지정하는 것이다.

이 과정에서 재개발과 달리 재건축은 '안전진단'이라는 까다로운 절차를 거쳐야 한다. 안전진단은 해당 건물에 대한 구조 안정성, 주거환경 등 노후화를 평가해 A~E 등급을 받게 된다. 재건축이 가능한 단계는 'D등급(조건부 재건축), E등급(즉시 재건축)'이다.

다음은 추진위원회와 조합설립인가를 받는 절차로 진행된다. 정비사업의 시행사이자 주체가 되는 단체를 설립하는 중요한 단계다. 이 과정에서 주민 간 내홍을 겪을 경우 사업이 수년간 지연되기도 한다.

먼저 재개발은 토지 등 소유자의 2분의 1 이상의 동의를 얻어 추진위원회를 구성한 후 승인을 받게 되면, 곧바로 조합설립인가(토지 등 소유자 4분의 3 이상 및 토지면적 2분의 1 이상 동의)를 준비하게 된다.

현재 재건축 조합을 설립하려면 주택단지의 경우 아파트 등 공동주택의 각 동별 구분 소유자의 과반수 동의(공동주택의 각 동별 구분 소유자가 5인 이하인 경우는 제외)를 받아야 한다. 또 주택단지 전체 구분 소유자의 4분의 3 이상(토지면적도 4분의 3 이상) 동의를 받아야 한다. 즉 전체 소유주의 75% 이상 동의를 받는다고 이해하면 된다.

재개발은 토지만 소유해도 OK,
재건축은 토지·건물 모두 소유해야

재개발은 토지 또는 건물만 소유하면 조합설립 동의 표시와 상관없이 조합원 자격을 받을 수 있으나 재건축은 토지와 건축물을 모두 소유해야 조합원이 될 수 있다. 또한 재건축은 조합설립에 동의하지 않으면 입주권 대신 현금을 받는 현금청산자가 된다.

이후 정비계획안에 대한 서울시 승인을 거쳐 구체적인 사업계획이 담긴 사업시행인가를 받게 된다. 이 단계까지 오면 전체 사업 프로세스의 8부 능선을 넘었다고 보면 된다.

재개발·재건축 사업은 빠르면 8~10년, 길면 20년 가까이 걸리기도 한다. 사업이 길어지는 경우 보통 이 단계(사업계획승인)까지 오는 데 시간이 많이 걸리는 경우가 많은 편이다. "조합 내부 갈등과 사업계획을 둘러싸고 주민들 간 의견 다툼이 많은 경우에도 투자에 신중해야 한다"는 말이 나오는 이유이기도 하다.

사업시행인가 이후에는 시공사 선정과 조합원 관리처분(조합원 분양대지 등 권리관계 최종 확정) 계획인가, 이주, 철거, 착공 등의 절차가 진행된다. 공사가 완료되면 준공인가와 이전고시를 거쳐 입주를 진행하고 조합은 청산된다.

만약 서울 지역 내 재개발·재건축 진행과정을 보고 싶다면 서울시 클린업시스템(cleanup.seoul.go.kr/)을 이용하면 된다.

입주권은 낮은 분양가가,
분양권은 낮은 세금이 장점이다

Q. 제가 살고 있는 아파트가 재건축에 들어가 조합원이 되었는데, 제가 갖는 것은 분양권인가요 입주권인가요?

A. 입주권입니다. 재건축·재개발 등 정비사업을 진행해 소유주들에게 새 아파트를 소유할 수 있는 권리를 주는 것을 입주권이라고 부릅니다. 추가 분담금이나 조합원 주택 배정단계가 이뤄지는 관리처분계획인가를 받으면 입주권이 생긴 것으로 봅니다. 이런 조합원 물량을 제외한 일반분양분을 청약해 당첨되면 분양권이라는 권리가 주어집니다.

"청약통장을 사용해서 당첨됐는데 새 아파트 입주권을 가지고 있는 건가요? 분양권을 가지고 있는 건가요?"

사람들이 많이 묻는 내용이다. 비슷한 말이지만 의미는 엄밀히 다른 입주권과 분양권을 정확히 구분하는 사람은 의외로 많지 않다. '새 아파트를 소유할 수 있는 권리'라는 측면에서 두 단어는 의미가 같지만 모집 대상자와 초기 투자 비용, 세금 등과 같은 여러 측면에서는 다르다.

먼저 입주권은 재건축·재개발 등 정비사업으로 새로 지어지는 아파트를 조합원들에게 우선적으로 주는 권리다. 조합이 설립되고 사업시행인가를 거쳐 추가 분담금 규모나 동·호수 등이 정해지는 관리처분계획인가를 받으면 그때부터 입주권이 생긴 것으로 본다.

가령 예를 들어 소유주가 500명인 재건축 아파트가 건폐율과 용적률에 따라 1천 가구가 새로 지어질 것으로 인가를 받았다면 조합원인 500명은 입주권을 배정받을 수 있다. 나머지 500가구 중 기부채납(공공기여)에 따른 소규모 임대가구를 제외한 물량은 청약을 통해 일반에 공급하게 된다. 이 물량이 바로 분양권이다.

입주권은 기존 사업지에 살고 있던 조합원을 상대로 하기 때문에 상대적으로 분양권에 비해 싼 가격에 매입할 수 있다. 또한 정비사업 시공을 맡은 건설사가 다양한 혜택(발코니 무료 확장, 시스템에어컨 무상 제공 등)을 제공하기도 한다.

다만 단점도 있다. 입주권에는 기존 건물 평가액과 납부 청산금, 웃돈(승계조합원의 경우 프리미엄 지불) 등 모든 비용이 포함되어 있어 초기비용이 상당하다.

아울러 재건축·재개발 조합원은 정비사업 과정에서 발생하는 모든 비용(사업지연·변경 등에 따른 건축비 상승 포함)을 추가 분담금 형태로 내야 한다. 여기에 더해 재건축의 경우 지난 2018년 재건축 초과이익환수제가 부활하여 단지에 따라 수천만 원에서 많게는 수억 원의 재건축 부담금이 부과될 수 있다는 점도 반드시 유념해야 한다.

양도세 대폭 강화,
2년 거주 요건을 충족해야 비과세

양도소득세와 취득세 등 세금 부분도 꼼꼼히 잘 따져야 한다. 먼저 입주권은 세법상 주택수에 포함된다. 따라서 주택과 입주권을 모두 보유한 1가구 2주택자 이상은 2017년 8·2부동산대책에 따라 2018년 4월 이후부터는 양도소득세 중과 적용을 받는다. 다만 양도세이기 때문에 중과 적용은 기존 주택을 매도하는 경우에만 해당한다.

더욱이 강화된 양도세율 인상에 따라 2021년부터는 입주권 양도소득세율은 보유기간이 1년 미만인 경우 50%, 1년 이상~2년 미만은 40%로 강화된다. 2년 이상된 입주권을 팔 경우에는 양도차익에 따라 기본세율(6~42%. 단, 다주택자가 조정대상지역에서 주택 매각시 10~20% 포인트 중과)을 적용한다.

또한 2017년 8월 2일 이후에 조정대상 지역에서 입주권을 취득한 경우에는 2년 거주요건을 충족해야 1가구 1주택자(일시적 1가구 주택자 포함)는 비과세 혜택을 받을 수 있다.

아울러 입주권은 일반 주택에 비해 취득세가 높다. 관리처분인가 전에 입주권을 매입했다면 기존 주택을 사들인 것으로 가정해 세율이 부과된다. 다만 관리처분인가 후에는 기존 주택이 사라지게 되므로 토지에 대해서만 취득세를 부과해 4.6%의 높은 세율이 적용된다. 또한 새 아파트가 준공될 때 청산금에 대해서도 면적별로 0~3.16%의 세율이 부과된다. 재산세는 준공 전까지 토지분에 대해서 매수자가 부담해야 한다.

분양권은 재개발이나 재건축 사업을 진행할 때 조합원분을 제외한 나머지 가구나 택지개발 등을 통해 신축 아파트를 공급할 때 일반분양으로 취득한 권리다. 보통 일반분양가는 조합원 분양가보다 10~20% 가량 높지만 분양권은 초기 투자금이 적고 취득세가 낮은 점이 매력적이다. 분양권은 입주권과 달리 분양가의 10~20%에 해당하는 계약금과 프리미엄(웃돈)만 있으면 거래가 가능하다.

청약통장을 사용해 일반분양을 받거나 웃돈을 주고 분양권을 구입하면 된다. 단, 전매가 가능할 때 가능한 얘기다.

분양권은 준공 후 소유권이전등기를 할 때 취득세를 한 번만 내면 된다. 분양가격과 본인이 소유한 집 평형대(전용면적)에 따라 취득세가 1.1~3.5%가 붙어 입주권에 비해서는 저렴한 편이다. 조정대상지역이면 분양권전매 때도 보유기간에 관계없이 양도소득세가 강화되어 50% 단일세율을 적용한다

분양권도 연이은 규제로 대출·청약시에는 주택수에 포함된다. 또한 2021년 이후 양도분부터는 다주택자가 조정대상지역 내 주택 양도시 양도소득세 중과를 위한 주택수 계산에 분양권을 포함한다. 조합원 입주권과 마찬가지로 대출·청약·세제상 모두 주택수에 포함되는 것이다.

이미 1주택자가 2019년 12월 17일 이후부터 신규로 분양권을 취득할 경우에는 비과세 혜택 조건이 한층 강화된다. 기존에는 1주택을 보유한 세대가 규제지역 내 분양권 취득을 위해 중도금 대출을 받으려면 기존 주택을 2년 내 처분한다는 약정을 체결해야 했다. 하지만 이제는 1년 이내 기존 주택을 양도하고, 신규주택 취득일로부터 1년 이내 해당 주택에 전입해야 비과세다.

서울 아파트 '35층 룰'을
자세히 파악하자

Q. 서울 일반주거지역에서 주거 용도가 아닐 경우 35층 이상 높이로 건물을 지을 수 있나요?

A. 가능은 합니다. 일반주거지역에서 도심·광역 중심지로 인정받을 경우 일부 용도지역을 준주거지역으로 변경해 50층 개발에 나서는 경우도 있습니다. 또한 비주거 용도를 포함한 복합건물은 50층까지 허용되기도 합니다. 다만 대부분 주거지역은 35층 이하로 지을 수 있습니다.

'누구를 위한 높이인가?' 서울시가 규정하고 있는 아파트 최고층수 35층 제한은 부동산시장에서 여전히 뜨거운 논쟁거리다. 획일적인 높이규제로 재산권 침해라는 주장이 있는 반면, 도시경관 부조화 등을 막기 위해 공공성 가치를 우선시해야 한다는 의견이 맞붙어 갑론을박이 벌어지고 있다.

먼저 서울시가 2014년 마련한 최상위 도시기본계획인 '2030 서울플랜'을 알아야 한다. 서울시는 '서울시 스카이라인 관리원칙'과 '한강변 관리기본계획'에서 한강변을 포함한 주거용 건축물 층수를 35층 이하로 제한했다. 초고층 건물이 도시에서 일조·조망권을 독점하는 것을 막고, 획일적이고 산발적인 고층 개발보다는 도시와 자연 경관 등과의 조화를 위해 높이관리 기준을 수립한 것이다.

다만 용도지역별로 층수를 제한하는 높이는 모두 다르다. 예를 들어 제2종일반주거지역은 25층 이하, 제3종일반주거지역은 35층 이하를 적용했다. 도심광역 중심과 같이 시설과 사람이 집적된 곳을 복합용도개발을 통해 일반주거지역이라고 해도 50층의 초고층 주상복합 건물을 지을 수 있다.

물론 현 박원순 서울시장이 부임하기 이전에는 35층 이상 아파트를 허용한 경우도 있다. 지난 2009년 오세훈 전 서울시장 시절 서울시는 재건축 땅의 25% 이상을 기부채납(공공기여)할 경우 한강변 인근 일반주거지역에 속한 재건축 추진단지들도 '최고 50층' 건립을 허용한다는 파격적인 조건을 내걸었다.

이때 인허가를 받은 아파트가 용산구 이촌동 래미안 첼리투스(기부채납 25%)와 성동구 성수동1가 주상복합단지인 '서울숲 트리마제'(기부채납 32%)다. 이들 아파트는 현재 한강변 재건축 아파트의 평균 기부채납 비율(15%)보다 훨씬 많은 토지를 공공을 위한 녹지 조성 등에 기여했다.

35층 규제를 재논의할
'2040서울플랜'을 주목해야

지난 2017년에는 재건축 대어인 송파구 잠실주공5단지가 몇 차례 낙방 끝에 처음으로 민간아파트에 초고층을 허용한 사례로 주목을 받았다. 박원순 시장 부임 이후 초고층 재건축을 허용한 최초 사례다. 광역 중심에 속한 잠실이라는 특수성을 살려 일반주거지역을 준주거지역으로 용도 변경, 최고 50층의 주상복합 아파트를 세울 수 있게 되었다. 또한 현재 서울에서 35층을 초과한 층수 아파트 건립이 가능한 곳은 오세훈 전 서울시장 재임시기에 층수 가이드라인이 마련된 성수전략정비구역(최고 50층)이 유일하다.

그러나 한강변 일대 압구정 재건축 아파트 등 적지 않은 단지가 35층 룰에 막혀 번번이 서울시 심의에서 보류되며 사업이 속도를 내지 못하고 있다. 이에 2020년 변경될 예정인 '2040 서울도시기본계획(이하 2040 서울플랜)' 재정비에 대한 기대감이 높다.

2030 서울플랜의 법정 재정비시기(5년)가 도래해 새로운 계획을 수립할 예정이다. 이 계획은 향후 20년간 서울의 공간구조와 발전 방향을 제시하는 최상위 도시계획으로 토지이용과 개발, 보전 등의 내용을 모두 담고 있다. 서울의 최상위 도시계획인 만큼 토지이용·개발과 보전 등에 관한 서울시 모든 정책의 뼈대가 된다.

이미 서울시는 서울도시기본계획 재정비 절차에 착수해 이르면 2020년 말께 이를 공개할 예정이다. 서울 주택시장은 재개발·재건축 등 정비사업규제를 풀어야 한다는 의견이 만만치 않아 2014년부터는 아파트 35층 규제를 풀지 초미의 관심사다.

재건축 조합에 공포의 대상인 재건축 초과이익환수제

Q. 재건축을 통해 초과이익(준공 후 아파트 시세에서 재건축 추진위원회 설립일 당시 공시가격을 뺀 금액) 1억 5천만 원을 얻었다면 세금을 얼마나 내야 하나요?

A. 초과이익의 50%가 부과될 수 있습니다. 조합원 1인당 재건축으로 얻는 이익이 3천만 원 이상일 경우 구간별로 가산금(세금)을 부과합니다.

재건축을 추진 중인 조합들에 사업추진의 가장 큰 걸림돌이자 공포대상인 재건축 초과이익환수제. 이 제도는 현 정부 들어 2018년부터 첫 시행된 것으로 보이지만 사실 참여정부 시절인 2006년 처음 도입되었다.

이 제도는 금융위기 이후 주택시장 침체 등을 이유로 2013년부터 2017년까지 5년여 동안 시행이 잠정 중단되었다. 현 정부 들어서는 추가 유예와 재부활을 놓고 의견이 갈렸지만 주택시장 과열 등이 나타나자 결국 다시 본격 가동하게 되었다.

이 제도는 재건축 후 정상주택 가격 상승분을 초과하는 이익에서 최대 50%를 재건축 부담금으로 환수하는 제도다. 재건축 부담금 자체가 사후적 비용이지만 사전적으로 부담금을 제시한다는 점에서 '미실현이익에 대한 과세'라고 주장하는 쪽에서는 위헌소송을 제기하기도 했지만 모두 기각되거나 합헌 결정이 나왔다.

이로써 2018년 1월 이후 관리처분계획인가 신청을 하는 재건축 사업장은 모두 환수제 대상이다. 단, 정비사업에 속하지만 재개발 사업장이나 리모델링은 이 제도 영향권에서 벗어나 있다.

초과이익환수제가
재건축시장의 큰 변수

재건축 초과이익은 준공시점의 새 아파트 가격(조합원 분양가+일반 분양가+소형 임대주택 가격)에서 재건축 추진위원회 설립일 당시 공시가격 및 개발비용, 정상 주택가격 상승분(주변 시세 상승분) 등을 제한 금액이다.

이 금액이 조합원 1인당 평균 3천만 원을 초과할 경우 초과이익의 10~50%를 재건축 부담금으로 부과한다.

강남 재건축시장에서는 사업기간이 10년 이상 지체된 곳이 많다. 이럴 경우는 예외적으로 입주시점으로부터 10년 전 가격을 개발이익 최소 기산일로 잡아 부담액을 계산한다.

예를 들어 조합원 1인당 재건축으로 얻는 평균이익이 3천만 원 이

재건축 초과이익환수제 부담금 계산

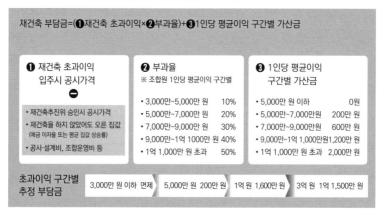

재건축 부담금=(❶재건축 초과이익×❷부과율)+❸1인당 평균이익 구간별 가산금

❶ 재건축 초과이익
입주시 공시가격
➖
- 재건축추진위 승인시 공시가격
- 재건축을 하지 않았어도 오른 집값
  (예금 이자율 또는 평균 집값 상승률)
- 공사 설계비, 조합운영비 등

❷ 부과율
※ 조합원 1인당 평균이익 구간별

- 3,000만~5,000만 원   10%
- 5,000만~7,000만 원   20%
- 7,000만~9,000만 원   30%
- 9,000만~1억 1000만 원 40%
- 1억 1,000만 원 초과   50%

❸ 1인당 평균이익
구간별 가산금

- 5,000만 원 이하   0원
- 5,000만~7,000만원   200만 원
- 7,000만~9,000만원   600만 원
- 9,000만~1억 1,000만원 1,200만 원
- 1억 1,000만 원 초과 2,000만 원

초과이익 구간별 추정 부담금   3,000만 원 이하 면제 ▷ 5,000만 원 200만 원 ▷ 1억 원 1,600만 원 ▷ 3억 원 1억 1,500만 원

출처 : 국토교통부

하의 경우에는 부담금이 면제되는 것이다. 초과이익은 사업기간 중 오른 집값에서 해당 시·군·구 평균 집값 상승분과 개발비용을 뺀 값이다.

조합원 1인당 평균이익이 3천만 원 초과~5천만 원 이하일 경우 3천만 원을 초과하는 금액의 10%가 부과된다. 1인당 평균이익이 5천만 원 이상일 경우에는 구간별로 가산금이 있다.

이익금이 5천만 원 초과~7천만 원 이하라면 가산금 200만 원을 더해 5천만 원을 초과하는 금액의 20%가 부과된다. 7천만 원 초과~9천만 원 이하는 가산금 600만 원을 더해 7천만 원을 초과하는 금액의 30%가 부과된다.

이익금이 9천만 원 초과~1억 1천만 원 이하는 가산금 1,200만 원에 더해 9천만 원을 초과하는 금액의 40%가 부과된다. 1억 1천 만 원을 초과하면 가산금 2천만 원과 1억 1천만 원을 초과하는 금액의

50%가 부과된다.

이러한 부담금이 예상보다 과도하다고 느끼는 조합이 상당수다. 실제 지난 2018년 국토부가 전국 주요 재건축 단지 20곳을 대상으로 자체 시뮬레이션을 한 결과 강남4구(강남·서초·송파·강동구)의 재건축 부담금은 최고 8억 4천만 원(평균 4억 4천만 원)으로 집계되었다. 국토부 해석대로 재건축에 따라 최고 8억 4천만 원의 부담금이 나온다는 것은 역산하면 재건축으로 인한 초과이익이 17억 5천만 원이나 된다는 뜻이다.

2018년 4월에는 현 정부 들어 첫 부담금 예상액이 발표되기도 했다. 서초구 반포현대아파트가 그 주인공이다. 이 단지는 조합원 1인당 1억 3,569만 원을 통보받았다. 당초 이 아파트 재건축 조합이 제출한 재건축 부담금(850만 원)보다 열 여섯 배나 많은 금액으로 시장에 적지 않은 충격을 준 바 있다.

Tip★ 분담금과 부담금 차이는?
재건축 진행 과정에서 조합원이 많은 금액을 지출할 부분은 크게 2가지로 구분된다. 먼저 추가 분담금은 재건축, 재개발 등 정비사업 과정에서 조합원이 새 아파트 평형대를 배정받고 추가로 내야 하는 비용이다. 일반분양분 수익금이 많고, 본인이 권리가액(각 조합원이 소유한 토지 또는 주택의 감정가격과 비례율을 곱한 금액) 보다 작은 평형대로 신청하면 분담금을 환급받는 경우도 있다. 각 정비사업이 진행될 때마다 단계적으로 내야 한다.
재건축 부담금은 재건축 초과이익환수제 영향으로 준공 후 이익을 미리 따져서 내는 일종의 세금이다. 조합에 사전에 부담금 규모가 예정·고지되고, 실제 부담금은 준공 후에 확정·고지된다.

재건축의 대안으로 떠오른 리모델링이란 무엇인가?

Q. 재건축은 30년 이상 준공 후 가능하다는데 리모델링은 몇 년 후 가능하죠?

A. 준공 후 15년 이상인 건축물이면 가능합니다. 보통 사업 시작 후 준공 때까지 평균 5~6년 정도 걸려 재건축이나 재개발에 비해 상대적으로 사업 절차가 간소한 편입니다.

"재건축이 좋을까요? 아니면 리모델링이 더 나을까요?"

노후된 아파트를 보유한 실소유자는 물론 새 아파트를 찾는 수요자들이 가장 많이 하는 질문 중 하나다.

단순히 기존 아파트를 허물고 새로 짓는 재건축과 기존 건물을 증축해 다시 쓰는 리모델링은 건축 방식 외에도 다른 점이 많다. 어떤 사업방식으로 개발을 진행하느냐에 따라 세금, 사업기간, 전매제한 등 표면적인 부분 외에도 가장 중요한 사업성이 달라질 수 있어 사전에 개념을 숙지할 필요가 있다.

먼저 리모델링과 재건축을 구분지을 수 있는 점은 사업기간이다. 리모델링은 준공 후 15년 이상된 건축물을 대상으로 한다. 전면철거 방식이 아닌 기존 건물의 철골 보강, 설계변경 등을 통해 증·개축을 한다는 점에서 재건축 사업 연한(30년)에 비해 절반이나 짧다. 사업을 시작할 수 있는 건축물 안전진단조건 역시 재건축은 조건부 재건축 조건인 D등급이나 E등급을 받아야 하지만 리모델링은 B등급 이상이면 추진이 가능하다.

구체적으로 리모델링 사업절차는 '조합설립 → 안전진단 → 건축·도시계획심의 → 사업계획(행위허가) 승인 → 이주·착공 → 입주'로 이루어진다. 리모델링은 까다로운 사업절차를 거쳐야 하는 재건축에 비해서는 간소한 편이다.

리모델링은 보통 사업 시작 이후 준공 때까지 평균 5~6년밖에 걸리지 않는다. 재개발·재건축과는 달리 기존 건물을 허물고 새로 건축을 하지 않기 때문에 안전진단을 2차례에 걸쳐 받는다. 이를 적용해 만약 2000년도에 지어진 아파트가 2015년부터 리모델링을 시작하면 2020년이면 사업 완료가 가능하다는 결론이 나온다.

주로 1기 신도시인 분당, 평촌, 일산, 중동, 산본 등 1990년대 초중반에 지어진 아파트가 리모델링 대상이다. 이처럼 평균 40년가량(준공 후 30년 재건축 연한 포함) 걸리는 재건축에 비해 리모델링은 훨씬 빠른 편이다.

재건축 부담금은 없지만
일반분양 수익은 적어

각종 규제의 적용을 받지 않는다는 점도 리모델링의 장점이다. 리모델링은 2018년 부활한 재건축초과이익환수제를 적용받지 않아 재건축 부담금이 없는 데다가 조합원 지위양도 제한도 없다. 또한 용적률 제한(재건축시 일반주거지역 법적상한 용적률 최대 300%)이 없어 수직증축을 통해 일반분양 수익을 얻을 수 있다.

리모델링은 아파트를 위로 올리는 수직증축과 각 세대를 앞뒤 혹은 옆으로 넓히는 수평증축이 있다. 만약 수직증축을 통해 리모델링 사업을 추진하면 15층 이상 아파트는 최대 3개층 수직증축, 14층 이

재건축의 대안으로 떠오른 리모델링

	리모델링	재건축
연한	준공 15년 이후 추진 가능	준공 30년 이후 추진 가능
용적률	용적률 제한 없음 (단, 지구단위구역 제외)	법적 상한 용적률 이내 (최대 300%)
소요기간	리모델링 규모에 따라 다름	리모델링에 비해 사업기간이 김
건축법 완화적용	건축선, 용적률, 건폐율, 높이제한, 공개공지 확보, 조경 등 완화	완화되지 않음
기반시설 기부체납	없음	도로, 공원, 녹지 등 의무 제공
소형 임대주택 건립	없음	증가 용적률의 50% 건립 (전용 60㎡ 이하)
초과이익환수	없음	3천만 원 초과시 10~50% 국가 환수

하 아파트는 2개 층을 더 올릴 수 있다. 수평증축은 전용 85m² 미만은 전용면적 40% 이내, 85m² 이상은 전용면적 30% 이내에서 세대면적을 넓힐 수 있다. 수평증축을 통해서는 기존 조합원이 본인의 거주면적을 넓힐 수 있지만 사업비용(추가분담금)을 본인이 부담해야 한다. 수직증축을 통해서는 거주면적을 넓히는 데는 한계가 있지만 일반분양을 새롭게 받기 때문에 리모델링 사업비용을 일정 부분 충당할 수 있다는 장점이 있다.

다만 리모델링이 재건축에 비해 상대적으로 불리한 점도 있다. 최대한 늘릴 수 있는 가구수가 15%로 제한된다. 만약 총 300가구로 구성된 아파트를 리모델링하면 늘어날 수 있는 가구수가 45가구에 불과한 것이다. 이 때문에 조합원 입장에서는 일반분양을 통한 수입이 재건축에 비해 더 적을 수밖에 없다. 또한 리모델링은 재건축에 비해 사업기간이 짧은 대신 상대적으로 재건축에 비해 일반분양 수익이 훨씬 적은 편이다. 즉 조합원들이 내야 하는 추가분담금이 더 많을 수 있다는 얘기다. 또 정비사업 후 재건축 단지에 비해 집값 상승률이 높지 않을 수 있다. 아울러 내력벽(건물의 하중을 견디기 위해 만든 벽) 철거 허용이 연기되면서 자유로운 평면설계에 한계가 있다는 것도 단점으로 지적된다.

재건축·재개발 사업이
늦어지는 곳은 다 이유가 있다

Q. 정비사업이 늦어지는 이유에는 어떤 것이 있나요?

A. 재건축 보상 등을 둘러싸고 단지 내 상가와 갈등, 조합원 간 권리 다툼, 관할 지방자치단체의 심의 연장 등이 있습니다. 정비사업은 결국 시간이 돈이기 때문에 이런 위험성을 잘 따져보고 투자해야 합니다.

주택시장에는 '몸테크'라는 말이 있다. 몸과 재테크의 합성어로 집을 살 자금여력이 부족하면 오래된 낡은 아파트를 사서 재건축이나 재개발을 노리고 불편함을 무릅쓰고 산다는 것을 의미한다.

재화를 이용한 최대이익을 창출하는 것이 아니라 속된 말로 '몸빵'을 하는 것이다. 물론 이 단어에는 언젠가 헌 아파트가 새 아파트가 되고 집값이 뛰어 결국 재테크에 성공할 수 있다는 기대감이 담겨 있다.

당장 투자할 여력이 없거나 새 아파트를 살 수 없는 서민들은 최후의 수단으로 몸테크를 노리기도 한다. 녹물이 나오거나 외풍이 심하고 벌레가 들끓는 낡은 아파트에 거주하며 본인의 몸으로라도 버텨서 새 아파트를 갖고 말겠다는 씁쓸한 세태가 벌어지는 것이 현실이다.

다만 이 과정에서 간과하는 것이 있다. 바로 재개발·재건축 등 정비사업 가능성이다. 단순히 해당 주택이 정비사업 연한(30년)이 지났다고 진행될 수 있을까?

전혀 아니다. 어떤 아파트는 정비구역으로 지정된 시점부터 새 아파트 준공까지 7~10년이 걸리는 반면, 어떤 아파트는 준공된 지 40년이 지나도록 사업승인조차 제대로 받지 못한 경우도 허다하다. 단순히 노후·불량 기준 외에도 정비사업을 추진할 때는 많은 변수가 존재하기 때문이다.

조합 갈등과 소송 등의 각종 변수들도 고려해야

서울 노른자 부위에 있는 강남구 개포주공1단지를 예로 들어보자. 지어진 지 38년이 된 이 아파트는 재건축 보상금을 두고 재건축조합과 단지 내 상가와 갈등이 지속되면서 지난 2016년 사업시행인가 승인 이후 사업이 4년 이상 사실상 올스톱되었다. 이 시기 재건축 초과이익환수제 등 각종 규제가 쏟아진 탓에 조합원 입장에서는 시간이 돈이었다. 그러나 결국 이를 피하지 못하게 되었다.

서초구 최고 재건축 대어로 꼽히는 반포동 반포주공1단지도 내부 소송과 건설사 갈등으로 사업이 사실상 중단된 상황이다. 이 단지 대형 평형이 속한 1·2·4주구는 일부 조합원이 건립 후 가구 배정에 형평성을 문제 삼아 '관리처분계획 총회결의 무효확인' 소송을 내 승소를 했다. 이로써 2019년 하반기 이주를 직전에 두고 사업이 모두 멈췄다.

만약 관리처분계획이 취소되면 재건축 부담금은 물론 사업을 거의 다시 시작해야 하는 상황이다. 단지 내 부지 소유권을 둘러싸고 한국토지주택공사LH와도 소송 중이다. 옆 단지인 반포주공1단지 3주구는 시공사 재선정 절차를 겪으면서 사업이 장기화되고 있다.

이외에도 송파구 잠실주공5단지, 강남구 은마아파트, 여의도 시범아파트도 40년 이상된 노후 아파트지만 랜드마크 개발을 둘러싸고 서울시와 갈등을 겪으며 사업이 사실상 멈춰서 있다. 서울 재개발 최대어인 용산구 한남3구역도 시공사 간 과열경쟁에 제동이 걸려 사업이 차일피일 미뤄지고 있다. 위 사례를 보면 서울에서 가장 핵심 재건축·재개발에 투자했다고 해도 새 아파트를 얻기는커녕 자금이 묶여 이러지도 저러지도 못하는 난감한 상황에 빠질 수 있는 셈이다.

이와 반대로 서초구 신반포1차를 재건축한 아크로리버파크는 재건축 성공사례다. 물론 이 아파트도 18년 동안 사업이 제자리걸음이었지만 조합원이 똘똘 뭉쳐 2013년 사업을 개시한 이후 도시계획심의부터 입주까지의 사업을 4년 8개월 만에 완료했다. 지난 2019년 이 단지는 서울에서 최초로 실거래가 기준 평당(3.3㎡) 1억 원을 돌파하며 황제 아파트로 등극했다.

도시계획위원회와 도시건축공동위원회, 그 차이를 명확히 알자

2017년 서울 강남권에서 주요 재건축 아파트 주민들에게 저승사자로 불렸던 도시계획위원회(도계위). 바로 이듬해인 2018년에 부활한 세금폭탄인 재건축초과이익환수제(재건축조합이 얻은 이익이 1인당 평균 3천만 원을 넘을 경우 초과금액의 최고 50%를 세금으로 내는 제도)를 피하려면 재건축 첫 심의인 도계위 통과가 가장 중요했다. 그러나 도계위에서 번번이 재건축 심의보류, 거절판정을 받아 사업일정이 늦어지는 경우가 허다했다.

재건축 등 정비사업을 추진하는 주민들이 조합설립을 마치고 정비계획안을 마련하면 반드시 각 시·도 도계위를 거쳐야 한다. 이 관문에서 최고 층수, 단지배치도, 임대비율, 기부채납 등이 건축계획의 뼈대가 된다. 처음으로 구체적인 첫 정비계획안이 나오기 때문에 사실상 가장 까다로운 단계로도 볼 수 있다. 이를 통과할 경우 전체 사업의 5부 능선을 넘었다고 해도 과언이 아니다.

그렇다면 도계위 구성원과 그 역할은 어떻게 구분될까? 서울시 도계위는 '국토의 계획 및 이용에 관한 법률' 제113조와 '서울특별시 도시계획조례' 등에 설치 근거를 두고 있다. 도계위는 개별 재건축단지 정비계획뿐 아니라 재건축·재개발 등 정비구역 지정·해제 등 도시계획 전반에 관한 사항에 대해 자문·심의하는 역할을 맡는다. 조례에 따라 서울시 도계위는 위원장 및 부위원장을 포함해 25명 이상 30명 이하로 구성하도록 되어 있다.

개별 재건축은 도계위, 지구단위계획은 도건위

도계위를 구성하는 위원 명단은 지난 2012년까지만 해도 일반에 공개되지 않았다. 도시계획사업마다 이해관계가 복잡하게 얽혀 있기 때문에 구성원이 공개되면 위원들이 로비의 대상이 될 수 있다는 우려가 높았기 때문이다. 그러나 2012년 서초구 양재동 파이시티 복합유통센터 인허가를 놓고 도계위의 특혜심의가 있었다는 논란이 불거지면서 이후 명단을 공개하는 것으로 방침을 바꾸었다.

현재 서울시 도계위는 위원장인 행정2부시장을 비롯해 도시재생본부장, 주택건축국장, 도시계획국장, 구청장(1명), 서울특별시의회 의원(5명) 등으로 구성되어 있다. 여기에 외부 전문가인 도시계획·건축 등 관계 분야 전문가 16명(교수 14명·서울연구원 2명), 시민단체 1명, 법조인 1명, 언론인 1명 등 모두 29명이 위원으로 참여하고 있다. 이들은 매월 첫째·셋째주 수요일 오후에 재건축 정비계획안에 대해 심의한다.

도계위 심의결과는 가결(원안·수정·조건부), 보류, 자문(부동의·재자문), 부결 등으로 나뉜다. 재건축심의가 가결된 안건은 회의 개최 다음달 서울시 도시계획포털 등을 통해 일반인에게도 공개된다. 다만 부결, 보류, 자문 안건은 해당 내용을 공개하지 않는 것이 원칙이다. 서울시 도계위 회의록은 개최 30일 후 정보공개 요청이 있는 경우 열람의 방법으로 확인할 수 있다.

비슷한 심의로 알려져 있는 도시건축공동위원회(이하 도건위)는 지구단위계획 및 계획 결정에 대해 심의하는 기구다. 도계위가 개별단지 재건축 심의나 용도지역 결정 등을 한다면, 도건위는 법정 도시관리계획이자 여러 정비사업장이 몰린 구역의 밑그림격인 지구단위계획을 심의한다는 점에서 대상이 다르다.

현재 서울시에서는 압구정, 여의도, 이촌, 성수, 반포, 서초 등 주요 정비구역이 지구단위계획으로 묶여 있다. 도건위는 매달 둘째주와 넷째주 수요일에 열린다.

경매정보에 대한 접근성이 개선되면서 일반인들이 부동산 경매에 손쉽게 참여하고 수익을 내는 사례가 많아지고 있다. 하지만 '경매 물건은 무조건 저렴할 것이다'라고 생각하면 오산이다. 경매에서도 가장 중요한 것은 물건에 대한 다양한 정보다. 경매에서 수익을 내고 싶다면 물건을 검색하는 것에서부터 낙찰 후 소유권이전등기와 명도까지 꼭 알아두어야 할 주요사항들을 숙지하는 것이 먼저다.

8장

경매, 잘 알고
투자하면
반드시 돈이 된다

경매란 무엇이고
어떻게 참여해야 하나?

> **Q. 부동산 경매로 돈을 벌었다는 투자 성공기를 심심치 않게 접할 수 있는데 경매는 누구나 할 수 있는 건가요?**
>
> **A.** 아무나 할 수는 없지만 누구나 할 수 있는 것이 부동산 경매입니다. 현장조사와 권리분석에 빈틈이 없다면 경매는 부동산을 취득하는 아주 매력적인 방법입니다. 경매정보를 살펴보고 권리분석을 공부하는 자체로도 부동산투자의 기초자산이 될 겁니다.

경매競賣란 물건을 사려는 사람이 여럿일 때 값을 가장 높이 부르는 사람에게 파는 것을 말한다. 부동산시장에서 말하는 경매는 좀더 구체적이다. 돈을 갚아야 할 시점이 되었는데도 채무자가 갚지 않는 경우에 채권자가 법원의 힘을 빌려서 채무자가 보유한 부동산을 경매에 넘기고 낙찰금을 배당받아 채권을 회수하는 절차를 말한다.

과거에는 일반인들이 부동산 경매에 대해 정보를 얻을 수 있는 채

널이 많지도 않고 널리 알려지지 않았기 때문에 참여자가 제한적이었고, 주먹구구식으로 운영되기도 했다. 그 과정에서 정당하지 않게 이득을 챙긴 사람들이 적지 않았다고 전해지기도 한다.

하지만 지금은 일반인들도 관심을 갖고 물건을 찾아볼 정도로 많이 알려진 부동산투자·거래의 한 방법이다. 서점 내 부동산 재테크 코너에 가보면 부동산 경매로 돈을 벌었다는 사람들의 성공기를 담은 책을 어렵지 않게 만날 수 있다.

경매는 부동산의 복잡한 권리관계를 한번에 정리해주는 절차라는 점이 매력적이다. 채권자가 채무자로부터 빌려준 돈을 평생 돌려받지 못한다면 채권자 또한 경제적 어려움에 처할 수 있을 것이다. 이는 결국 국가경제에도 부담이 되는 일이다. 채무자 입장에서는 속상하다고 생각할 수 있지만 채권자 입장에서는 권리를 보장받기 위한 수단이다. 경매는 돈의 흐름이 질서를 유지하게 해주는 장치이자 더 큰 불상사를 막기 위한 중재안이다.

채권자·채무자 모두를 위한 중재 절차가 경매

경매의 절차는 크게 5단계로 나뉘어진다. 채권자가 법원에 경매를 신청하는 단계, 경매로 처분될 부동산의 가치를 평가하는 단계, 경매에 나온 부동산을 언제 팔지 알리는 단계, 입찰금액이 제출되고 낙찰자를 결정하는 단계, 잔금을 치른 낙찰자가 부동산 소유권을 넘겨받고 법원이 채권자들에게 배당을 하는 단계다.

이해당사자를 제외하면 누구나 경매에 참여할 수 있다. 가장 대표적인 이해당사자는 해당 사건의 채무자다. 채무자가 입찰에 참여할 능력이 있다면 채권자에게 직접 변제하면 된다.

경매절차를 거치면 해당 부동산에 얽혀 있는 온갖 근저당권 등이 말소되는데 채무자가 이를 변제하지 않은 채 낙찰받을 수 있게 하면 악용될 소지가 크다. 채무자가 채무보다 낮은 가격에 낙찰을 시도함으로써 결과적으로 빚의 일부를 자동 탕감받게 되면 그 피해는 고스란히 채권자들이 떠안게 된다.

예를 들어 3억 원의 빚 때문에 경매에 넘어간 부동산을 채무자가 2억 5천만 원에 낙찰받는다면 채무자는 빚 5천만 원을 권리말소로 탕감받는 셈이 된다. 이것이 허용되면 채무 변제 능력이 있어도 고의로 변제하지 않는 사례가 생길 수 있다는 뜻이다. 다만 연대채무자나 연대보증인, 주 채무자가 아닌 소유자는 입찰에 참여할 수 있다.

또한 매각 부동산을 평가한 감정인도 입찰이 제한된다. 매각 절차에 관여한 법원 집행관도 마찬가지다. 평가 당사자가 입찰에 참여하게 되면 평가 자체에 대해 신뢰성이 훼손될 수 있고, 집행관은 매각 절차 과정에서 부정행위를 저지를 수 있기 때문이다.

낙찰받고도 대금을 기한 내 납부하지 않아 다시 경매절차를 진행시켜야 함으로써 발생하는 시간적인 손실이나 행정비용 등을 고려할 때 전 매수인의 입찰을 제한하는 것은 필요하다.

그 밖에 행위능력이 없다고 여겨지는 자(미성년자, 금치산자, 한정치산자), 경매와 직간접적으로 관련된 범죄를 저질러 유죄판결이 확정된 지 2년이 지나지 않은 사람도 경매입찰 참여가 제한된다.

경매도 손품과 발품을 팔아야 정보가 보인다

Q. 경매 물건 정보는 어디서 어떻게 확인하는 것이 좋은가요?

A. 모든 경매정보는 법원경매정보 사이트에서 조회할 수 있습니다. 경매 일 정부터 물건의 주소, 사진, 감정평가액 등은 물론 현황조사 내용도 확인할 수 있습니다. 그 밖에 포털사이트나 유료 경매정보 사이트를 통해 권리분석 도움말을 확인할 수 있습니다. 인터넷에서 파악한 정보는 현장에서 직접 확인해보는 것이 좋습니다.

부동산 경매에서 가장 중요한 것은 역시 정보다. 어떤 물건이 있는지를 알아야 하고, 그 물건의 권리관계가 어떤지를 알아야 응찰할지, 얼마를 써넬지를 결정할 수 있다.

나에게 맞는, 내가 원하는 물건을 찾는 작업은 손품을 팔면 된다. 법원에서 진행하는 모든 경매정보는 대법원 법원경매정보 사이트에서 조회가 가능하다. 지역별, 물건유형별, 경매기일별로 얼마든지 검색할 수 있다.

물건에 대한 기본정보도 세세하게 제공된다. 감정평가액은 얼마인지, 몇 월 며칠 어디서 경매가 진행되는지, 물건의 주소나 면적, 사진 등을 확인할 수 있다. 뿐만 아니라 매각물건명세서, 현황조사서, 감정평가서까지도 제공된다.

매각물건명세서에는 현재 해당 부동산을 누가 점유하고 있는지, 언제부터 점유하고 있는지, 보증금은 얼마인지, 전입신고나 확정일자 기록이 있는지, 배당요구를 했는지 등이 담당법관의 책임하에 기록되어 있다. 경매에서 가장 중요하다고 하는 권리관계를 파악할 수 있는 서류다.

2018년 8월 경매가 진행되었던 서울 용산구 이촌동의 한 아파트 사례를 보자. 매각물건명세서상 최선순위 설정일자는 2008년 11월 26일(근저당권)이다. 2008년 11월 26일 근저당권보다 뒤에 있는 권리는 경매로 사라지는 것이다. 배당요구 종기일은 2019년 6월 17일로 표시되어 있다.

세입자는 배당요구 종기일까지 법원에 배당요구를 해야 한다. 세입자가 보증금을 돌려받을 권리가 있었는데 배당요구 종기일까지 배당요구를 하지 않았다면 경매 낙찰대금에서 세입자에게 배당이 이뤄지지 않는다.

이 경우 세입자는 낙찰자에게 보증금을 달라고 할 것이다. 낙찰을 받더라도 추가적인 명도비용이 들어갈 수 있다는 뜻이다. 이 때문에 세입자가 있는 경우는 세입자가 배당요구를 배당요구 종기일 전에 했는지 꼭 체크해야 한다.

점유자 정보를 보면 세입자 손○○씨는 2012년 11월 1일에 전입신고를 하고 확정일자를 받았다. 2015년 4월 9일에 배당요구를 했다. 따라서 문제없이 배당이 이루어졌을 것이다.

비고란에는 특이사항이 기록된다. 매수인(낙찰자)이 떠안아야 할 다른 권리가 있는지를 알 수 있는 부분이므로 반드시 체크해야 한다.

좋은 물건을 취득하는 것이
경매의 목적임을 잊지 말자

감정평가서는 법원으로부터 감정평가를 의뢰받은 감정평가사가 해당 물건을 조사하고 감정평가이론에 따라 평가한 내용이 담겨 있다. 경매에 응찰하려는 사람은 이 감정평가액 이상의 금액을 써내야 한다.

감정평가서 내용을 꼼꼼히 살펴보면 주변 시세나 직전 실거래가 등을 확인할 수 있고, 그 지역의 가격추이도 파악할 수 있다. 입지를 판단할 때 어떤 항목들을 체크해야 하는지에 대해서도 알게 된다. 이 같은 과정에 익숙해지면 다른 부동산 물건의 가격을 판단하는 요령이 자연스럽게 생길 수 있다.

손품을 어느 정도 팔았다면 이제는 발품을 팔 차례다. 부동산거래는 매수자가 해당 지역을 원해서 찾아갔고 공인중개사 등을 통해 물건을 찾는 경우이기 때문에 사전에 시세나 물건의 특성에 대해 파악되었다고 볼 수 있지만 경매는 경매로 나온 물건 중에서 골라야 하기 때문에 물건을 찾은 뒤부터 정보를 얻는 작업이 중요하다.

매각물건명세서 등을 통해 살펴본 내용과 실제 현장에서 받을 수 있는 느낌이 다를 수 있다. 매매거래시에는 공인중개사를 통해 설명을 들을 수 있는 부분도 경매 물건은 직접 체크해야 한다.

해당 물건이 속한 단지의 다른 물건을 매수한다는 생각으로 인근 공인중개사에게 문의하는 것이 하나의 방법이다. 이 과정 속에서 경매 물건보다 좋은 층과 향의 물건을 적당한 가격에 매수할 수도 있다. 낙찰이 목적이 아니라 좋은 부동산 물건을 취득하는 것이 목적이기 때문에 결론은 '해피엔딩'이다.

경매에 투자하는 사람들이
꼭 알아야 할 것들

Q. 낙찰자로 정해지면 그 다음에는 무엇을 해야 하나요?

A. 입찰 마감 직후 개찰이 진행되고 낙찰자가 발표되는데, 가장 높은 금액을 써서 낙찰자가 되더라도 매각허가를 받아야 합니다. 경매절차에 이의가 없는지도 확인해야 합니다. 문제없이 허가를 받고 다른 누군가의 이의신청이 없다면 잔금만 잘 치르면 됩니다. 소유권이전등기와 인도 또는 명도 절차도 잘 마무리해야 합니다.

법원에서 정한 매각기일에 경매가 진행되고, 개찰 결과 가장 높은 가격을 써낸 사람이 낙찰자로 정해진다. 매각기일에 낙찰자가 정해지더라도 확정된 것은 아니다. 경매 과정에서 문제는 없었는지, 낙찰자가 다른 결격사유는 없는지 등을 7일간 살펴보고 낙찰자에 대한 매각허가 여부를 결정한다. 이때 매각허가를 받으면 30일 이내로 대금납부기한이 설정된다.

매각허가 여부가 7일 안에 결정되지 않는 경우도 있다. 누군가 경매 결과에 대한 이의신청을 제기할 경우에는 허가 결정이 늦춰질 수 있는 것이다.

매각허가를 받은 뒤에도 방심할 수 없다. 대금납부기한에 잔금을 치러야 한다.

잔금납부 후 소유권이전등기, 인도명령과 점유이전금지가처분 신청

잔금까지 납부하면 해당 부동산에 대해 여러 가지 권리를 행사할 수 있다.

첫째, 소유권이전등기가 가능해진다. 등기부등본에 자신을 소유자로 표시할 수 있게 된다.

둘째, 인도명령을 신청할 수 있다. 해당 부동산을 점유하고 있는 사람을 내보내기 위한 방법이다. 인도명령은 잔금을 치른 날로부터 6개월 안에 신청해야 한다. 경매는 법원이 진행하는 것으로 강제력이 있다. 공매와 다른 점이다. 인도명령의 기한인 6개월이 지났다면 명도소송을 이용해야 한다.

셋째, 점유이전금지가처분 신청이다. 인도명령을 통해 해당 부동산에 살고 있던 기존 세입자 또는 원소유자를 내보냈다고 생각했는데 막상 가보니 다른 사람이 들어와 있는 경우가 간혹 있다. 이 경우 새로운 사람에 대해서는 인도명령의 효력이 없다. 낙찰자로서는 속 터지는 일이 아닐 수 없다. 이런 일을 미연에 방지하기 위해 인도명령을 신청할 때 점유이전금지가처분도 함께 신청해야 한다.

낙찰자가 지불한 대금은 감정평가비용 등 경매 진행비용을 공제한 뒤 채권자에게 배당된다. 통상 1~6개월이면 경매절차가 종료된다.

낙찰가를 보면
주택시세가 보인다

부동산경매 정보수집은 낙찰을 통해 해당 부동산을 취득하기 위한 것뿐만 아니라 최신 시세를 파악하기 위한 기능도 한다. 국토교통부 실거래가 시스템에 신고된 가격은 실제 계약시점과 1개월의 시차가 있지만 경매 낙찰가는 그날 공개되기 때문이다. 취득의사가 있는 사람이 해당 부동산에 대해 지불하겠다고 밝힌 가격이다.

법원경매정보 사이트 또는 사설 부동산경매정보업체 등에서 법원별, 소재지별로 매각결과를 검색할 수 있다.

서울 강서구 가양동 강서한강자이 85m² 짜리 아파트(13층)는 지난 2020년 2월 25일 10억 600만 원에 낙찰되었다. 감정평가액 9억 100만 원보다 약 11.6% 높은 수준이다. 같은 시기, 같은 면적형의 실거래가 기록이 없는 상황에서 다른 수요자들이 참고할 만한 가격이 생긴 셈이다. 가장 가까운 실거래가 기록은 낙찰일로부터 두 달여 전인 2019년 12월 9억 9,700만~10억 원이다.

공인중개업소에 게시된 매도호가만 보고 매수가격을 결정한다면 나중에 후회할 가능성이 크다. 같은 시점 네이버 부동산에서 확인할 수 있는 같은 면적형 매물은 10억 3천만~11억 5천만 원에 나와 있다.

부동산 경매는 그날그날의 시세를 파악하기에 가장 좋은 참고자료이지만 한계도 분명히 있다. 경매물건의 사례가 제한적이기 때문에 정작 내가 알고 싶은 단지나 지역의 최신 시세를 판단하는 데 큰 도움이 못되기도 한다.

평균 응찰자 수와 낙찰가율로
시장 분위기 엿보기

경매통계는 부동산시장의 전반적인 분위기를 느낄 수 있는 지표로도 참고 가능하다. 대표적인 것이 평균 응찰자수, 낙찰가율, 매각률 등이다. 과거에는 부동산 경매에 대한 정보를 구하기가 쉽지 않아 '그들만의 리그'였던 적이 있다. 그러나 지금은 시중에 경매 관련 서적들도 많이 나와 있고 인터넷에 검색만 하면 다양한 경매정보를 접할 수 있다.

부동산투자자 또는 실수요자들이 경매에 손쉽게 참여하면서 평균 응찰자수는 부동산시장에 대한 관심도를 보여주는 지표가 되었다. 절대적인 기준은 없지만 전월 대비, 전년 동월 대비 평균 응찰자수의 변화가 눈에 띄게 나타난다면 그것이 곧 시장의 분위기일 것이다.

응찰자수 증감과 반드시 맞아떨어지지는 않지만 매각률, 낙찰가율 역시 시장의 온도를 잴 수 있는 바로미터가 된다. 3개 지표 모두 높으면 높을수록 참여자들의 낙찰에 대한 의지가 크다는 것을 의미한다.

경매와 공매의
공통점과 차이점은 무엇인가?

Q. 공매도 경매와 거의 비슷하게 진행하는 것 같은데 어떤 점이 같고 어떤 점이 다른가요?

A. 최저입찰가격이 제시되고 가장 높은 입찰금액을 써내는 사람이 물건을 취득하게 된다는 점은 같습니다. 그러나 경매는 법원에서 진행되고 공매는 온비드라는 인터넷 사이트에서 이루어진다는 점이 큰 차이점입니다. 공공기관이 소유하고 있던 부동산이 공매를 통해 처분되는데 이런 물건은 권리상 하자나 명도 문제가 없다는 점이 매력입니다.

경매와 매우 비슷하지만 다른 형태로 자주 비교되는 것이 공매다. 공공기관이 주체가 되어 실시하는 경매라고 이해하면 된다. 공매는 한국자산관리공사(캠코)에 의해 진행된다.

일반적인 시장에서 매도인과 매수인의 자유의사에 의해 거래되는 것이 아니라 제한적인 시장에서 특수한 사정에 의해 거래되는 방식이라는 점에서 경매와 공매는 많은 공통점을 가지고 있다. 경매 또는 공매시장에 나오는 물건은 제한적이고 매수인은 본인이 희망하는 가격을 적어낸다. 가장 높은 가격을 써내면 취득할 수 있는 권리를 갖는다. 최소한으로 써내야 할 기준가격은 감정평가에 따른 감정가격으로 정해진다. 해당 물건에 대한 기초정보가 제공된다.

기본적인 매각방식은 흡사하지만 그 과정에서 차이점도 분명히 존재한다. 가장 큰 차이점은 강제성이다.

경매는 법원을 통해 진행된다. 낙찰결정은 법원의 판결이다. 기존 소유자나 점유자가 대항력이 없다면 해당 부동산을 낙찰자에게 넘겨줘야 한다. 낙찰자는 법원의 판결을 근거로 강제집행할 수 있다.

공매는 공공기관에 의해 실시되기 때문에 명도문제가 발생할 경우 낙찰자가 별도의 소송 또는 합의를 통해 해결해야 한다. 다만 공공기관이 소유하고 있던 것을 매각하는 경우라면 명도에 큰 문제가 있을 리 없다.

공매는 온비드 사이트에서 온라인으로 입찰

공매물건은 캠코에서 운영하고 있는 온비드 사이트를 통해 조회할 수 있다. 입찰을 준비하고 있다면 온비드 사이트에 회원가입을 하고 전자입찰용 공인인증서를 미리 등록해야 한다.

경매와 달리 공매는 온라인을 통해 입찰서를 제출하기 때문에 시간을 따로 내지 않아도 되는 점은 간편하다. 한번 제출한 입찰서는 변경 또는 취소가 절대 불가능하다. 공매 입찰보증금은 입찰서 제출

후 부여된 가상계좌로 입금해야 한다. 실시간 계좌이체, 인터넷뱅킹, 폰뱅킹, ATM, 은행창구 입금 등 다양한 거래방법 중 선택할 수 있다.

경매가 개인끼리의 채무관계에 기초해 발생하는 사건이라면 공매는 세금 미납 등 나라에 빚을 졌을 때 채무자의 재산을 처분하는 방식이다. 공매에서 다루어지는 재산은 압류재산, 국유재산, 수탁재산, 유입·유동화재산 등이 있다. 압류재산은 해당 물건의 소유자가 국가나 지자체에 세금을 내지 않아 압류된 부동산을 말한다. 공매로 처분해 세금을 환수하게 된다. 국유재산은 국가 소유의 부동산을 말한다. 수탁재산은 금융기관이나 공기업이 소유하고 있으나 소유의 필요성이 없어져 매각하는 부동산이다. 유입재산은 한국자산관리공사(캠코)가 법원경매를 통해 취득한 금융기관의 부동산이다. 캠코가 부실 징후 기업으로부터 사들인 부동산도 유입재산에 속한다.

수탁재산과 유입재산은 권리분석이 필요 없고, 잔금을 완납하기 전 다른 사람에게 팔 수 있다는 것이 장점이다. 수탁재산은 잔금을 나눠서 할부로 낼 수도 있다.

간혹 하나의 부동산이 경매와 공매로 동시에 매각이 진행되는 경우가 있다. 경매와 공매는 별개의 절차라서 동시에 진행될 수도 있다. 이런 경우 법원과 캠코가 협의해 하나의 절차로 매각을 진행하게 된다.

전산 시스템에서 미처 걸러내지 못해 이중 매각이 진행된 경우는 잔금을 먼저 납부하는 매수자가 소유권을 취득하게 된다. 소유권을 취득하지 못한 나머지 낙찰자는 보증금을 돌려받는다.

경매로 돈 벌고 싶으면
배당원리부터 파악하자

Q. 채권자들은 경락대금을 어떻게 나눠 갖나요?

A. 낙찰대금은 권리의 순서에 따라 배분됩니다. 집행비용이나 체불임금, 미납세금 등을 먼저 제한 뒤 채권이 성립된 날짜에 따라 우선순위가 정해집니다. 다만 물권인지 채권인지에 따라 선순위여도 전액 배당받지 못하는 경우가 있습니다. 또한 채권자가 배당요구신청을 기한 안에 했는지도 확인해야 합니다.

배당의 사전적 정의는 특정 재물을 일정한 기준(비율)에 따라 분배하는 것이다. 경매는 채권자가 법원의 힘을 빌려 채무자 소유의 재산을 경매절차를 통해 금전으로 바꿔 채권의 순서와 규모에 맞게 나눠주는 기능을 하기 때문에 배당원리를 제대로 이해하는 것이 매우 중요하다.

매각대상 경매 부동산의 권리관계를 들여다보면 여러 채권자가 등장한다. 이들은 법률에 의해 배당순위가 정해진다.

낙찰대금에서 가장 먼저 제하는 것이 집행비용이다. 경매가 진행되기 위해서 공고를 내야 하고 감정평가를 받아야 하고, 각종 수수료와 인지대 등이 필요하다. 이 비용을 뺀 뒤에는 소액 임차인의 최소한의 보증금과 체불임금 등을 0순위로 둔다.

지역별로 차이가 있는데 서울의 경우 임대보증금 1억 1천만 원까지 최우선변제 대상이다. 이때 최우선변제금은 3,700만 원이다. 3,700만 원은 우선 돌려받으며 나머지 7,300만 원은 다른 채권자와의 권리순서에 따라 다 돌려받을 수도 있고 돌려받지 못할 수도 있다.

근로자의 임금채권 역시 다른 채권보다 우선 변제된다. 3개월치의 임금, 재해보상금, 3년분의 퇴직급여가 우선 변제대상이다. 소액임차인과 같은 순위로 배당받게 된다.

그 다음 순위는 매각대상 부동산에 부과된 세금이다. 종합부동산세(종부세), 상속세, 증여세, 재산세 등이 해당한다. 여기까지는 사실상 0순위라고 보면 된다.

그 이후부터 실직적인 채권자들의 순위 다툼이 시작된다. 해당 채권의 날짜를 비교해서 빠른 쪽이 우선순위를 갖는다. 근저당권, 전세권, 담보가등기권, 조세채권, 임차인의 우선변제권 등이 경합한다.

이어 앞서 0순위에 해당했던 임금채권 이외에 잔여 임금채권과 퇴직금이 2순위로 배당된다. 또한 1순위 채권보다 날짜가 늦은 조세채권이 3순위가 되며, 채권보다 납부기한이 늦은 공과금이 4순위에 자리한다.

선순위라고 해서
전액 배당을 받는 건 아니다

배당순위가 빠른 채권자는 배당할 금액의 범위 내에서 배당신청액 전액을 확보한다. 이를 흡수배당 또는 우선배당이라고 한다. 물권이거나 우선변제권이 있는 보증금 채권 등이 흡수배당 대상이다.

후순위 채권자들이 많이 남아있고 그들이 배당을 못 받게 되는 상황이 발생한다고 해도 흡수배당이 적용되는 경우는 선순위 채권자들의 배당액이 영향을 받지 않는다.

반면 1순위가 가압류권 등 채권인 경우 전체 채권액 중 차지하는 비율만큼 안분해서 배당하는 원칙이 적용된다. 따라서 1순위가 물권인지 채권인지를 구분하는 것이 중요하다.

단독주택의 낙찰가격이 2억 원(배당 가능한 금액)이고 1순위 채권 1억 원, 2순위 물권 2억 원, 3순위 채권 1억 원이라고 가정하면 1순위 채권자는 안분배당이 적용된다. 전체 채권액 4억 원 중 1억 원이므로 25%에 해당한다. 낙찰가 2억 원의 25%인 5천만 원이 배당된다.

2순위 물권은 흡수배당인데, 채권액은 2억 원이지만 배당 가능한 잔액이 1억 5천만 원이므로 1억 5천만 원을 배당받고 끝난다. 3순위 채권자는 1순위 안분배당 계산에는 참여했지만 2순위 물권에 대한 배당 이후 배당 가능한 잔액이 없기 때문에 배당을 받을 수 없다.

이렇게 배당을 받으려면 배당요구신청을 통해 경매절차에 참여해야 한다. 권리가 존재하더라도 배당요구를 정해진 날짜 안에 하지 않으면 배당을 받을 수 없으므로 채권자와 응찰자 모두 이 부분을 유념해야 한다.

권리 종류에 따라 배당요구신청을 하지 않아도 되는 채권자가 있고, 배당요구신청을 해야만 배당을 받을 수 있는 채권자가 있다. 주택임대차보호법이나 상가임대차보호법의 적용을 받는 임차인, 담보가등기권자, 임금채권자 등은 반드시 배당요구신청을 해야 한다.

명도를 제대로 하는 방법은
분명 따로 있다

Q. 낙찰받은 후에 기존 점유자를 내보내는 것이 어렵지는 않나요?

A. 경매는 법원 결정에 따라 이뤄지기 때문에 명도 절차에 강제력이 있습니다. 다만 낙찰 후 점유자가 바뀌는 경우 강제집행이 지연될 수 있는데, 점유이전금지가처분 등의 조치를 미리 취해 놓으면 문제가 발생하는 것을 막을 수 있습니다.

낙찰받은 부동산을 넘겨받는 절차를 명도라고 한다. 명도는 낙찰 이후 가장 중요한 단계라고 할 수 있다. 낙찰이 전제되어야만 명도를 논할 수 있는데, 명도가 이루어지지 않으면 낙찰 역시 의미가 없기 때문이다.

전문적으로 경매에 참여하고 낙찰 경험이 많은 사람이 아니라면 누구나 명도에 대한 두려움을 갖고 있을 것이다. 기존 점유자가 순순히 짐을 빼고 퇴거하지 않는 경우 스트레스가 당연히 커질 수밖에 없다. 그나마 공매와 다르게 경매는 법원의 낙찰결정에 따라 일이 진행된다. 이 때문에 강제력이 있다는 점을 알고 있으면 보다 침착하게 대응할 수 있다.

낙찰 후 잔금을 치르고 기존 점유자를 내보내기 위해 해당 부동산을 방문하러 갈 때는 무작정 그냥 가지 말고 내용증명을 보내는 것이 좋다. 우체국에 가서 '○○년 ○○월 ○○일까지 집을 비워주지 않으면 모든 민·형사상의 책임을 묻겠다'는 내용증명을 보낸 뒤 낙찰받은 부동산에 방문하는 것이다. 당일 방문해서 인간적으로 이야기를 나누고 나면 그 다음날 내용증명이 그 집에 도착하게 된다.

이쯤 되면 대부분의 점유자들은 더 이상 버티기 힘들다고 생각한다는 것이 경매 전문가들의 경험담이다. 이후 다시 방문하면 본격적으로 이사비용 등에 대한 이야기가 나오면서 실마리가 풀리는 경우가 많다.

그 밖에 발생 가능한 몇 가지 돌발 상황을 이해하고 미리 조치를 취해놓는 것이 중요하다.

첫 번째 돌발 상황은 낙찰 이후 명도소송 진행 중에 점유자가 바뀐 경우다. 분명히 명도소송 전에는 홍길동씨가 점유하고 있었는데 소송 중에 홍길동씨가 떠나고 김갑돌씨가 들어와 있는 사례다. 홍씨를 상대로 소송을 했는데 피고를 변경해야 하는 문제가 생긴다. 또는 홍씨를 상대로 승소했는데 강제집행을 하려다 보니 김씨로 바뀌어 있는 경우도 강제집행이 지연되는 문제가 발생한다. 이를 방지하기 위해 점유이전금지가처분을 사전에 해놓는 것이 좋다. 점유자를 변경하지 못하도록 하는 조치다.

점유자 압박도 좋지만
대화로 푸는 것이 가장 좋다

점유자의 가재도구 등을 가압류하는 것도 하나의 방법이라고 전문가들은 조언한다. 점유자가 완강하게 버티거나 대화를 거부한다면 월세에 상당하는 금액에 대한 부당이득지급청구소송을 제기하고 가재도구 등을 가압류할 수 있다. 점유자가 보증금을 배당받는 상황이라면 그 배당금에 가압류를 거는 것도 효과적이다.

이처럼 가압류는 점유자를 압박할 수 있는 수단이다. 하지만 가압류를 하면 자칫 점유자와의 감정싸움으로 번질 가능성도 있다. 무엇보다 점유자와 대화를 통해 합의점을 찾는 것이 가장 바람직하다.

명도 과정에서 주의해야 할 부분은 함부로 문을 따고 들어가면 안된다는 점이다. 집행관과 동행해 문을 열 것을 권한다. 점유자가 없을 것으로 생각된다고 해서 무작정 문을 열고 들어가는 경우 형사처벌을 받을 수 있다.

낙찰받은 주택의 문이 잠겨 있고 아무런 응답이 없어서 매번 방문 시마다 허탕만 치고 있다면 어떻게 해야 할까? 집행관에게 주간 특별송달이나 야간 및 공휴일 특별송달을 신청해 인도명령 사실을 전달하거나 공시송달을 하면 된다. 공시송달이란 송달받을 사람이 어디에 있는지 확인되지 않아 법원 게시판을 통해 게시하는 방법이다. 게시 후 2주일이 지나면 효력이 발생해 강제집행을 실시할 수 있다.

전세권과 임차권, 제대로 구분하고 싶다면?

우리나라 국민 중 절반 정도는 자기 집을 가지지 않고 임대차계약을 통해 전세나 월세 등의 형태로 살고 있다. 그럼에도 수많은 임대차계약을 하면서 전세권과 임차권의 의미를 모르고 혼동하는 경우가 많다. 비슷한 의미지만 권리나 권한에 있어서는 다른 의미로 쓰이고 있는 만큼 이번 기회에 두 용어를 잘 구분할 필요가 있다.

먼저 전세권은 전세금을 지급하고 타인(집주인)의 부동산을 일정 기간 사용한 다음 나중에 계약 종료 후 전세금을 되받을 수 있는 권리를 말한다. 전세금이 떼일 경우를 대비해 우선변제를 받을 수 있는 효력이다. 즉 등기부등본상에 전세권 설정 등기를 하는 것을 전세권으로 이해하면 된다.

전세권을 설정한 임차인은 등기부에 기재한 대로 소유자가 가지고 있는 '사용하는 힘'과 '수익하는 힘'을 가져올 수 있다. 여기서 '사용할 수 있는 힘'이란 전세권을 설정한 부동산은 그 해당 용도로만 사용할 수 있는 것을 말한다. 예를 들어 주차장 부지에 전세권을 설정하면 해당 토지는 주차장 용도로만 사용해야 한다. '수익하는 힘'은 소유자로부터 해당 부동산을 사용할 수 있는 것을 뜻한다. 즉 전세권자는 임차계약기간 내 새로운 임차인을 들여서 해당 부동산에 대한 월세를 받아도 된다.

이처럼 전세권은 임차인이 직접 거주하고 있지 않아도 안전하게 보호받을 수 있으며 전세권을 담보로 대출을 받을 수도 있다. 만약 계약 만료 후 집주인이 보증금을 반환하지 않는 경우 등기부등본만 법원에 제출하면 확정판결 절차 없이(소송 없이도) 바로 경매신청을 할 수 있다. 다만 전세권 등기(전세기간 만료 전 가능)를 위해서는 집주인의 동의가 반드시 필요해 절차가 다소 까다로운 편이다. 또한 임차권에 비해 설정비용이 많은 편이다.

임차권은 집주인의 동의 없이도 가능, 전입신고·점유 등 필수

임차권은 임대차계약에 의해 임차인이 임차물을 사용하는 권리를 말한다. 대부분 임대차계약은 주택임대차보호법에 의해 보호받지만 전세금을 돌려받지 못할 상황에 대비(우선변제권 상실)하기 위해서는 임차권 등기가 반드시 필요하다.

임차권은 집주인의 동의가 없어도 가능하기 때문에 간단하게 할 수 있다는 것이 가장 큰 장점이다. 임차인은 해당 주택에 대한 임대차계약서와 신분증만 있으면 손쉽게 전입신고와 확정일자를 받는 것이 가능하다. 다만 전세권과는 달리 전세보증금을 돌려받지 못할 경우 법원으로부터 승소 확정 판결을 받아야 경매신청을 할 수 있다.

임차권자는 전세권자와 마찬가지로 대항력을 갖기 위해서는 '임대차계약+전입신고+점유'라는 3가지 조건을 모두 갖추어야 한다. 또한 경매 등에 대비해 우선변제권을 가지려면 임대차계약서에 별도로 확정일자를 받아야 한다.

주택임대사업자는 임대주택과 관련된 여러 가지 세금에 대해 각종 감면 혜택을 받을 수 있다. 물론 그만큼 지켜야 할 의무사항도 많다. 임대주택 등록을 선택할지 말지 고민될 때는 해당 주택의 전용면적과 기준시가, 취득시점을 확인해보자. 자신이 받을 수 있는 세제혜택의 범위가 명확해지면 임대주택 등록의 수지 타산이 가능할 것이다. 생각보다 까다로운 임대 의무를 준수할 수 있는지도 반드시 따져봐야 한다.

9장

임대사업자에 대한
거의
모든 것

임대사업자란
누구를 말하는가?

Q. 현재 임대사업을 하고 있어야 임대사업자를 할 수 있는 건가요?

A. 앞으로 임대사업을 할 예정인 사람도 임대사업자등록이 가능합니다. 주택을 직접 지어서 임대할 계획이라면 건축허가 등을 받으면 됩니다. 주택을 사서 임대하려는 사람은 매매계약서나 분양계약서가 있으면 등록할 수 있습니다.

임대사업자는 주택을 취득해 임대사업을 할 목적으로 민간임대주택에 관한 특별법 5조에 따라 등록한 사람을 말한다. 민간주택을 임대한다는 점에서 공공주택사업자와는 다르다. 1채 이상의 민간임대주택을 취득해 등록해야 한다.

취득유형에 따라 기존 주택을 매입해 임대하는 것을 민간매입임대주택이라 하고, 직접 지어서 임대하는 것을 민간건설임대주택이라고 한다.

임대의무 기간에 따라 구분하기도 한다. 4년 이상 임대의무가 있는 주택은 단기민간임대주택이다. 공공지원민간임대주택과 장기일반민간임대주택은 모두 8년 이상 임대해야 한다.

주택을 1채 이상 소유하고 있거나 분양·매매·건설 등을 통해 주택을 소유할 예정인 자는 임대사업자등록이 가능하다.

임대사업자등록, 어떻게 하나?

오피스텔은 주거용만 등록 가능하다. 전용면적 85m² 이하이면서 전용 입식 부엌, 전용 수세식 화장실, 목욕시설을 갖추고 있어야 한다. 주택을 취득하지 않았어도 주택건설사업자이거나 부동산 투자회사는 임대사업자등록이 가능하다.

재미있는 점은 아직 주택을 소유하고 있지는 않지만 주택을 취득하려는 계획이 확정된 사람도 임대사업자가 될 수 있다는 것이다. 건설임대라면 주택을 건설하기 위해 주택법에 따라 사업계획 승인을 받았거나 건축법에 따라 건축허가를 받았다면 가능하다. 매입임대의 경우 등기 전이라도 매매계약서나 분양계약서가 있으면 임대사업자로 등록할 수 있다.

임대사업자등록 신청은 시·군·구청에서 받는다. 렌트홈, 민원24를 통해 인터넷 신청도 가능하다. 신청 후 3~10일 뒤 임대사업자등록증이 발급된다. 이후 세무서에 부가가치세 면세사업자등록이 자동으로 이루어진다. 세무서까지 사업자등록이 완료되면 세제감면신청을 통

주택임대사업자 세제혜택

구분		전용면적(㎡)			세제혜택 요건
		40 이하	40~60	60~85	
취득세 (지방세)	단기	취득세 면제 *세액 200만 원 초과시 85% 경감		–	– 임대목적의 공동주택 신축, 공동주택·오피스텔 최초 분양한 경우 – 임대용 부동산 취득일로부터 60일 이내 임대사업자등록 필요
	공공지원 · 장기일반			50% 경감 *임대주택 20호 이상 등록시	
재산세 (지방세)	공통	50% 경감	50% 경감	25% 경감	– 임대목적의 2세대 이상 공동 주택·오피스텔을 보유한 경우
	공공지원 · 장기일반	면제 *세액 50만 원 초과시 85% 경감	75% 경감	50% 경감	– 임대목적으로 공동주택 2세대 이상 또는 준주택 중 오피스텔 2세대 이상 보유한 경우이거나 다가구주택(주인세대 제외한 모든 호실면적 40㎡ 이하)을 보유하는 경우

출처 : 국토교통부

해 세제혜택을 받을 수 있다.

취득세 감면신청은 감면대상에 해당하면 즉시 해야 한다. 소득세 감면 신청은 5월에, 종부세 감면신청은 9월에 하면 된다. 양도시에는 양도세 감면신청을 따로 해야 한다. 재산세는 별도의 감면신청 절차 없이 자동으로 감면처리된다.

임대사업자등록을
해야 하는 이유를 알자

Q. 임대사업자가 되면 어떤 점이 좋은가요?

A. 일정 요건을 충족하면 취득세부터 재산세, 종합부동산세는 물론 임대소
득세와 양도소득세 등 임대주택에서 발생 가능한 모든 세금에 대해 감면
혜택을 기대할 수 있습니다. 임대사업자등록으로 인해 건강보험료가 오를
경우 인상분의 상당 부분을 깎아주기도 합니다.

주택임대사업자는 직접적인 임대소득을 창출할 뿐만 아니라 임대
주택과 관련된 여러 가지 세금에 대해 각종 감면혜택을 받을 수 있다.

지자체 몫인 취득세와 재산세는 전용면적 85m² 이하만 해당된다.
전용 60m² 이하라면 취득세를 200만 원까지 면제받고 200만 원을 초
과하는 경우 85% 감면혜택이 있다.

전용 60~85m²의 경우 8년 이상 장기 임대 목적으로 20채 이상 등
록하면 취득세를 50% 감면받을 수 있다. 보유세의 한 종류인 재산세

는 임대의무기간과 전용면적 등 2가지 기준에 따라 감면폭이 결정된다.

임대의무기간이 4년 이상인 단기민간임대주택의 경우 전용 60m² 이하면 재산세가 50% 감면, 전용 60~85m²면 25% 감면된다.

8년 이상 임대해야 하는 공공지원민간임대주택이나 장기일반민간임대주택은 전용 40m² 이하면 재산세를 50만 원까지 면제해주고, 50만 원이 넘으면 85% 감면해준다. 전용 40~60m²는 재산세가 75% 감면되며, 60~85m²의 경우 50% 감면혜택이 주어진다.

또 다른 보유세인 종합부동산세는 조건을 충족하면 합산배제 혜택이 주어진다. 민간매입임대라면 수도권 6억 원(비수도권 3억 원) 이하이고 1채 이상을 8년 이상 임대하면 적용된다. 민간건설임대의 경우 전용면적 149m² 이하이면서 6억 원 이하이고 2채 이상을 8년 이상 임대하면 합산배제 혜택을 받는다.

다만 2018년 9·13대책 이후 1주택 이상자가 조정대상지역에서 매매계약을 체결하고 새로 취득한 주택은 임대주택 등록시에도 종부세가 합산과세된다.

절세방안을 강구하는 것이 임대사업자에게 중요

임대소득에 대해서는 연 2천만 원까지는 그동안 과세하지 않았지만 2019년부터 연 2천만 원 이하의 임대소득에 대해 세금을 매기고 있다.

임대소득세는 4년 임대의 경우 30% 감면, 8년 임대의 경우 75% 감면혜택이 있다. 다만 수도권 및 수도권 외 도시지역에 해당하면 전용 85m² 이하여야 한다. 수도권 외 비도시지역이라면 전용 100m²를 넘지 않으면 된다. 임대개시일 당시 주택과 부수토지의 기준시가 합계액이 6억 원을 초과해서도 안 된다. 2018년부터 1채 이상 임대시에도 임대소득세 감면혜택을 주며, 2019년부터는 등록 임대주택은 임대소득에 대한 필요경비율을 60% 적용하고 미등록시엔 50%만 적용한다.

양도소득세는 전용 85m² 이하라면 임대주택 등록시 장기보유특별공제율이 높아진다. 미등록시에는 10년 이상 임대해도 장특공제율이 최대 30%지만 8년 임대시 50%, 10년 이상 임대시 70%까지 공제된다. 다만 해당기간 동안 계속해서 임대주택으로 등록하고 임대해야 한다.

8년 이상 임대시 다주택자 양도세 중과 배제혜택도 받을 수 있다. 다만 2018년 9·13대책 이후 1주택 이상자가 조정대상 지역에서 새로 취득한 주택을 등록한 경우에는 다주택자 양도세 중과를 피할 수 없다.

또한 9·13대책 이후 새로 취득한 주택은 임대개시일 당시 수도권 6억 원, 비수도권 3억 원 이하의 주택가액 기준을 충족해야만 양도세 감면혜택을 받을 수 있다.

세금감면 혜택과 더불어 건강보험료 인상분에 대한 감면혜택도 있다. 2020년 말까지 등록한 연 2천만 원 이하 분리과세 대상 사업자는 8년 임대시에 건보료 인상분의 80%, 4년 임대시에 40%를 감면받을 수 있다.

주택임대사업자 세제혜택

구분		세제혜택 요건
종부세 (국세)	건설 임대	• 종합부동산세 합산배제(과세표준 합산대상에서 제외) – 임대주택 2호 이상, 임대유형(공공지원·장기일반), 전용면적 149㎡ 이하, 기준시가 6억 원 이하인 경우
	매입 임대	• 종합부동산세 합산배제(과세표준 합산대상에서 제외) – 임대주택 1호 이상, 임대유형(공공지원·장기일반), 기준시가 수도권 6억 원 (비수도권 3억 원) 이하인 경우 – 다만 2018년 9월 14일 이후 조정대상지역 내 신규 취득한 장기일반민간 임대주택은 합산과세
임대 소득세 · 법인세 (국세)	공통	• 임대소득세 경감 : (단기) 30%, (장기일반·공공지원) 75% – 임대주택 1호 이상, 국민주택규모(85㎡) 이하, 기준시가 6억 원 이하인 경우 • 2천만 원 이하 임대소득 분리과세시 필요경비율·기본공제 차등 혜택 적용 – 필요경비율 : (등록)60%, (미등록)50% / 기본공제 : (등록) 400만 원, (미등록) 200만 원
양도 소득세 (국세)	공공지원 · 장기일반	• 장기보유특별공제율 특례적용 : (임대기간 8년 이상) 50%, (임대기간 10년 이상) 70% – 임대주택 1호 이상, 국민주택규모(85㎡) 이하 – 기준시가 수도권 6억 원(비수도권 3억 원) 이하인 경우(2018년 9월 14일 이후 취득분)
	건설 임대	• 다주택자 양도세율 중과배제 – 임대주택 2호 이상, 임대유형(공공지원·장기일반), 대지면적 298㎡+전용 면적 149㎡ 이하, 기준시가 6억 원 이하인 경우
	매입 임대	• 다주택자 양도세율 중과배제 – 임대주택 1호 이상, 임대유형(공공지원·장기일반), 기준시가 수도권 6억 원 (비수도권 3억 원) 이하인 경우 – 다만 2018년 9월 14일 이후 조정대상지역 내 신규 취득한 장기일반 민간 임대주택은 양도세 중과
	공통	• 거주주택 비과세 1회 적용 – (거주주택) 2년 이상 거주, 고가주택(실지 거래가액 9억 원 초과)은 9억 초과 분 과세 – (임대주택) 1호 이상, 임대유지기간(5년 이상), 기준시가 수도권 6억 원(비 수도권 3억 원) 이하 • 조정대상지역 1세대 1주택에 대한 2년 거주요건 배제 – (임대주택) 2년 이상 보유, 고가주택(실지 거래가액 9억 원 초과)은 9억 초과 분 과세

출처 : 국토교통부

임대사업자로 등록하면
의무도 따른다

Q. 세금 감면혜택을 본다는데, 그렇다면 임대사업자로 무조건 등록하는 것이 좋겠네요?

A. 장점만 있다면 모든 임대인들이 임대사업자로 등록했을 겁니다. 등록하면 반드시 지켜야 할 의무사항도 생깁니다. 즉 임대의무 기간 내에 처분할 수 없고 임대료 증액도 마음대로 할 수 없다는 점을 꼭 확인해야 합니다.

주택임대사업자는 각종 세금 감면혜택을 받는 만큼 지켜야 할 의무사항도 많다. 이를 준수하지 않을 경우 최대 3천만 원의 과태료가 부과될 수 있다.

임대차계약과 관련해서 임대의무 기간 내 매각이 제한되고, 임대료 증액도 제한된다. 매입임대의 경우 임대사업자등록일부터 임대의무기간이 계산된다. 건설임대는 입주지정기간 개시일부터다.

다만 다른 등록사업자에게 지위를 포괄적으로 넘겨주거나 경제적

사정으로 임대를 계속할 수 없는 경우에는 양도가 가능하다. 이 경우 양도신고 의무도 있다. 등록 임대사업자가 주택을 양수하면서 포괄적으로 지위를 승계하는 경우 사업자 주민등록지 또는 주택 소재지에 민간임대주택 양도신고서와 증빙서류를 제출해야 한다.

경제적 사정으로 임대를 계속할 수 없다고 인정되는 경우는 2년 연속 적자 발생, 2년 연속 부(-)의 영업현금흐름 발생, 최근 12개월간 사업자의 민간임대주택 중 미임대주택이 20% 이상이고, 같은 기간에 특정 민간임대주택이 계속해 임대되지 않은 경우, 관계 법령에 따라 재개발·재건축 등으로 민간임대주택의 철거가 예정되어 민간임대사업을 계속하기 곤란한 경우다. 양도주택 소재지에 민간임대주택 양도 허가신청서를 제출해야 한다.

임대차계약을 체결하거나 변경하는 때에도 신고 의무가 있다. 계약체결·변경시부터 3개월 안에 사업자 주민등록지 또는 주택 소재지에 임대차계약 신고서와 증빙서류를 내야 한다.

임대사업자의 의무가 무엇인지 명확히 알자

임대료 증액 제한은 연 5% 범위 내에서 주거비 물가지수, 인근 지역의 임대료 변동률 등을 고려해 이루어진다. 공공지원민간임대주택은 임대의무기간을 넘는 임대기간에 임대료 증액을 청구하는 경우에도 적용된다. 보증금과 월임대료 전환시 주택임대차보호법에 따라 적용하는 비율을 초과해서도 안 된다.

임대보증금에 대한 보증가입 의무도 있다. 임차인이 해당 민간임대주택에 입주하면 지체 없이 보증서와 보증약관 사본을 임차인에게 전달해야 한다.

임대차계약 체결시 임대료·계약기간, 임대보증금 보증, 선순위 담보권 등 권리관계 등을 표준임대차계약서를 사용해 체결해야 하는 것도 준수해야 한다.

임대사업자는 그밖에도 '임대보증금에 대한 보증의 보증기간, 민간임대주택의 선순위 담보권 등 권리관계에 관한 사항, 임대의무기간 중 남아있는 기간, 임대료 증액제한에 관한 사항' 등을 임차인에게 설명하고 확인시켜줄 의무가 있다.

이 같은 여러 가지 의무를 준수하지 않는 경우 과태료를 부과한다. 국토교통부는 2019년 10월 민간임대특별법 및 시행령을 개정해 과태료 상한을 기존 1천만 원에서 최대 3천만 원으로 상향했다.

이에 따라 임대료 인상 제한 등 임대조건 의무 위반시 과태료가 기존 1천만 원에서 3천만 원으로 강화되었다. 본인 거주 등의 사유로 미임대하거나 임대의무기간 내 양도금지 의무를 위반한 경우에 대해서는 최대 3천만 원의 과태료가 부과된다.

주택임대사업자 주요 의무사항

단계별	주요 의무사항	과태료
임대차 계약시	**1. 임대사업자 설명 의무** • 임대사업자는 임차인에게 임대의무기간(4·8년), 임대료 증액제한(5%), 임대주택 권리관계(선순위 담보권 등) 등에 대해 설명해야 합니다.	500만 원 이하
	2. 양식사용 의무 • 임대사업자가 임대차계약을 체결하는 경우에는 법령에 정하는 표준임대차계약서 양식*을 사용해야 합니다. * 민간임대주택법 시행규칙 별지 제24호 서식	1,000만 원 이하
	3. 임대차계약 신고 의무 • 임대사업자가 임대료, 임대기간 등 임대차계약 사항(재계약, 묵시적 갱신 포함)을 관할 지자체에 신고해야 합니다. * (신고방법) 지자체(시·군·구) 방문 또는 렌트홈 온라인 신고 * (제출서류) 임대차계약 신고서 및 표준임대차 계약서 • 임대차계약 신고 이력이 없는 경우에는 세제감면이 제한될 수 있습니다.	1,000만 원 이하
임대차 계약 후	**4. 임대료 증액 제한 의무** • 임대료(임대보증금 및 월 임대료)를 증액하려는 경우 임대료의 5% 범위를 초과해 임대료를 증액할 수 없습니다. – 또한 임대차계약 또는 약정한 임대료 증액이 있은 후 1년 이내에는 임대료를 증액할 수 없습니다. • 임차인은 증액비율을 초과해 증액된 임대료를 지급한 경우 초과 지급한 임대료의 반환을 청구할 수 있습니다.	3,000만 원 이하
	5. 임대의무기간 준수 의무 • 임대의무기간(4년 또는 8년) 중에 등록임대주택을 임대하지 않거나 (본인 거주 포함) 무단으로 양도할 수 없습니다.	임대주택당 3,000만 원 이하
	6. 임대차계약 유지 의무 • 임대사업자는 임차인에게 귀책사유가 없는 한 임대차 계약을 해제·해지 및 재계약 거절을 할 수 없습니다. * (거절사유) 월임대료 3개월 연체, 부대시설 고의 파손·멸실 등	1,000만 원 이하
기타	**7. 임대사업 목적 유지 의무** • 준주택(오피스텔)을 등록한 경우 주거용도로만 사용해야 합니다.	1,000만 원 이하
	8. 임대보증금 보증 의무 • 민간건설임대주택 등 보증 의무대상 주택*은 임대의무기간 동안 임대보증금에 대한 보증에 가입해야 합니다. * (적용대상) 민간건설임대주택, 분양주택 전부를 우선 공급받은 민간매입임대주택 또는 동일단지 내 100세대 민간매입임대주택	(벌칙사항) 2년 이하 징역이나 2천만 원 이하 벌금
	9. 보고·검사 요청시 협조 의무 • 관리관청이 임대사업자에게 필요한 자료 제출을 요청하거나 관련 검사를 실시할 경우 적극 협조해야 합니다.	500만 원 이하

출처 : 국토교통부

주택임대사업자등록,
할지 말지 고민될 때

Q. 임대사업자의 장단점이 뚜렷한데 등록하는 게 좋을지요? 너무 고민스러워요.

A. 임대사업자로 등록했다고 무조건 모든 혜택을 받을 수 있는 것은 아닙니다. 임대 등록하려는 주택의 규모나 가격, 취득시점 등의 조건에 따라 자신이 받을 수 있는 세제혜택이 어떤 것인지를 사전에 반드시 확인해야 합니다. 판단에 도움이 될 만한 4가지 질문에 스스로 답을 해보기 바랍니다.

과거에는 집주인으로서 전월세를 놓으면 그만이었지만 이제는 정부의 주택임대차정보시스템RHMS 가동으로 임대수입에 대한 파악이 투명해졌고, 이에 대한 과세도 강화되었다. 임대수입이 연 2천만 원 이하여도 과세대상에, 세무서에 사업자등록을 하는 것이 의무화되었다.

임대사업자등록과 관련해서 헷갈리기 쉬운 사항이 세무서에 등록하는 것과 지방자치단체에 등록하는 것이다. 세무서에 사업자등록을

주택임대소득 과세기준

과세요건 (주택수 기준)			과세방법 (수입금액 기준)	
주택수[1]	월세	보증금	수입금액	과세방법
1주택	비과세[2]	비과세	2천만 원 이하	종합과세와 분리과세 중 선택
2주택	과세			
3주택 이상		간주임대료 과세[3]	2천만 원 초과	종합과세

1) 소유 주택수는 부부 합산해 계산
2) 기준시가 9억 원 초과 주택 및 국외소재 주택의 임대소득은 1주택자도 과세
3) 소형주택(주거 전용면적 40㎡ 이하이면서 기준시가가 2억 원 이하)은 간주임대료 과세대상 주택에서 제외 (2021년 귀속분까지)

출처 : 국세청

한다는 것은 본인의 임대수입을 정확하게 신고하고, 그에 따른 세금(임대소득세)을 성실히 납부하겠다는 뜻이다. 연 2천만 원 이하의 임대수입까지 과세가 시작되면서 세무서 사업자등록은 이제 선택이 아니라 필수항목이 되었다.

다만 1주택 보유자이면서 월세를 받거나 2주택 보유자이면서 전세를 놓는 경우라면 임대소득세 비과세 대상이다. 3주택 보유자이면서 전세보증금 합이 3억 원을 넘는지가 과세 여부를 가른다.

고민이 될 때는 4가지 질문에 답해보자

관건은 지자체에 주택임대사업자등록을 하느냐 마느냐다. 지자체 등록시 다양한 세제혜택을 받을 수 있지만 그에 못지않게 임대의무가 뒤따른다. 어느 쪽을 선택하느냐는 각자의 선택에 달려있다. 고민

이 될 때는 다음의 4가지 질문에 답을 해보자.

첫 번째 질문은 '해당 주택이 전용면적 85m²를 넘지 않는가?'이다. 85m²를 넘는 주택은 임대주택으로 등록하더라도 일부 세제혜택을 받지 못한다. 임대소득세 경감(단기 30%, 장기일반·공공지원 75%), 양도소득세 장기보유특별공제율 특례 적용(임대 8년 이상 50%, 임대 10년 이상 70%), 재산세 경감(25%~면제, 임대목적 2세대 이상 보유), 취득세 경감(50%~면제, 최초 분양한 경우) 등의 혜택은 그림의 떡이다.

두 번째 질문은 '해당 주택 취득시점이 9·13대책 발표 전인가?'이다. 2018년 9월 13일 발표된 주택시장 안정방안을 통해 주택임대사업자가 받을 수 있는 세제혜택이 축소되었다. 정부는 9·13대책 전에 매매계약을 체결한 주택까지는 기존 혜택을 주기로 했다. 따라서 임대주택으로 등록할지 고민 중인 주택의 취득시점이 9·13대책 전인지 후인지를 확인하는 것이 중요하다.

2018년 9월 14일 이후 조정대상 지역 내에서 신규 취득한 주택의 경우 임대주택으로 등록하더라도 종합부동산세(종부세) 합산 배제가 불가능하고 다주택자 양도세율 중과 배제 혜택도 받을 수 없다.

세 번째 질문은 '해당 주택 기준시가가 수도권 6억 원(비수도권 3억 원)을 안 넘는가?'이다. 기준시가가 일정 수준을 넘으면 제한받는 세제혜택도 있다. 종부세 합산 배제혜택은 해당 주택의 기준시가가 수도권 6억 원(비수도권 3억 원) 이하여야 받을 수 있다.

여기서 말하는 기준시가는 공시가격을 뜻한다. 다주택자 양도세율 중과 배제 역시 수도권 6억 원, 비수도권 3억 원 이하 요건을 충족해야 가능하다. 임대소득세 경감혜택은 지역 구분 없이 기준시가 6억 원 이하면 된다. 양도소득세 장기보유특별공제율 특례 적용과 관련해서도 2018년 9월 14일 이후 취득한 주택의 경우 기준시가가 수도권 6억 원, 비수도권 3억 원 이하 요건이 있다.

마지막으로 네 번째 질문은 '오래 보유해도 상관없는가?'이다. 지자체 등록으로 최대한의 세제혜택을 받으려면 임대의무기한 8년을 지켜야 한다. 8년 동안 별다른 사정이 없는 한 처분하지도 못하고 본인이 들어가 살지도 못하고 임차인에게 집을 내줘야 한다. 8년이라는 기간 중 본인의 현금흐름에 어려움은 없을지, 목돈이 들어갈 만한 이벤트는 없을지 등을 잘 살펴볼 필요가 있다. 또한 임대료 인상에도 제한을 받기 때문에 향후 임대소득 계획과 수익률 등도 미리 확인해야 한다. 지금 당장 눈앞의 세제혜택만 생각하다가 몇 년 뒤에 낭패를 당할 수 있기 때문이다.

이 4가지 질문에 대한 답을 스스로 해보면서 주택임대사업자등록의 필요성과 기회비용 등을 정리해보자. 그렇게 하면 주택임대사업자등록 여부를 결정하는 데 도움이 될 것이다.

다가구주택과 다세대주택, 확실히 구분하자

다가구주택과 다세대주택, 어디에 투자하는 게 좋을까? 우리나라에서는 은퇴한 퇴직자나 갑자기 적지 않은 목돈이 생기면 작은 건물이라도 사려는 사람이 많다. 빌딩을 사자니 돈이 부족하니까 2~3층 규모의 건물을 사들여 본인 거주 문제도 해결하고 나머지 층은 세입자를 받아 임대수익도 올리는 것이다.

그렇다면 다세대주택과 다가구주택 중 어디에 투자하는 것이 유리할까? 의외로 이 2개의 개념을 혼동하는 사람이 많다. 어디에 투자하느냐에 따라 추후 건물을 되팔 때 양도소득세 등 세금정산 방법 등이 달라지는 만큼 자세히 알아볼 필요가 있다.

외관상 다가구주택과 다세대주택의 차이는 없지만 가장 크게 구분지을 수 있는 것은 바로 소유권이다. 소유권은 세대와 가구의 의미에서 나온다. 세대는 구분등기가 있는 소유권 개념이고, 가구는 구분등기가 불가능한 소유권이 없는 개념이다. 먼저 다가구주택은 다세대주택과 마찬가지로 여러 세대로 구성되어 있지만 건축법상 단독주택에 속한다. 주택으로 쓰이는 층수(지하층 제외)가 3층 이하이고, 1개 동의 주택으로 쓰는 바닥면적(지하주차장 면적 제외)의 합계가 660㎡ 이하이다. 또한 19가구 이하가 거주할 수 있는 주택을 말한다. 만약 1층의 전부 또는 일부를 필로티 구조의 주차장으로 사용하고, 나머지 부분을 주택이 아닌 용도로 사용하면 해당 층을 층수에서 제외한다.

다가구주택은 1주택, 다세대주택은 구분 소유

다가구주택은 단독주택과 마찬가지로 건물 전체를 1주택으로 간주한다. 다가구주택 내 각 층별로 여러 주택이 있지만 실질적으로 전체 건물을 소유한 자는 1명인 셈이다. 이렇게 1주택자 지위를 가져 양도세 등 세금부담이 다주택자에 비해 적은 데다 임대수입을 거둘 수 있다는 것이 매력이다. 다만 각 가구를 분리해 소유하거나 매매하는 것은 불가능하다.

만약 다가구주택을 소유한 자가 3층으로 지어진 건물에 1층을 추가로 증축하면 위험할 수 있다. 주택 사용층수가 4층이 되면 다가구 주택의 요건을 벗어나기 때문에 1주택자가 아닌 다주택자가 될 수 있어 세금 폭탄을 맞을 수 있다.

다세대주택은 구분등기가 가능한 소유권이 있는 건물로 이해하면 된다. 즉 다세대주택은 공동주택으로 분류된다.

다세대주택도 면적기준(660㎡ 이하)이 다가구주택과 동일하지만 주택 사용 층수는 4층 이하로 허가받은 건물이다. 다만 각 층별로 분리해 등기가 가능하기 때문에 만약 이 건물 전체를 소유했다면 다주택자로 분류된다. 이 때문에 다세대주택이 7개의 주택으로 구성되었다면 개별 주택 7채를 소유한 다주택자는 건물을 팔 때 최고 62%의 양도소득세율을 적용받게 된다.

● 청약에 대한 궁금증
● 16문 16답

Q1. 청약당첨 후 미계약시 청약통장 재사용이 가능한가요?

청약당첨이 되어 입주자로 선정된 사람은 당첨자입니다. 부적격 당첨자로 분류되지 않는 한 당첨자 명단에 기록됩니다. 이 기록은 지워지지 않고 영구적으로 전산 관리됩니다. 다시 말해 주택 당첨자가 본인의 선택으로 계약을 포기하더라도 당첨자 명단에 남아있게 된다는 뜻입니다. 이 사실이 무서운 건 향후 청약시 1순위 제한에 걸릴 수 있기 때문입니다.

'과거 5년 이내 다른 주택에 당첨자가 된 자의 세대에 속한 자'는 청약조정대상지역에서 청약하는 경우 1순위 자격을 받을 수 없습니다. 계약을 포기했지만 당첨된 이력 때문에 당첨자로 분류되고, 5년이 지나기 전에는 1순위 제한 사유에 걸립니다.

2020년에는 관련 규정이 더욱 강화되었다. 분양가 상한제 또는 투가과열지구 내 주택은 최대 10년까지, 조정대상지역 주택은

7년까지로 재당첨 제한 기간이 확대되었다.

또한 청약저축에 가입한 사람이 해당 청약저축 통장을 사용해 당첨자로 선정된 경우에는 부적격 당첨자로 당첨이 취소된 경우가 아니고서는 같은 통장을 다른 주택의 청약에 사용할 수 없습니다. 즉 당첨자로 선정될 수 없도록 규정되어 있습니다. 따라서 부적격 당첨자로 당첨이 취소된 경우가 아니라면 한 번 당첨된 통장은 재사용이 불가능합니다.

Q2. 부적격 당첨자는 청약통장을 다시 쓸 수 있나요?

부적격 당첨자가 소명기간에 해당 공급자격 또는 선정순위가 정당함을 소명하지 못하고 당첨이 취소된 경우에는 그 명단이 관리됩니다.

당첨이 취소된 자는 공급을 신청하려는 주택의 입주자모집 공고일을 기준으로 일정 기간 동안 다른 분양주택의 입주자로 선정될 수 없습니다. 수도권은 1년, 수도권 외 지역은 6개월(투기과열지구 및 청약과열지역은 1년), 그밖의 지역 중 위축지역은 3개월입니다. 부적격 당첨자의 청약통장은 입주자모집 공고일을 기준으로 당첨일부터 이 기간 동안에는 사용할 수 없습니다.

Q3. 입주자로 선정된 자의 배우자 명의로 분양계약을 체결할 수 있는지요?

정당한 당첨자와 공급 계약을 체결하도록 규정하고 있어서 불가능합니다. 다만 계약체결 이후 사업주체의 동의를 받아 부부 공동명의로는 변경할 수 있습니다.

입주자로 선정된 지위 또는 주택의 일부를 배우자에게 증여하는 경우에는 주택 전매제한기간 중에도 예외 사유에 해당합니다. 사업주체의 동의를 받으면 주택의 전매가 가능합니다.

최초 분양계약자인 남편의 지분 50%를 아내에게 증여한 이후 다시 아내의 지분 50%를 남편에게 증여하는 것은 가능하지만 타인에게 부부의 공유지분 중 일부를 전매(증여·매매 포함)하는 것은 분양권 불법전매에 해당합니다.

Q4. 청약당첨 후 입주자격을 유지하는 것이 의무인가요?

국민주택의 일반 공급대상은 입주자모집 공고일부터 입주할 때까지 무주택 세대구성원이어야 합니다. 다만 입주자로 선정되거나 사업계획상의 입주대상자로 확정된 후 결혼 또는 상속으로 무주택 세대구성원의 자격을 상실하게 되는 자와 공급계약 후 입주할 수 있는 지위를 양수한 자의 경우는 예외에 해당합니다.

민영주택의 경우는 입주시까지 청약자격 유지 규정이 없습니다.

Q5. 분양권 불법전매를 목격했습니다. 어떻게 신고하나요?

분양권 등을 불법으로 전매하거나 알선하는 행위(이하 부정행위)를 하는 자를 신고하려면 신고서에 부정행위를 입증할 수 있는 자료를 첨부해서 시·도지사에게 제출하면 됩니다. 자세한 사항은 해당 주택이 위치한 시·도의 담당 부서(주택과 또는 건축과 등)에 문의하면 됩니다.

시·도지사는 분양권 등을 전매하거나 알선하는 자를 주무관청에 신고한 자에게 대통령령으로 정하는 바에 따라 포상금을 지급할 수 있습니다. 신고 포상금은 부정행위에 대한 형사처벌 유형에 따라 벌금상당액부터 최대 1천만 원까지입니다.

우리 법은 당첨자로 선정된 지위 또는 주택을 전매하거나 이의 전매를 알선한 자는 3년 이하의 징역 또는 3천만 원 이하의 벌금에 처합니다.

Q6. 분양권 전매제한기간의 기산일은 언제인가요?

전매행위 제한기간은 해당 주택의 입주자(당첨자)로 선정된 날부터 기산하도록 규정하고 있습니다.

예를 들어 당첨자 발표일이 2018년 9월 12일이고 전매제한기간이 1년인 경우, 전매제한 기간 적용은 2018년 9월 12일부터 2019년 9월 11일입니다. 전매 기간 종료일 다음 날인 2019년 9월 12일부터 전매가 가능합니다. 분양권을 거래한 뒤에는 지자체에 분양권 실거래가 신고를 해야 합니다.

Q7. 주택 특별공급대상자가 특별공급에 당첨되었는데 사업주체의 잘못된 설명으로 계약을 포기한 경우, 특별공급에 재당첨이 가능한가요?

주택 특별공급의 당첨자로 선정되었지만 공급계약을 포기하는 경우 또는 공급계약을 체결했지만 이후 해당 계약을 해지 또는 해제하는 경우에는 이미 특별공급을 받은 것으로 봅니다. 그 원인이 사업주체의 잘못된 상담 등으로 인한 것이어도 예외는 없습니다.

정부는 주택 특별공급을 한 차례에 한정하도록 한 취지에 대해 '한 사람이 주택의 특별공급을 여러 번 받을 가능성을 방지해 주택 특별공급제도의 공정성을 강화하려는 것'이라고 설명합니다.

Q8. 미분양된 주택을 계약한 경우에도 재당첨 제한 대상이 되나요?

미분양 후 선착순으로 당첨된 경우는 당첨자가 아닙니다. 따라서 미분양 주택에 대해 계약을 한 경우에는 당첨자로 관리되지 않아 재당첨 제한을 적용받지 않습니다.

한국감정원에서 운영하는 청약홈(applyhome.co.kr) 사이트에서 공인인증서로 접속해 과거 당첨사실 및 투기과열지구 또는 청약조정대상지역의 1순위 제한기간 및 재당첨 제한기간 해당여부를 조회하는 것이 가장 정확한 확인 방법입니다.

Q9. 청약시 세대주 요건이 입주자 모집공고일 당일인가요, 전일인가요?

입주자모집공고일 현재 해당 주택건설지역에 거주하는 성년자에게 1인 1주택의 기준으로 공급하도록 규정하고 있습니다. 따라서 세대주 변경은 입주자 모집공고일 당일까지 거주지 동사무소에서 세대주를 변경하면 인정됩니다.

Q10. 입주자 모집공고일 현재는 1세대 1주택이지만 입주자 모집공고일 다음 날 주택을 1호 또는 1세대를 매입해 잔금까지 치르게 되면 1세대 2주택이 됩니다. 이 경우 청약조정대상지역 민영주택 청약시 1순위 자격이 제한되나요?

청약조정대상지역의 민영주택에 청약시 2주택 이상을 소유한 세대에 속한 자는 1순위 청약자격을 제한합니다.

사업주체가 입주자를 선정하는 경우 입주자 모집공고일을 기준으로 1순위 자격여부를 확인하도록 규정하고 있습니다. 따라서 입주자 모집공고일 다음날 다른 주택의 잔금을 치러 주택의 소유권을 취득한 경우는 청약한 민영주택의 1순위 자격에 영향이 없습니다. 즉 1주택자로 인정받아 1순위로 청약이 가능합니다.

Q11. 분양권 전매제한기간 내에 증여계약을 하고, 부동산 실거래신고일은 전매제한기간 이후에 한 경우에 분양권 전매제한기간을 위반한 것이 되나요?

사업주체가 건설·공급하는 주택 또는 주택의 입주자로 선정된 지위(주택에 입주할 수 있는 권리·자격·지위 등을 말함)는 전매제한기간이 지나기 전에는 그 주택 또는 지위를 전매(매매·증여나 그 밖의 권리변동 수반 모든 행위 포함. 상속 제외)하거나 이의 전매를 알선할 수 없도록 규정하고 있습니다.

따라서 증여계약을 전매제한기간 내에 체결한 경우에는 입주자로 선정된 지위를 전매제한기간 내에 전매한 것이므로 분양권 불법전매에 해당합니다. 다만 부부간의 일부 증여의 경우에는 주택 전매제한 예외 사유에 해당하며, LH(수도권의 분양가 상한제 적용 주택, 수도권 민간택지에서 건설·공급되는 주택) 또는 지방공사의 동의를 받은 경우에 전매가 가능합니다.

Q12. 기존주택 처분 조건으로 추첨제에 당첨된 경우, 해당 분양권을 전매할 수 있나요? 기존주택을 처분하고 다른 주택을 취득할 수 있나요?

투기과열지구, 청약과열지역, 수도권 및 광역시에서 공급되는 주택을 기존 소유 주택의 처분조건으로 우선 공급받은 경우에는 입주가능일부터 6개월 이내에 처분을 완료해야 합니다. 이를 이행하지 않으면 공급계약이 해지됩니다.

기존 주택 처분 조건으로 추첨제에 당첨된 분양권은 전매제한 기간 경과 후부터 전매가 가능합니다. 다만 전매를 하더라도 처분하기로 서약한 주택은 입주가능일(사업주체가 지정한 입주기간 첫날)로부터 6개월 이내에 처분해야 합니다.

기존 주택은 처분 기한 전에 언제든지 처분할 수 있습니다. 현행 규정에서는 기존 주택 처분 후에 다른 주택을 취득하는 것을 금지하지는 않습니다.

Q13. 세대원의 주택을 처분 서약할 수 있나요?

세대원의 주택도 처분 서약하고 추첨제에 참여할 수 있습니다.

Q14. 이혼소송 중인 배우자 명의의 주택을 처분 서약한 후에 이혼하게 되더라도 처분해야 하나요?

이혼소송 중인 배우자의 주택을 처분 서약했지만 나중에 이혼하게 되었다면 처분 서약한 배우자의 주택은 처분대상이 되지 않습니다.

다만 주택 처분을 면하기 위해서 위장이혼한 경우로 판명된다면 거짓이나 기타 부정한 방법으로 주택을 공급받은 자에 해당되어 3년 이하의 징역이나 3천만 원 이하의 벌금에 처해질 수 있습니다.

Q15. 청약신청자가 공급계약 체결 전에 사망한 경우 상속인이 그 권리를 상속받을 수 있나요?

국민주택은 입주자모집공고일 현재 해당 주택건설지역에서 거주하는 성년자인 무주택 세대구성원에게 1세대 1주택(공급을 신청하는 경우에는 1세대 1명)의 기준으로 공급합니다. 민영주택은 입주자모집공고일 현재 해당 주택건설 지역에 거주하는 성년자에게 1인 1주택의 기준으로 공급합니다. 토지임대부 분양주택은 1세대 1주택의 기준으로 공급하도록 규정하고 있습니다.

따라서 국민주택의 경우 청약신청 후 청약자가 예비당첨자나 정당당첨자 상태에서 사망했다면 무주택 세대구성원인 단독상속인 또는 공동상속인(배우자, 직계존비속 등) 중 합법적으로 승인된 대표상속인은 관련 권원을 상속받을 수 있습니다. 해당 입주자모집공고일 기준에 따라 정당당첨자로 판명된 경우 공급계약을 체결할 수 있습니다.

반면 민영주택은 1인 1주택 기준으로 공급하므로 정당당첨자인 상태에서는 관련 권원이 단독상속인 등에게 상속될 수 있지만 아직 정당당첨자로 인정되지 않는 예비당첨자인 경우에는 단독상속인 등에게 상속이 불가합니다.

예비당첨자는 동·호수 배정에 본인 또는 대리인이 참석해야 하나 민영주택은 세대가 아닌 사람 기준으로 주택이 공급되므로 본인 참석과 법률적 대리인 지정이 불가하므로 권원이 상실됩니다.

Q16. 거주요건이 있는 지역에서 해당 주택건설지역과 기타지역의 청약일이 구분되어 있는 경우 피치 못할 사정으로 해당 주택건설지역에 청약하지 못한 사람이 기타지역으로 청약가능한가요?

거주요건이 설정되어 있어 해당지역과 기타지역을 구분해 모집하는 경우 청약날짜가 동일하다면 해당 주택건설지역 거주자가 기타지역으로 하향지원하는 것이 가능합니다. 하지만 해당 주택건설지역과 기타지역의 청약날짜가 구분되어 있을 때(예: 해당 주택건설지역 청약일 1월 1일, 기타지역 청약일 1월 2일)에는 해당 주택건설지역 거주자가 기타지역으로 하향지원하는 것이 불가능합니다.

출처 : 국토교통부

■ 독자 여러분의 소중한 원고를 기다립니다

메이트북스는 독자 여러분의 소중한 원고를 기다리고 있습니다. 집필을 끝냈거나 집필중인 원고가 있으신 분은 khg0109@hanmail.net으로 원고의 간단한 기획의도와 개요, 연락처 등과 함께 보내주시면 최대한 빨리 검토한 후에 연락드리겠습니다. 머뭇거리지 마시고 언제라도 메이트북스의 문을 두드리시면 반갑게 맞이하겠습니다.

■ 메이트북스 SNS는 보물창고입니다

메이트북스 홈페이지 www.matebooks.co.kr

책에 대한 칼럼 및 신간정보, 베스트셀러 및 스테디셀러 정보뿐만 아니라 저자의 인터뷰 및 책 소개 동영상을 보실 수 있습니다.

메이트북스 유튜브 bit.ly/2qXrcUb

활발하게 업로드되는 저자의 인터뷰, 책 소개 동영상을 통해 책에서는 접할 수 없었던 입체적인 정보들을 경험하실 수 있습니다.

메이트북스 블로그 blog.naver.com/1n1media

1분 전문가 칼럼, 화제의 책, 화제의 동영상 등 독자 여러분을 위해 다양한 콘텐츠를 매일 올리고 있습니다.

메이트북스 네이버 포스트 post.naver.com/1n1media

도서 내용을 재구성해 만든 블로그형, 카드뉴스형 포스트를 통해 유익하고 통찰력 있는 정보들을 경험하실 수 있습니다.

STEP 1. 네이버 검색창 옆의 카메라 모양 아이콘을 누르세요. STEP 2. 스마트렌즈를 통해 각 QR코드를 스캔하시면 됩니다.
STEP 3. 팝업창을 누르시면 메이트북스의 SNS가 나옵니다.